MÉMOIRES
D'UN BOURGEOIS
DE PARIS

Paris. — IMP. DE LA LIBRAIRIE NOUVELLE. — A. Delcambre, 15, rue Bréda.

LE Dʳ L. VÉRON

MÉMOIRES

D'UN

BOURGEOIS

DE PARIS

Comprenant

LA FIN DE L'EMPIRE
LA RESTAURATION — LA MONARCHIE DE JUILLET — LA RÉPUBLIQUE
JUSQU'AU RÉTABLISSEMENT DE L'EMPIRE

TOME PREMIER

PARIS

LIBRAIRIE NOUVELLE

BOULEVARD DES ITALIENS, 15, EN FACE DE LA MAISON DORÉE

La traduction et la reproduction sont réservées

1856

A MES LECTEURS

Avant de publier ces souvenirs sur les hommes et sur les choses de mon temps, je m'adressai deux questions.

La première fut celle-ci : Ai-je dans le cœur une haine, un désir de vengeance, une rancune contre qui que ce soit ? — Non.

L'homme, aussi bien que tous les animaux, a reçu de la nature un instinct de conservation pour sa vie. L'homme seul a reçu de la société un instinct de conservation pour ses intérêts. Il y a donc dans l'homme un *moi animal* qui se défend contre la douleur et contre la mort, et un *moi social* toujours prêt à se défendre contre des événements et des rivalités qui offensent son orgueil ou le privent de bien-être. Quiconque cherche à nuire à son prochain cède à une douleur morale. C'est là certainement une circonstance atténuante pour les méfaits de l'humanité. Aussi, n'ai-je jamais pu prendre sur moi d'entretenir au fond de mon âme une haine, un désir de vengeance, ni même une rancune. Je n'ai jamais, si j'excepte les outrages qui blessent l'honneur, suivi le conseil de ce vers de Corneille traduit de Sénèque :

Qui pardonne aisément invite à l'offenser.

Quelques critiques m'ont reproché cet excès de bienveillance. Je prétends que la bienveillance et l'impartialité sont de notre temps. Pendant le dix-huitième siècle, blasé, oisif, la satire était presque un besoin pour la société. Quand on n'a rien à faire, on ne trouve rien de mieux que de médire du prochain. Depuis une trentaine d'années, notre société se préoccupe, au contraire, d'intérêts matériels, et s'est faite laborieuse. Elle montre plus de goût pour les faits que d'admiration pour les phrases ; elle recherche la vérité.

Il y a plus : un écrivain qui ose, devant le public, défendre ses intérêts personnels blessés, et lui faire confidence de ses ressentiments, n'excite ni sympathie ni commisération. Les plus hautes intelligences sont d'ordinaire mal inspirées lorsqu'elles n'obéissent qu'à des instincts égoïstes. La défense d'un intérêt public, la défense de l'humanité, au contraire, en exaltant le cœur, élèvent aussi l'esprit.

Cette bienveillance dont on m'a fait reproche, en termes indulgents à la vérité, était donc un parti pris à l'avance.

La seconde question que je m'adressai fut celle-ci : Ai-je quelque chose à dire, à apprendre au public ? — Oui.

Les heureux hasards de ma vie m'avaient mis en situation de voir de près beaucoup de choses et beaucoup d'hommes de mon temps : choses et hommes singuliers ou remarquables. De nombreuses relations assez intimes avec des personnages politiques ayant servi divers gouvernements m'assuraient de curieuses révélations et des renseignements précis sur plus d'un fait devenu historique. Des documents nombreux, des papiers de famille de la branche aînée et de la branche cadette des Bourbons étaient, en outre, tombés entre mes mains. Je ne pouvais songer à me faire historien ; le talent et l'autorité me manquaient. J'ai donc encadré ces matériaux si précieux pour l'histoire dans des récits familiers, rapides, mais où du moins je n'ai jamais exagéré ni amoindri la vérité.

Peut-être ces Mémoires seront-ils un jour utiles

à ceux qui écriront l'histoire de la première moitié du dix-neuvième siècle, et seront-ils consultés par eux. C'est le seul honneur auquel puisse prétendre et qu'ait ambitionné ma plume sans expérience et inhabile.

Quelle que soit la destinée de mon œuvre, je devrai à ce long travail d'avoir traversé sans plainte, avec résignation, cette difficile transition entre une vie militante et une situation désarmée. Chacun naît avec des instincts, avec des besoins de repos ou d'activité. Il m'a fallu, toute ma vie, sinon me jeter dans des aventures, du moins tenter d'incessantes et de nouvelles entreprises. Toutefois, je puis dire que la cupidité n'était pas l'aiguillon qui me harcelait. Entreprises littéraires, entreprises théâtrales, campagnes politiques dans des temps de révolution, ne sont pas les chemins les plus sûrs pour atteindre la fortune, assez fantasque, mais qui, cependant, prend souvent les mêmes routes. Le long des chemins divers que j'ai suivis, on trouve plus à moissonner pour les plaisirs et les satisfactions de l'intelligence, que pour assouvir cette triste monomanie d'accumuler des richesses. Certes, ce n'est pas non plus, par le temps qui court, marcher sur les brisées d'un Pereire ou d'un Rothschild, que de consacrer plus d'une année de sa vie à écrire six volumes pour s'exposer, peut-être, au dédain d'un public distrait, dont la sympathique attention est d'ailleurs si légitimement réclamée par nos écrivains en crédit.

Quelques-uns s'étaient d'abord imaginé que je demanderais le succès de ces Mémoires à des indiscrétions sans mesure et à l'attrait du scandale. Ce n'eût été ni respecter le public ni me respecter moi-même. — *Vous ne nous dites pas tout ce que vous savez*, me reproche-t-on quelquefois. — Cela est vrai; mais si ces Mémoires obtiennent quelque approbation des honnêtes gens, ce sera peut-être moins pour ce qu'on y trouve que pour ce qu'on n'y trouve pas. C'eût été bien certainement donner une fausse idée des quarante dernières années de notre temps que d'accorder trop de place à ces excentricités de vices et de scandales qui se reproduisent à toutes les époques, et, comme des gaz impurs, montent, se dégagent à fleur d'eau, sans laisser trace de leur passage. Répudiant toute ressemblance de mœurs et de goûts avec le dix-huitième siècle, nous ne portons plus ni talons rouges, ni mouches; hommes et femmes ne s'affublent plus de paniers ou de larges basques d'habits qui ne permettaient de s'asseoir que sur de spacieux fauteuils. Simple, modeste dans son costume, notre société honore surtout les vertus et l'esprit de famille. Le dix-neuvième siècle n'est ni débauché, ni chevaleresque ; et s'il aimait moins l'argent, le dix-neuvième siècle serait tout à fait un galant homme. Les sociétés changent peu en haut et en bas; mais le milieu obéit au courant des idées et des progrès du temps. Ces Mémoires n'eussent été qu'un infidèle tableau de l'époque que j'ai essayé de peindre, s'ils fussent devenus une galerie de portraits représentant l'antique dynastie de tous les vices humains.

Par une contradiction fâcheuse avec la vérité, nos romans et notre théâtre ne reflètent pourtant que les mœurs exceptionnelles des bas-fonds de la société, que la physionomie immorale de ces vices plus ou moins élégants qui se produisent à la surface, mais heureusement ne pénètrent point dans le milieu sain et honnête des populations. Nos romanciers et nos poëtes ont toutefois une excuse. Vêtus du même costume, tous élevés au collége, nous ne leur offrons ni des ridicules effrontés, ni des vices sans pudeur, ni des passions ardentes. Passions, vices ou ridicules foisonnent, au contraire, dans ces ruelles où la jeunesse fait ses premières armes, et où l'âge mûr vient quelquefois chercher le ridicule, la ruine et la honte. Nos romanciers et nos poëtes prennent leur bien où ils le trouvent. Les honnêtes gens rougissent devant ces tableaux, et les recherchent pourtant avec une vive curiosité, tout en criant au scandale.

Dans ces Mémoires, j'ai tenu surtout à rappeler les folies politiques de notre temps : folies politiques qui, en se succédant à de courts intervalles, expliquent même cette vivacité des sentiments de famille et des sentiments religieux. Lorsque des troubles et des désordres agitent la place publique, on se retire au sein du foyer domestique, au milieu des siens; on se réfugie au pied des autels.

En racontant comment se préparent, comment s'accomplissent et comment finissent toutes les révolutions, je me suis proposé pour but de montrer sur quelle pente rapide on glisse, pour arriver bientôt aux premiers tumultes de l'insurrection, et pour tomber ensuite dans tous les abîmes de l'anarchie et de la démagogie. Ne pouvons-nous pas dire de tous ces mouvements désordonnés et convulsifs des peuples, après en avoir tant vu : *Ab uno disce omnes!*

J'ai regardé comme un devoir de faire parvenir les six volumes des *Mémoires d'un Bourgeois de Paris* à Sa Majesté l'Empereur. Voici la lettre dont, à cette occasion, elle a bien voulu m'honorer.

Palais des Tuileries, 8 mars 1855.

Mon cher monsieur Véron, j'ai reçu avec plaisir vos *Mémoires d'un Bourgeois de Paris*, et je lirai les deux derniers volumes, surtout, avec d'autant plus d'intérêt qu'ils résument les souvenirs fidèles d'un homme qui a vu beaucoup, qui a jugé sainement, et qui a raconté sans passion.

Il me sera bien agréable, n'en doutez pas, de retrouver, dans l'écrivain réunissant d'utiles matériaux pour l'histoire de notre époque, celui-là même dont la sympathie désintéressée m'a donné, aux jours difficiles, l'important appui de l'un des premiers organes de la presse. Recevez mes remercîments sincères, et croyez à mes sentiments.

NAPOLÉON.

M. L. Véron, député.

MÉMOIRES
D'UN BOURGEOIS
DE PARIS

CHAPITRE PREMIER

QUI JE SUIS.

Mon enfance. — J'étudie la médecine. — Les matinées dans les hôpitaux. — Cent cinquante nouveau-nés. — Deux cents nourrices. — MM. Andral et Bouillaud pour concurrents. — Neuf saignées. — Une portière sauvée. — Grandeur et décadence. — Une simple histoire autour d'un cercueil.

Né à Paris le 5 avril 1798, je fus élevé rue du Bac, au fond d'un magasin de papeterie. Le luxe, les plaisirs, les riantes et douces illusions ne firent point cortége à mon enfance ; la vie de la veille ressemblait à celle du lendemain. Pour mettre ma jeunesse à l'abri de tous les dangers de l'oisiveté, on me faisait encore l'avenir moins gai que le présent : « Nous vivons modestement par nécessité, me disait-on ; ne compte, pour entrer dans le monde, sur aucun appui, sur aucune fortune. » Mais, malgré ces avertissements sévères, on n'en était pas moins économe, moins industrieux, moins persévérant à amasser péniblement quelques épargnes. Seulement, par prudence, on me cachait avec soin les progrès du petit trésor qui grossissait ; on me parlait d'autant plus misère, qu'on possédait presque déjà un commencement de fortune. On résistait au plaisir de m'initier à tous les calculs, à tous les efforts plus ou moins heureux d'une tendresse clandestine, et, de peur de me jeter dans les mauvaises routes d'une trop confiante paresse, on se refusait la joie de faire briller à mes yeux dans le lointain un rayon de soleil et d'espérance.

Mon enfance et ma première jeunesse n'assistèrent qu'à la pratique de toutes ces vertus du foyer, dont la seule récompense est l'avenir assuré des enfants. Vertus profitables à l'honneur des familles et au repos de la société ; vertus sans éclat et sans bruit, que les moralistes et les romanciers oublient trop dans leurs études, ou qu'ils ne mettent pas assez en vue dans leurs tableaux.

Que d'enfants pour ainsi dire trompés par la tendresse aveugle de parents imprévoyants et vaniteux ! La soie et le velours sont tout au plus assez chatoyants pour les costumes grotesques dont on affuble ces petits millionnaires de cinq ou six ans ; dès leur première jeunesse, ils ont leur cheval de selle, et ils paraissent deux ou trois fois par semaine, gantés, parfumés, dans une première loge d'Opéra.

J'ai souvent envié ces jeunes heureux, Crésus dès le maillot. A leur majorité, cependant, combien se surprennent pauvres, et voient finir leurs rêves dorés ! Combien de ces enfants gâtés, jetés souvent même sans un sou au milieu des routes encombrées de la société !

La misère et l'ambition trompée troublent alors l'esprit et le cœur de ces fils, de ces filles de famille, et les poussent à tous les désordres. Ils payent du malheur de toute leur vie les joies confuses d'une enfance dont tous les désirs ont été satisfaits et prévenus.

Elevé avec des idées plus prudentes et plus raisonnables, je trouvai dans la petite fortune paternelle dont j'héritai un facile point de départ pour mes entreprises. Cette fortune, quoique modique, avait coûté à mes parents bien des privations. Que leur tendre prévoyance reçoive ici en public les témoignages d'une reconnaissance et d'une piété filiales qu'aucune prospérité n'a jamais pu éteindre ni affaiblir au fond de mon cœur !

Sous le ciel gris d'une enfance studieuse et rarement distraite ou égayée, j'avais cependant un ami de tous les jours qui m'apportait de piquantes excitations pour ma curiosité, de charmants et vifs plaisirs pour mon intelligence : c'était le *Journal de l'Empire*, aujourd'hui le *Journal des Débats*. Mon père le recevait de seconde main, et tous les jours j'étais chargé d'aller le prendre dans le voisinage. Je n'y manquais pas. Le long de la route, je dévorais les *faits-Paris*, les articles littéraires et, comme on le pense bien, les feuilletons de Geoffroy. Je m'étais pris surtout d'un goût assez vif pour les articles de Charles Nodier, qui plus tard devait être un de mes collaborateurs à la *Revue de Paris*.

Le *Journal des Débats* fut pour moi un précepteur dont j'aimais et je recherchais les leçons de littérature presque quotidiennes. Je pus, pendant toute ma jeunesse, suivre assidûment ses leçons : je ne fis mes études au Lycée impérial qu'en qualité d'externe, et je ne cessai ainsi de demeurer chez mon père.

Mes études finies, il fut décidé que j'étudierais la médecine.

Dans la maison qu'habitait mon père demeurait le docteur Auvity, qui fut nommé, en 1811, médecin du roi de Rome. La réputation de ce médecin des enfants et les honneurs dont il fut bientôt entouré tentèrent ma jeune ambition.

Nommé au concours, en 1821, premier interne des hôpitaux, je fus reçu docteur-médecin en 1823, à la Faculté de Paris. Je consacrai à l'étude de la médecine de longues années.

Quelle vie pleine d'émotions et d'intérêt que celle d'un étudiant en médecine! Ces confraternités, ces associations improvisées autour d'une table de dissection; ces voyages par bandes pour l'étude de la botanique; ces rencontres de nombreux condisciples, dans les hôpitaux, autour du lit des malades et aux cours variés de la journée (M. Charles de Rémusat, de l'Académie française, suivait assidûment avec nous le cours de chimie de M. Thénard); l'étude du caractère, de l'esprit, du savoir, du talent des professeurs : esprit, savoir, talent de qualités et de portées bien diverses; l'étude presque involontaire des aptitudes, des ambitions et de l'avenir des nombreux camarades d'amphithéâtre et de concours; les révélations toujours nouvelles de l'observation et de la science : tout cela remplit la longueur des jours et sert de garde-fou à cette fièvre chaude qu'on appelle la jeunesse.

Je me rendais en hiver de la rue du Bac à la Pitié, dès cinq heures du matin. La grande affaire pour moi était d'arriver avant la voiture qui prenait dans tous les hôpitaux de Paris les cadavres non réclamés. Je tenais à choisir *mes sujets*. Je préparais pour mes associés, le scalpel à la main, la leçon du jour. Nos études anatomiques duraient jusqu'à midi.

Vers une heure, nous allions respirer l'air plus pur du jardin des Plantes, tout en causant de botanique, d'anatomie comparée. Nous fûmes un jour requis pour collaborer à la dissection d'un éléphant mort de maladie.

Plus tard, mes matinées se passaient dans les hôpitaux. J'ai longtemps fait le service d'externe et d'interne à la Charité, dans les salles de chirurgie, sous M. Boyer, que nous appelions le père Boyer, et sous M. Roux ; dans les salles de médecine de Fouquier et de M. Chomel ; à l'hôpital Saint-Louis, dans les salles de Richerand et dans les salles de Biet, que je fus heureux de retrouver, quinze ans plus tard, à la table de M. Molé, ministre des affaires étrangères, dont il était le médecin. Je fis le service à l'hôpital des Enfants-Malades sous M. Guersant. J'ai suivi encore la clinique savante, animée, et les opérations si audacieuses du baron Dupuytren.

Enfin, j'ai tenu le service des Enfants-Trouvés avec Baron, qui fut sous la restauration médecin des enfants de France, et mort comme tant d'autres de notre temps. Tous les matins, le thermomètre en main, je mettais dans un bain de vapeur une quinzaine de nouveau-nés affectés d'*endurcissement du tissu cellulaire,* bain que par conscience et par humanité je subissais comme eux. Ces pauvres enfants et moi, nous sortions de ces étuves rouges comme des homards cuits. Ces souffrantes ébauches des formes humaines poussaient des cris que n'ont pu me faire oublier les *points d'orgue* de madame Damoreau, la voix si intelligente de Nourrit et le chant si expressif de Duprez.

J'ai certainement fait dans une année l'autopsie de plus de cent cinquante nouveau-nés; j'ai étudié dans une cuiller les gouttelettes de lait de plus de deux cents nourrices, que l'administration des hôpitaux envoyait recruter dans nos provinces. On les amenait et on les remmenait avec leurs nourrissons dans des voitures construites pour ces fréquents voyages. Ce n'était qu'après cet examen qu'on leur confiait au plus vite les enfants dont le séjour prolongé à l'hospice était toujours dangereux, malgré les soins de ces pieuses sœurs, si pleines de tendresse pour cette nombreuse famille adoptive. Il y avait bien loin de tous ces spectacles du matin, dans les amphithéâtres et dans les hôpitaux, aux spectacles du soir que je dirigeai plus tard dans les coulisses de l'Opéra, où se produisaient cependant aussi quelques nouveau-nés, mais très-peu de bonnes nourrices.

Je dus pourtant renoncer à mon avenir de médecin et surtout à mes ambitions de professorat. Ce fut de ma propre volonté que je divorçai avec la médecine. Voici à ce sujet ce qui arriva.

La Faculté de médecine de Paris comprenait une école pratique : j'y avais été admis après examen. Chaque année, les élèves de l'école pratique concouraient pour des prix d'anatomie, d'histoire naturelle, de physique et de chimie ; on pouvait concourir trois années de suite. J'eus pour rivaux, la première année, MM. Andral et Bouillaud. J'ai trop de déférence pour ces médecins, que j'ai perdus de vue, mais qui ont enrichi la science de nombreux et utiles travaux, pour me plaindre ici, et à plus de trente ans de distance, qu'ils aient à eux deux accaparé toutes les couronnes ; mais ma leçon de chimie et de physique sur l'*électricité* me valut les éloges les mieux sentis de la part de M. Andral, et souvent la justice d'un concurrent vaut bien celle des juges. J'ai su, en outre, de M. Orfila lui-même, qu'il m'avait donné sa voix pour le premier prix de physique et de chimie. Je me persuadai, dès ce jour-là, que je comptais des ennemis puissants parmi les professeurs de l'école. Je ne me présentai plus aux concours suivants. De ce premier insuccès dans mes études, j'eus longtemps l'esprit abattu et le cœur découragé.

On peut encore se faire une position honorée, acquérir une espèce de fortune, en exerçant la médecine à Paris et en prenant le haut du pavé, moitié par son savoir, moitié par son savoir-faire.

Je recueillis avec réflexions et commentaires quelques curieuses observations, et je publiai un premier cahier sur les maladies des enfants nouveau-nés, sur le *muguet*, sur un abcès dans le *thymus*. A la naissance du comte de Paris, M. le duc d'Orléans, très-préoccupé de la santé de son premier-né, demandait au docteur Blache quel était le plus récent et le meilleur traité sur le *muguet*. Le docteur Blache est un singulier homme ; il ne perd jamais une occasion de faire valoir ses amis. Il répondit donc au prince : « Monseigneur, le plus récent et le meilleur traité sur le *muguet* est du docteur Véron, directeur de l'Opéra. »

Le quartier Latin reçut mes adieux, et je pris un logement modeste dans la Chaussée-d'Antin, rue Caumartin. Je comptais dans ce quartier quelques relations d'amitié. J'étais surtout lié avec le pharmacien Regnauld, l'inventeur de la *pâte pectorale de Regnauld,* qui, à cette époque, demeurait aussi rue Caumartin. J'avais, selon l'usage, mes heures de consultations; mais je dois avouer en toute humilité que pas un client ne montait mon escalier.

On vint cependant un jour me chercher en toute hâte : un de mes amis, ancien élève en médecine, venait d'être pris gravement et ne voulait suivre que mes conseils. Il s'agissait d'une fluxion de poitrine. Je le saignai huit fois, et un quart d'heure après chaque saignée, tous les symptômes graves, la toux, les crachements de sang et surtout les étouffements, reparaissaient avec une nouvelle intensité. Je veillais chaque nuit auprès de mon malade, avec l'espoir de le sauver. Cependant, à la huitième saignée, mon expérience s'intimida. La crainte de voir mourir dans mes bras un ancien camarade dans toute la force de la jeunesse dépassait, je l'assure, la crainte de compromettre l'aurore de ma réputation. J'appelai en ce moment suprême deux confrères que je ne nommerai point ; car l'un prétendit que mon malade était un homme mort, et l'autre ne voulut jamais, à propos d'une neuvième saignée, dire ni oui ni non. Je me recueillis donc. J'avais affaire à un sujet vigoureux, et, oubliant toute la responsabilité qui pesait sur moi, je cédai à mes convictions : la neuvième saignée fut pratiquée *largâ venâ, largo vulnere.*

Je ne saurais dire quels furent, après cette saignée décisive, mon trouble et mon émotion. Il fallait cependant se montrer impassible : le malade interrogeait mes regards. Je comptais les secondes. Un bien-être plus marqué succéda à cette nouvelle émission de sang; mais ce bien-être allait-il durer? Un quart d'heure s'était écoulé; la toux, les étouffements ne se reproduisaient pas. Une demi-heure se passe, puis une heure, puis deux heures, sans le retour d'aucun des symptômes inquiétants. Mon malade trouve un sommeil tranquille! mon malade est sauvé!... Je me convainquis pendant toutes ces péripéties, pendant toutes ces transes, qu'on ne fait de bonne médecine qu'avec une grande fermeté d'esprit, de savoir, de caractère ; qu'avec un cœur chaud et que passionne à un haut degré un amour ardent de l'humanité.

Ce malade que je venais de sauver, c'était mon ami Ferdinand Langlé, le fils de Langlé le musicien, le cousin d'Eugène Sue, et le neveu du baron Sue, ancien médecin de l'impératrice Joséphine. Ferdinand Langlé déserta comme moi la médecine; il fit représenter, sur nos théâtres de vaudevilles, plus d'une œuvre spirituelle, et tout en chantant il dirigea avec habileté une entreprise entée sur l'administration des pompes funèbres.

Mon observation ne s'arrête pas là, elle finit par le trait le plus étrange. Ferdinand Langlé n'oublia ni mes soins, ni mes veilles, et un jour qu'à table, après boire, quelques ennemis, ou peut-être quelques amis, ne me ménageaient guère, il leur imposa silence avec autorité, en leur disant : « Taisez-vous, Véron m'a sauvé la vie. »

Je viens de raconter là mon premier haut fait comme médecin, et ce ne fut pas le dernier. Une nuit, à trois heures du matin (les jeunes médecins ont surtout des clients de nuit), je fus réveillé par mon portier suivi de deux ou trois femmes ; on venait me prier de porter secours à une vieille concierge d'une maison voisine ; elle avait depuis plus de six heures un saignement de nez que les nosographes ont illustré du nom d'*épistaxis*. Quelques médecins appelés avaient déjà conseillé l'emploi de la colophane et de la glace ; l'emploi de ces astringents avait été sans résultat ; mais, passé minuit, aucun de ces médecins dont la réputation était faite, et qui préféraient la clientèle de jour à la clientèle de nuit, n'avait voulu porter de nouveaux secours.

Le tamponnement de l'ouverture postérieure et antérieure des fosses nasales me parut le seul moyen de salut ; il n'y avait pas de temps à perdre ; le pouls était filiforme ; la malade avait eu déjà de nombreuses syncopes ; je n'avais jamais pratiqué cette opération délicate, plus pénible que douloureuse pour le patient. Toutes les portières du quartier, émues et inquiètes, étaient là ! Je me surpris plus d'habileté et d'adresse que je ne l'espérais ; l'opération ne dura que peu de temps ; on ne vit plus s'écouler une seule goutte de sang. Tous les témoins de cette scène me prodiguèrent leurs bénédictions. On s'extasiait de mon savoir, de mon habileté de chirurgien, et de mon dévouement à l'humanité. Peut-être plus encore par goût pour l'éloge que par crainte d'accidents, je déclarai, aux applaudissements de tous, que je passerais le reste de la nuit auprès de la malade.

J'ai interrogé le cœur humain chez le médecin, chez le poëte, chez le compositeur, chez l'écrivain, chez l'artiste, chez la danseuse, comme chez l'homme politique, et je crains fort qu'il ne faille avoir la faiblesse d'aimer beaucoup la louange, pour savoir la mériter.

Une célébrité de médecin qui prend naissance dans une loge de portier monte souvent jusqu'au premier étage et rayonne même dans plus d'un arrondissement; la pauvre concierge, en deux ou trois jours, recouvra une santé parfaite, et cette cure merveilleuse devint la nouvelle de tout le quartier. J'avais sauvé une portière : ma fortune était faite.

Très-peu de temps après, j'avais trois clients... de jour; parmi ces clients je comptais une cliente, femme riche, d'un certain âge, mais malheureusement très-obèse, et il fallait la saigner. « On ne parle, monsieur, me dit-elle, que de votre habileté, que de votre savoir, et je quitte mon médecin pour recevoir les soins d'un homme déjà si célèbre. Toute ma société fera certainement comme moi, et vous aurez en peu de temps la plus brillante clientèle de Paris. » J'ai souvent entendu dire à mon ancien professeur et vieil ami M. Roux, le plus adroit chirurgien du monde, qu'une saignée à faire lui donnait toujours des inquiétudes, et ces inquiétudes-là commençaient fort à me prendre; enfin, il fallait en venir au fait et s'emparer du bras de la malade, elle ne tarissait pas d'éloges, et il s'agissait de s'en montrer digne. Je plonge la lancette, et la veine n'est pas atteinte; je replonge la lancette, et le sang ne coule pas. Oh ! alors la scène change :

« Vous n'êtes qu'un maladroit; le plus petit chirurgien saigne mieux que vous. Que je plains les malades qui se mettent entre vos mains! Pansez-moi au plus vite et allez-vous-en; me voilà peut-être estropiée. » On se doute de l'état de mon âme dans une pareille crise! Le jour de ma grandeur avait été la veille de ma décadence, et une saignée manquée avait fait crouler tous les châteaux de cartes de ma prompte et populaire célébrité; l'humiliation se mêlait à mon désespoir, et en rentrant chez moi, d'une voix décidée, je dis à ce pauvre Justin, mon portier, que je fis depuis garçon de caisse de l'Opéra : « Justin, je ne veux plus faire de médecine, pas même de saignée, et si on vient vous demander un médecin, vous répondrez qu'il n'y en a plus dans la maison. »

Si le titre de médecin coûte de longues études à acquérir, il n'est pas moins difficile de le supprimer et de l'effacer.

En France, mais en France seulement, un avocat est propre à tout, tandis qu'un médecin n'est jugé propre à rien, qu'à hanter les hôpitaux et les malades; ce sont là des appréciations peu justes. Il faut, selon moi, placer sur la même ligne tous les hommes qui ont appliqué leur intelligence à de sérieuses études et qui ont appris à apprendre.

L'étude de la médecine rapporte surtout de précieux profits à l'intelligence; l'étude de l'homme animal conduit vite à une observation pratique de l'homme moral, et le médecin est le seul à bien lire tout ce qui est écrit sur le visage humain. L'étude de la médecine, dont le cadre est si vaste, et qui comprend tant de sciences diverses, exerce puissamment la mémoire, et accoutume l'esprit à des classifications logiques et à des méthodes claires et raisonnées. L'étude de la médecine, en nous apprenant à scruter et à définir toutes les conditions de la vie, toutes les conditions de la mort, en nous rendant témoins de toutes les douleurs de l'homme, de tous les hasards de ses maladies, de toutes les chances de désorganisation de ses tissus, de la formation pathologique et capricieuse de tissus nouveaux, en nous faisant souvent assister, désarmés et impuissants, à ces accidents imprévus qui tuent lentement ou qui tuent comme la foudre, l'étude de la médecine élève l'âme, donne de la force et de la virilité à l'esprit et au caractère, et inspire cette haute et courageuse philosophie, qui ne saurait exclure ni les dogmes de la religion, ni les élans de la foi.

J'ai fait de la médecine et de la physiologie, même à l'Opéra ; la science de l'anatomie et de la physiologie peut fournir des renseignements et des conseils utiles à l'art de la danse comme à l'art du chant. L'anatomiste et le physiologiste peuvent mieux encore que les Vestris et les Taglioni prononcer sur l'avenir du jarret d'un danseur, ou mieux qu'un Garcia ou qu'un Bordogni, prononcer sur l'avenir d'un larynx, cet organe de la voix qui est pour ainsi dire le jarret du chanteur.

J'aimais cette étude, cette pratique si émouvante de la médecine, et lorsqu'il me fallut renoncer à continuer ces travaux qui n'avaient cependant point été sans fruits, j'en éprouvai des regrets pleins d'amertume.

Les souvenirs de mes longues années d'études trouveront leur place dans ces Mémoires. J'y donnerai quelques crayons des médecins dont le nom restera historique. Grâce à ce que j'ai appris, je pourrai, juge compétent, et à distance des académies et des écoles, dire mon mot sur l'état de la science dont je suis les progrès par goût, sur l'hygiène de l'ouvrier, sur l'hygiène du riche, qui dictent souvent des conseils presque contraires. Je pourrai même divulguer quelques secrets de l'art de vivre longtemps, à l'usage de ceux que la vie amuse.

De mon service dans les hôpitaux date une simple histoire que je dois consigner ici, parce qu'elle fut pour moi, pendant toute ma vie, un encouragement et un touchant souvenir.

Je remplissais pour la seconde fois [1] les fonctions de chirurgien externe à la Charité. Avant d'entrer dans les salles de malades, on se rendait auprès des deux sœurs religieuses chargées de garnir les *appareils* de compresses, de bandes, de charpie, etc. Ces deux sœurs, auxquelles je ne donnerai ici que des noms d'emprunt, veillaient aussi aux soins de la chapelle pour les services funèbres. L'une d'elles, gravée de la petite vérole, avait un teint jaune, maladif, et une physionomie bien peu sympathique : je l'appellerai sœur Cunégonde. L'au-

---

1. J'avais concouru une première fois avec succès pour l'externat et pour l'internat. Mais, envoyé interne à Bicêtre, je donnai ma démission, et je fis sous la restauration, pendant un an, le service de chirurgien à l'hôpital de la maison militaire du roi. Ce service manquait d'intérêt. Je concourus une seconde fois pour l'externat, et je fus nommé le second externe. M. Philippe Boyer, le fils du baron Boyer, fut nommé le premier. L'année suivante, je concourus une seconde fois pour l'internat, et je fus nommé le premier interne.

tre, que j'appellerai sœur Marguerite, était de la beauté la plus rare et la plus distinguée. Les austérités du couvent avaient dû la dépouiller de sa chevelure, mais n'avaient pu faire disparaître les sourcils noirs les mieux dessinés et les plus arqués, sous lesquels brillaient des yeux d'un iris bleu clair, protégés aussi par de longs cils noirs. La naissance, les lignes et les ailes très-mobiles du nez étaient pures et gracieuses ; ses lèvres, qui rappelaient le corail, se relevaient par de doux mouvements et donnaient souvent à sa physionomie une expression de gaieté douce et de bienveillants sourires. L'éclat du teint de cette jeune religieuse (elle avait à peine vingt-deux ans) et la blancheur de sa coiffe produisaient des jeux de lumière et de couleur à charmer la vue. Ses dents, qui ne se montraient pas, mais qui se laissaient voir, avaient le ton et l'éclat que donne la santé. On surprenait et on admirait sur cette figure, d'un ovale charmant, trois choses qui d'ordinaire ne vont guère de compagnie : la beauté, l'esprit et la vertu. Entre le bord inférieur de la coiffe et le bout de l'épaule, on remarquait une distance qui donnait de la dignité et de l'élégance aux mouvements de tête. Toute sa personne était harmonieuse. La voix douce et timbrée de sœur Marguerite parlait peut-être plus encore au cœur qu'à l'oreille.

Dans ces entraînements de jeunesse qui respectent peu les convenances, je n'adressais jamais la parole à la sœur Cunégonde, et je ne me lassais pas de prolonger le plus possible, avec sœur Marguerite, des causeries qui ne pouvaient cependant avoir d'intérêt que par des inflexions de voix discrètes, et par des regards aussi respectueux que possible. Tous ces manéges n'avaient point échappé à la sœur Cunégonde, et elle aussi, par ses regards sévères et par ses nuances de langage, ne me cachait ni son mécontentement ni ses tacites reproches.

La passion de la peinture et l'amour font lever de bonne heure : j'arrivais toujours le premier à l'hôpital de la Charité, heureux d'admirer, de contempler et d'aimer secrètement la noble et belle servante de Dieu.

A l'extrémité d'une des salles de mon service, s'élevait la chapelle où se célébraient les offices des morts. J'éprouvai un violent battement de cœur en y surprenant un matin sœur Marguerite seule, plaçant des cierges autour d'un cercueil ; je m'approchai d'elle, et ma vive émotion suffit à lui apprendre que j'avais bien des choses à lui dire. La première, elle m'adressa la parole avec le plus spirituel sourire : « J'ai, monsieur, à vous faire ici un sermon... En face du tabernacle et en présence d'un cercueil, mes paroles et les vôtres ne peuvent manquer du respect qu'on doit à Dieu. Je ne me suis faite religieuse qu'après avoir vu expirer dans mes bras ma sœur plus âgée que moi, dont la vie avait été pleine de désordres. J'ai assisté à son agonie, à ses regrets et à ses remords, et je n'ai voulu vivre ni mourir comme elle. Je sais donc le monde plus que vous ne le pensez, et je viens franchement vous supplier de me traiter avec la même indifférence que sœur Cunégonde, ou de la traiter avec autant de politesse que moi. Les passions entrent dans nos cœurs de religieuses, comme dans le cœur de toutes les femmes ! seulement nous les réprimons avec plus ou moins de ferveur pour plaire à Dieu.

Votre conduite expose et excite sœur Cunégonde à pécher, en manquant de charité envers vous, et surtout envers moi : laissez-nous toutes deux, pauvres religieuses, nous occuper de notre salut avec bonheur et avec joie : la religion, aussi bien que le monde, a ses joies et ses bonheurs. J'ai entendu dire que vous vous distinguiez dans vos études : eh bien ! soyez tout à la science, comme nous tout entières à Dieu. Je vous parle comme à un frère... (En ce moment, la sœur Marguerite allumait le dernier cierge autour du cercueil.) Eloignez-vous, j'ai deux prières à adresser au ciel : l'une pour ce mort que je ne connais pas, afin qu'il soit heureux dans l'autre vie; l'autre pour vous que je crois connaître, afin que vous soyez heureux sur cette terre et que vous réussissiez dans toutes vos entreprises. »

Attendri, ému de tant d'esprit, de tant de grâce, de raison et de bonté de cœur, je répondis d'une voix presque entrecoupée de larmes : « Voilà, ma sœur, du bonheur pour toute ma vie ! Je me sens maintenant le courage de suivre tous vos conseils; mais ne pensez pas que jamais je vous oublie. » Sœur Marguerite me pria de nouveau de m'éloigner : « Croyez à mes saintes prières, vous serez heureux ! »

Le lendemain, cinq heures du matin tardèrent bien à sonner. J'arrivai à l'hôpital, impatient de retrouver les regards de sœur Marguerite : mais pour la première fois elle était absente. Ce fut pour moi un coup bien douloureux et un triste pressentiment; avant que j'eusse pris mon *appareil*, la sœur Cunégonde me fit connaître que je devais me rendre auprès de madame la supérieure. Plus de doute, j'avais été dénoncé. Je redoutais bien peu les paroles et même les décisions les plus sévères contre moi ; je ne me préoccupais que de la sœur Marguerite, si peu coupable et qui n'avait en rien failli à ses plus rigoureux devoirs. Madame la supérieure me déclara que je ne pouvais continuer mon service à l'hôpital de la Charité, qu'elle avait fait son rapport à M. Péligot (alors administrateur des hôpitaux civils). Je fus forcé de quitter l'hôpital de la Charité, et j'entrai à l'hôpital des Enfants, sous M. Guersant. Mon cœur fut longtemps à souffrir de ne plus voir la sœur Marguerite : son souvenir agitait toutes mes nuits et tous mes rêves. Mes camarades d'hôpital et d'amphithéâtre, questionnés par moi, m'apprirent bientôt que la sœur Marguerite, qui m'avait souhaité et prédit tant de bonheur, payait bien cher ses fraternelles et innocentes prophéties : la communauté religieuse à laquelle elle appartenait l'avait envoyée à Cayenne ! Elle y rendit peut-être le dernier soupir, en me pardonnant de lui avoir causé tant de souffrances, supportées sans aucun doute avec la piété d'une sainte et la résignation d'un martyr.

Que j'ai souvent dit et pensé avec l'auteur des *Méditations*, chantant les étoiles :

Parmi ces astres brillants...

... Il en est un, solitaire, isolé,
Qui dans mes longues nuits m'a souvent consolé,
Et dont l'éclat, voilé des ombres du mystère,
Me rappelle un regard qui brillait sur la terre.

CHAPITRE II

LES MAISONS DE JEU DE PARIS.

Trois mois de folie en 1818. — La population des joueurs de profession. — Mes deux procédés pour l'étude de l'anatomie et de la pathologie. — Le café du Roi. — Un squelette vendu. — Un dîner d'amis. — Dînerons-nous? ne dînerons-nous pas? — La *Fille d'honneur.* — Les endettés du matin; les enrichis du soir. — Trois mois de bénéfice au jeu. — Une idée de joueur. — *Messieurs de la chambre.* — *Les chefs de parties.* — *Les bouts de table.* — *Les tailleurs.* — Les mœurs des maisons de jeu. — Un conseiller d'État. — Perse et Juvénal. — Une paire de bas de soie noire. — L'argot des joueurs. — Le joueur qui gagne, le joueur qui perd. — Les célébrités des maisons de jeu. — Les coups de Jarnac. — Lord Byron. — L'avare et le joueur. — Mon camarade de jeu. — La ferme des jeux. — Perrin des jeux. — Le Cercle des Étrangers. — Bernard. — Boursault. — Bénazet. — Le cahier des charges de la ferme des jeux. — Les produits bruts de 1819 à 1837. — Les maisons de bouillotte. — Les commandants. — Ne rouvrez pas les maisons de jeu.

Marmontel écrivit ses Mémoires pour ses enfants; il ne craignit pas de leur confesser ses péchés de jeunesse, et de leur montrer les nombreux écueils où peuvent faire naufrage une raison et une sagesse de vingt ans.

A la paternité, au talent de style et à l'esprit près, comme Marmontel, je dirai ici, pour l'expérience de tous, dans quelle route semée de périls ma jeunesse fut un instant engagée, et par quelles circonstances je passai, dans l'année 1818, d'une vie d'études sérieuses aux émotions quotidiennes du trente et quarante. Pendant trois mois, je fus joueur de profession.

De cette vie honteuse, j'ai du moins tiré d'honnêtes et d'utiles enseignements, et j'ai pu observer, depuis l'épiderme jusqu'au fond du cœur, cette population curieuse de joueurs de profession, passant à chaque minute du désespoir à la joie, finissant toujours par *lâcher la proie pour l'ombre*, population nombreuse aux mœurs exceptionnelles, et dont aucun moraliste n'a, je crois, raconté la vie pratique, et n'a dit ni toutes les folies ni tous les entraînements.

Dès que je vis tous les volumes dont se compose la première bibliothèque d'un étudiant, je compris qu'il fallait se donner tout entier à l'étude ; qu'une vie tranquille, sobre et presque sans distractions, était une condition nécessaire pour bien apprendre et pour bien savoir. Je compris qu'il fallait se lever matin, fuir les trop excitants dîners et remonter chaque soir dans sa mansarde pour n'y trouver d'autre société que ses livres.

L'étude de l'anatomie, l'étude de la pathologie, manquent de gaieté. J'avais recours à deux procédés pour combattre tout entraînement de dissipation et de plaisir.

Avant de rouvrir le soir mes livres de médecine, je me permettais, pendant une heure au moins, la lecture d'un de nos grands écrivains. C'est ainsi que j'ai lu et relu les écrivains du dix-septième siècle, Pascal, Racine, Saint-Simon, Bossuet, Corneille, Molière ; ceux du dix-huitième siècle, Montesquieu, Rousseau, Voltaire, l'abbé Prévost, Bernardin de Saint-Pierre et tant d'autres. Voilà mon premier procédé !

Le second consistait à n'avoir jamais un sou dans ma poche. La misère a fait beaucoup de grands hommes.

Le premier du mois, je recevais vingt francs de mes parents ; ce jour-là, je vivais en grand seigneur. Mes vingt francs ne survivaient pas à la journée ; je dînais chez le restaurateur avec quelques amis ; j'allais au théâtre, et je finissais souvent ma soirée au café du Roi, situé alors au coin de la rue Richelieu et de la rue Saint-Honoré. On y rencontrait quelques journalistes, quelques vaudevillistes et quelques gens d'esprit : les frères Dartois, Dittmer, Cavé, M. Duvergier de Hauranne, auteur ou collaborateur de trois vaudevilles : *Un Mariage à Gretna-Green, le Jaloux comme il y en a peu*, et *Monsieur Sensible* ; Ferdinand Langlé, Rochefort, Rousseau, l'ami célèbre de M. Romieu, et tant d'autres qui ne sont plus.

A un premier de mois, je me trouvai plus riche que de coutume : j'avais vendu un squelette très-complet vingt-cinq francs ; je pus ce jour-là inviter deux amis à dîner. Rousseau était un de mes convives.

Rousseau tint à me rendre cette politesse : le jour fut pris ; le rendez-vous était à six heures au café du Roi. Nous étions trois, Rousseau, moi et un jeune élève en médecine, qui mourut d'une phthisie galopante, des suites de fatigues au grand soleil, pendant les journées de Juillet.

Tout le monde fut exact au rendez-vous. Notre amphitryon avait l'air triste, embarrassé ; il se décida à nous dire : « Je vous ai invités à dîner ; mais ma bourse est vide. »

Dans cette situation alarmante, le jeune médecin ouvrit un avis : « Il est probable (s'adressant à moi) que nous sommes tous deux dans la position de fortune de

Rousseau (il disait vrai) ; eh bien ! il n'y a qu'un parti à prendre : je vais emprunter vingt francs au comptoir. » Je ne croyais guère à son crédit ; pourtant, il remonta en faisant briller à nos yeux une pièce d'or. Nous voilà partis pour dîner.

Nous traversons le jardin du Palais-Royal : « Si nous montions, proposa l'un de nous, aux applaudissements de tous, risquer à la rouge ou à la noire la moitié de notre fortune, dix francs seulement? » Rousseau se charge de l'expédition ; après quelques minutes, il revient... Nous avions perdu.

Notre situation s'aggravait ; nous rencontrâmes, en éprouvant les joies de l'espérance, un de nos camarades, le grand G***, charmant jeune homme, fils d'un grammairien, et qui ne manquait ni d'esprit ni d'entrain. Je ne sais ce qu'il peut être devenu. Tout lui fut conté ; malheureusement, il ne pouvait ajouter à notre avoir que trois francs cinquante centimes, et il nous fit comprendre d'un geste que son gousset était veuf de sa montre.

Nous décidâmes bien vite notre nouveau camarade de misère à faire un fonds commun de treize francs cinquante centimes, et à l'aller risquer aux chances rapides de la roulette.

Notre joueur ne revenait pas ; il était plus de sept heures : dînerions-nous, ne dînerions-nous pas? Notre ami reparaît ; il nous fait voir soixante francs. Cette fois, nous voilà gaiement attablés chez Véfour.

Par je ne sais quelle arrière-pensée, nous fûmes tous d'avis d'apporter dans notre dîner la plus minutieuse économie.

Il fut bien un moment question, après notre repas

d'anachorètes, d'aller au Théâtre-Français ; on y jouait la *Fille d'honneur* ; les premières représentations de cette comédie, en cinq actes et en vers, attiraient la foule : mademoiselle Mars jouait le rôle de la fille d'honneur avec un grand éclat et un grand talent ; mais il était huit heures et demie ; on fit observer que nous ne trouverions plus de places ; nous ne vîmes qu'une chose à faire : retourner à une maison de jeu, au numéro 129.

Notre ami G*** fut chargé de jouer tout ce qui restait dans la bourse commune, trente-cinq francs ; en cas de bénéfice, nous partagions.

Peu d'instants s'étaient écoulés que notre ami G*** avait gagné huit cents francs à la roulette ; la part de chacun de nous fut de deux cents francs. Notre ami G*** et Rousseau jouèrent hardiment leurs deux cents francs, et en quelques minutes, ils comptaient chacun de quinze cents à deux mille francs de bénéfice.

Rousseau était fort endetté au café du Roi et au café des Variétés ; nous l'arrachâmes, pour ainsi dire, du numéro 129, et par de gros à-compte, il se refit un nouveau crédit. Endetté, sans une obole et sans crédit le matin, il était riche et considéré le soir.

De pareils prodiges émeuvent et font volontiers perdre la tête. Le lendemain, au sortir de l'hôpital, je retourne m'attabler seul, dès midi, au numéro 129, pour y risquer les cent et quelques francs qui me restaient du partage de la veille ; je gagne une dizaine de louis ; c'était un rêve ! Le lendemain, dès midi, j'étais assis à la même place que la veille ; j'avais eu, bien entendu, la précaution de la faire retenir.

Pendant près de trois mois, je gagnai ainsi, jamais moins de cent francs par jour, et souvent de plus grosses sommes. Je continuai toujours mon service d'interne ; mais brouillé avec mes livres, menant ce qu'on appelle vie joyeuse, courant les restaurateurs, les théâtres, ayant pour la première fois un gros argent dans mon gousset, et pour un étudiant, des sommes considérables dans mon secrétaire.

Les *tailleurs* et *les bouts de tables* louaient ma tenue au jeu. Un *ponte*, un joueur de profession, que je n'avais jamais vu, m'arrêta un jour vers l'heure du dîner dans les galeries du Palais-Royal : « Monsieur, me dit-il, je n'ai rien à vous demander ; mais je vous ai vu jouer ce matin ; permettez-moi de vous donner la main : on ne joue pas avec plus de bonheur et plus de bon sens. »

Je savais m'arrêter dans le gain, et souvent j'avais ainsi le chagrin de ne jouer qu'un quart d'heure par jour. Que le temps me pesait le reste de la journée ! Le gain du jeu jette dans le cœur toutes sortes d'immoralités ; et rien surtout n'abrutit plus l'esprit, rien n'y éteint plus vite le goût du travail, de l'étude ; rien n'inspire un plus vif dédain de toute affaire, un plus profond mépris de tout devoir, que ces richesses d'un moment que la fortune vous prête pour se donner la joie de vous en dépouiller. Je ne parle que du joueur qui gagne ; qu'aurais-je à dire du joueur qui perd ?

Dans cette ivresse oisive, fébrile et inquiète de bénéfices persévérants, il m'en coûtait chaque jour davantage de m'en tenir à des bénéfices limités. « Si j'avais joué plus gros jeu, me disais-je, je détenais une sérieuse fortune. »

Il fut convenu avec moi-même que je ne jouerais plus que dix louis comme première mise; et pendant deux ou trois jours je gagnai chaque jour de quinze cents à deux mille francs. Il fut de nouveau convenu avec moi-même que je ne jouerais plus comme première mise que cinq cents francs : pendant deux jours encore, cette *montante* eut un plein succès.

Bien que, pendant trois mois, j'eusse vécu en millionnaire, mais en millionnaire généreux, je comptais environ dans ma caisse (car j'avais une caisse) neuf à dix mille francs de bénéfice, soit en or, soit en billets. Il fut de nouveau convenu avec moi-même que je ne jouerais plus que mille francs comme première mise.

Dès le premier billet de mille francs que j'engageai, je fis *paroli* : je gagnai encore... Mais bientôt les coups les plus piquants, deux et un, neuf et quarante (je ne jouais jamais qu'au trente et un), se dessinèrent contre moi sur le tapis vert.

Je retournai chez moi chercher de nouvelles masses. J'y retournai une fois, deux fois, et enfin, comme ce jour-là j'avais invité plusieurs amis à un dîner qui était commandé, je laissai dans ma caisse quelques louis seulement, bien sûr de vaincre la fortune avec du courage et de gros bataillons.

Il n'y eut même pas de combat ! je perdis tous les coups. Il me vint une idée de joueur ! Je traversai dans cette journée toutes les maisons de jeu de Paris : d'abord toutes les maisons du Palais-Royal, Paphos, celle de la rue du Temple, celle de la rue Dauphine, la roulette de la rue Marivaux, Frascati ! le Cercle dans la journée était fermé; à six heures, il me restait à peine de quoi dîner mes amis et moi.

Riche de neuf à dix mille francs et d'un grand nombre de châteaux en Espagne le matin, j'étais le soir sans le sou et sans illusions. Nous enterrâmes gaiement à table ma fortune et mon bonheur au jeu, et le lendemain matin, je me réveillai le cœur et l'esprit libres, presque heureux de reprendre ma vie passée de travaux et d'études et d'en finir avec cette vie soucieuse et passionnée de *joueur de profession*.

Mais Boileau, dans la satire des *Femmes*, trahit plus d'un secret du cœur humain :

>Dans le crime, il suffit qu'une fois on débute :
>Une chute toujours attire une autre chute.
>L'honneur est comme une île escarpée et sans bords :
>On n'y peut plus rentrer dès qu'on en est dehors.

Je ne rouvris pas mes livres sans subir quelques distractions. Le joueur reparut : je me fis de durs reproches d'avoir manqué de tenue, d'avoir voulu courir après mon argent. Je n'imputais plus de torts à la fortune, je me les imputais à moi-même! j'estimai même bientôt qu'elle pourrait me protéger encore. Je trouvai moyen, pour la première fois de ma vie, d'emprunter mille écus, et malgré tous mes serments, malgré l'expérience de la veille, en une seule journée je perdis mes mille écus. Voilà où peuvent conduire la vente d'un squelette et un dîner d'amis !

Heureusement, de si rudes épreuves me rendirent à la raison et je fus effrayé des dangers que j'avais courus.

Pendant ces trois mois de mœurs déréglées, j'ai du moins assisté à toutes les folies du joueur ; j'ai rencontré dans ces maisons de jeu des artisans, des chefs de famille, des hommes jeunes, des vieillards, des militaires, des hommes de lettres, quelques médecins et plus d'un fonctionnaire public. Chaque maison avait ses habitués; nous étions tous égaux devant la *banque*, et le joueur ruiné, aux vêtements en désordre et à la physionomie souffrante et amaigrie, était peut-être le plus respecté.

Sous le ministère de 1840, M. Thiers, président du conseil et qui était mon obligé, m'offrit plusieurs positions; je parlai d'une place de *maître des requêtes*. « Vous, *maître des requêtes!* ce serait impossible, » dit M. Thiers. Les mœurs sévères du conseil d'Etat ne comprendraient pas qu'on fît maître des requêtes un ancien directeur de l'Opéra ; et M. Thiers me cita entre autres le nom d'un conseiller d'Etat dont le savoir et la vertu commandaient la plus grande réserve et le plus profond respect. — Je me contentai de sourire, et je laissai à M. Thiers ses illusions.

Cet ancien conseiller d'Etat si vertueux, dont je tairai le nom, avait été comme moi un des habitués les plus assidus du numéro 129; j'eus même, dans une séance de jeu, *maille à partir avec lui*.

Vingt francs sont placés par moi sur la rouge ; je gagne; je suis payé. Je veux prendre mes quarante francs; ils avaient disparu.

La taille finie, un joueur m'adresse la parole : « Tenez, monsieur, me dit-il, voici les quarante francs que vous avez réclamés, je les avais pris par erreur. » Ce joueur distrait, c'était le vertueux conseiller d'Etat de M. Thiers.

Les joueurs sont affectueux et causeurs, mais seulement avec d'autres joueurs. Ils se communiquent leurs joies, leurs fautes, leurs chagrins, leurs systèmes en plein succès ou abandonnés; mais leurs conversations ne quittent jamais le terrain du jeu. On a, dans ces tripots, une foule d'amis dont on ne sait ni le nom, ni la demeure, ni la profession, ni le passé, ni la situation présente. Dans la rue, jamais un joueur ne salue un autre joueur.

Les hommes de service s'appelaient *Messieurs de la chambre*; dans toutes les maisons, même à Frascati et au Cercle des Etrangers, il fallait en entrant remettre son chapeau! On vous donnait partout un numéro, excepté à Frascati et au Cercle : là on vous reconnaissait, votre chapeau et vous. Quelques étrangers de grande distinction entraient dans les salons le chapeau à la main; cette tolérance était un honneur rendu.

Messieurs de la chambre de toutes les maisons servaient gratuitement de la bière et des verres d'eau sucrée. A Frascati, on pouvait demander toute espèce de rafraîchissements; au Cercle des Etrangers, par invitation personnelle, on dînait et on soupait.

Dans les maisons de second ordre, *Messieurs de la chambre* prêtaient sur gages. A Frascati et au Cercle, *Messieurs de la chambre* prêtaient, sans aucun reçu, des sommes considérables aux joueurs connus; ces prêts d'argent, les joueurs les rétribuaient à leur gré.

Au 113, au biribi, la première mise pouvait n'être que de dix sous; à la roulette, la première mise ne pouvait être au-dessous de deux francs; au trente et un, la première mise ne pouvait être au-dessous de cinq francs. Au numéro 154, il y avait une table où l'on ne jouait qu'à l'or. A Frascati, outre la roulette et le trente et quarante, on jouait au *craps*. Au Cercle, on ne jouait que le trente et un et le *creps*. A la maison de la rue de Marivaux, il n'y avait qu'une roulette. A quelque jeu que ce fût, la première mise, ou le paroli le plus élevé, ne pouvait, sous la restauration, dépasser douze mille francs. Sous l'empire, la première mise n'était pas limitée.

Chaque maison comptait un chef de partie, des *tailleurs* de roulette, des tailleurs de trente et un, des tailleurs de creps et de craps, et enfin des *bouts de tables*, chargés de surveiller, le râteau à la main, les mises et les payements. Chaque chef de partie avait de six à douze mille francs d'appointements; les tailleurs n'avaient pas moins de six mille francs, quelques-uns sept mille; les appointements des bouts de tables étaient plus modiques. Quelques-uns étaient d'anciens joueurs ruinés qui vous passaient de temps en temps sous la table cent sous ou dix francs, en vous priant de jouer pour eux. Un de ces *bouts de tables* était en même temps concierge de la Sorbonne.

Toutes les maisons de jeu de Paris s'ouvraient à midi, et fermaient à minuit. Frascati, seul, restait ouvert une partie de la nuit, suivant le nombre des joueurs et l'importance des mises; on annonçait à l'avance les deux dernières *tailles*.

Au Cercle des Etrangers seulement, le jeu ne commençait qu'à huit heures les jours de dîner, qu'à dix heures les autres jours. On donnait de temps en temps des bals avec soupers à Frascati et au Cercle. Sous l'empire, le numéro 9 restait aussi ouvert toute la nuit. Les Vénus des galeries du Palais-Royal y avaient leurs entrées et on y dansait. Le bal du numéro 9 fut supprimé sous la restauration, et la partie y finissait à minuit.

La passion du jeu est une des grandes passions du cœur humain, et toutes les grandes passions sont solitaires : ailleurs que dans les maisons de jeu, le joueur aime à vivre seul, avec ses rêves de fortune et ses désespoirs, comme l'amoureux avec son amour heureux ou trahi, comme l'ivrogne avec ses rêves fantastiques, avec sa folie et son abrutissement, comme l'avare avec son trésor, avec ses contemplations et ses transes.

Tout joueur, dans les maisons de jeu, passait par trois périodes bien contraires.

Le joueur sans expérience, le débutant, jouait avec cette confiance, avec cette audace, avec cette verve de la jeunesse.

Après quelques dures épreuves, le joueur ne jouait plus qu'avec les calculs de l'âge mûr ; il épousait les systèmes, il prenait des notes sur les caprices infinis du hasard, il étudiait et suivait des marches. L'un croyait au *paroli*, l'autre au *tiers et le tout*, celui-ci à la *montante* et à la *descendante*, celui-là à des calculs sur les points sortis comme signal des points à venir. J'ai vu des joueurs consulter sous la table un jeu de cartes ; d'autres faire, d'un coup à l'autre, sur le papier, de rapides calculs pour savoir où placer leurs mises. A la roulette, les préférences pour les numéros ou les couleurs reposaient sur les raisonnements les plus inattendus : il en est qui ne jouaient que les *voisins du cylindre*.

Enfin, le joueur usé, ruiné et dégrisé de tout calcul, le joueur qui a tout essayé, tout subi, ne joue plus qu'avec la défiance et le tremblement nerveux de la vieillesse. J'en ai vu se boucher les oreilles pour ne pas entendre les arrêts du sort : ils éprouvaient moins de douleur à voir ce qui se décidait sur le *tableau*. Le vieux joueur désespéré se contente souvent de suivre le jeu d'un débutant, ou d'un joueur heureux; il va même jusqu'à lui proposer de *marier* leurs masses.

Le joueur de profession tient à se persuader que les probabilités de gain sont des certitudes, et l'argot des joueurs de profession, entre eux, s'inspire de leur persévérante et inébranlable confiance.

Un joueur n'avoue jamais qu'il perd : *il subit un écart*.

Un joueur qui ne perd pas dit : *Je suis rentré*.

Un joueur qui a déjà perdu quelques masses dit : *Je suis engagé*.

Un joueur qui cherche à vous entraîner à faire les fonds *d'une marche*, vous propose de vous communiquer *ses études pratiques et ses calculs immanquables sur les probabilités humaines*. Le joueur dont *la marche* a dévoré les capitaux engagés ne dit pas qu'il a *perdu* : il a *sauté*.

Le joueur ne peut ni prononcer ni entendre prononcer le mot *perdre* : il en a horreur.

Le joueur de profession prétend ne pas être l'esclave d'un vice, d'une passion. — Il calcule et il spécule.

Le joueur qui a perdu ne ressent pas la douleur de l'envie à la vue de celui qui gagne. Le joueur qui gagne a, dans le cœur, des trésors de commisération pour celui qui perd.

La perte pousse le joueur aux plus singulières, aux plus attristantes et aux plus graves extrémités.

Je rencontrais souvent, au 129, un homme de lettres poudré, avancé en âge, qui, sur les coups heureux, se réjouissait en parlant quelquefois latin. C'était un pauvre diable que la moindre perte mettait aux abois. Il me frappe un jour sur l'épaule, et me conduit dans une salle d'entrée : « Tenez, me dit-il, prenez ce *Perse* et ce *Juvénal*, et donnez-moi quarante sous. » Je ne voulus point lui payer ces deux poëtes latins moins de cinq francs ! Sa joie était extrême ; mais, au bout d'un quart d'heure, il revient à moi, porte la main à sa poche : « Tenez, me dit-il, cette fois prenez cette paire de bas de soie noire, et donnez-moi ce que vous voudrez. » J'avais consenti à dépeupler sa bibliothèque ; mais il ne pouvait me convenir de m'affubler des friperies de sa garde-robe.

J'avais un jour quarante louis sur la noire au trente et quarante : j'y laisse cette somme pour la doubler. Un vieil habitué de la maison s'approche de moi : « Voulez-vous gagner ? me dit-il. J'ai une infirmité : promettez-moi dix francs pour acheter un bandage. » Je gagnai, et il alla bien vite perdre son bandage à la roulette.

J'ai dû, dans ma vie, étudier et consoler bien des souffrances ; j'en ai peu vu d'aussi poignantes que celles du joueur qui perd, que celles du joueur qui a perdu. Tel joueur malheureux subit son sort sans un mot de plainte. J'ai vu un Anglais assis près de moi (je lui touchais le coude) perdre, au trente et un, cent mille francs sans desserrer les lèvres et sans un geste d'impatience et de colère; réduit à son dernier billet de cinq cents francs, il prit de l'or; réduit à sa dernière pièce de vingt francs, il prit de l'argent; réduit à ses derniers dix francs, il ne joua plus à la roulette que des pièces de quarante sous.

D'autres joueurs, au contraire, insultent la fortune et même le *tailleur*, et, à la vue de la carte qui les fait perdre, brisent les râteaux.

Le comptable qui perd à rouge ou noire l'argent d'autrui, le spéculateur qui vient demander au jeu le rétablissement de sa fortune, peuvent, après de mauvaises chances, se suicider; mais le joueur de profession vit longtemps. La fortune a des retours de faveur bien inattendus; ses fantaisies sont sans limites, et souvent elle se plaît à faire du dernier écu du joueur l'occasion du plus gros gain.

On m'a souvent montré des chefs de famille qui s'étaient volontairement exilés de Paris, loin des maisons de jeu, pour ne plus jouer, mais qui, tous les deux ou trois mois, faisaient un voyage pour revoir la roulette et le trente et un. Ils ne restaient à Paris que quelques heures, le temps de vider leur bourse; quelquefois aussi la fortune les y clouait par de gros bénéfices. Les *pontes* citaient, de mon temps, avec orgueil et joie, un jeune provincial qui, à la veille d'un mariage dans son pays, était venu à Paris avec quinze cents francs pour acheter des présents de noce, et qui n'était reparti qu'au bout de huit jours, emportant les présents de noce et quatre-vingt-dix mille francs de bénéfice. On citait aussi un cafetier de Strasbourg qui, au bout d'un mois, était reparti avec plus de deux cent mille francs de gain. On ne citait que les heureux ; la liste des ruinés eût été trop longue.

Chaque maison de jeu avait ses célébrités : on rencontrait souvent, au 129, un joueur de roulette qu'on avait surnommé Masséna ; il ne jouait qu'un quart d'heure, et, dans ce quart d'heure, ou il perdait deux ou trois mille francs, ou il en gagnait douze ou quinze mille.

Il est juste de dire que le joueur n'avait à craindre, dans les maisons de jeu publiques, aucune irrégularité, aucune surprise, aucune erreur; la banque seule était exposée à payer deux fois, et n'était pas à l'abri de plus ou moins ingénieuses escroqueries.

Deux jeunes gens entrèrent un soir à Frascati : l'un mit à rouge cinquante louis, en doubles louis ; l'autre mit à noire la même monnaie et la même somme. La rouge gagna, et on paya cinquante louis à la masse de la rouge ; cette masse fut enlevée lestement.

Un banquier prend la masse perdue de la noire ; mais il s'aperçoit bientôt que ces doubles louis n'étaient que des pièces de quarante sous, très-bien dorées. Celui qui avait gagné, s'était esquivé, l'autre fut arrêté. Il ne resta pas à bout d'arguments : « Je n'ai pas, dit-il, annoncé que je jouais cinquante louis : je ne vous donne pas de mauvaises monnaies, je perds même cent francs. C'était à vous d'y regarder de plus près avant de payer mon vis-à-vis. » On ne poussa pas plus loin l'affaire, et la banque en fut pour neuf cents francs de perte ; cette leçon valait bien neuf cents francs.

Un général célèbre avait inventé un coup qui porte son nom. Il joua, un jour, sous l'empire, au Cercle des Etrangers, à rouge ou à noire un petit rouleau cacheté aux extrémités, et qui avait toutes les apparences d'un rouleau d'or de mille francs : s'il perdait, il reprenait son rouleau, et donnait un billet de mille francs; il vient à gagner; il dit au banquier, qui, à son tour, lui offrait mille francs : « Mais permettez, j'ai joué plus gros jeu. » On ouvrit le rouleau, et on y trouva, au milieu de quelques pièces d'or, quinze ou vingt billets de mille francs.

Le général fut payé, mais on se souvint de la leçon, et on ne joua plus qu'avec des masses à découvert, et qu'avec des mises limitées.

Dans les cent-jours, il se fit contre la banque un coup qui porte encore le nom de celui qui l'avait inventé. Un des complices, laissant tomber une pièce de monnaie, fit semblant de la chercher sous la table, et, pendant ce temps, il y plaça une machine infernale... A un moment donné, un autre complice faisait le même manége et mettait le feu aux poudres. Seuls, les auteurs de ce coup n'étaient point troublés, et au milieu du désordre et de l'effroi général, ils s'emparaient, en fuyant, de l'or et des billets de banque étalés sur la table; ils se disaient : « Sauvons la caisse. » Après ce coup de main, la mise en banque ne fut plus étalée sur la table; elle fut seulement enfermée dans des boîtes en cuivre, très à jour pour tenter l'œil du joueur.

Tous les joueurs de profession sont restés inconsolables de la fermeture des jeux. On proposait récemment devant moi un mariage à un jeune homme bien né, élégant, et qui, dans sa vie de joueur, avait su étonner la galerie par des coups d'audace et par de gros bénéfices : « La dot, lui disait-on, est de deux cent mille francs. — Ce ne serait, répondit-il avec tristesse, un mariage possible que si les maisons de jeu étaient rouvertes. »

En 1849, dans un voyage sur le Rhin, j'ai visité toutes les maisons de jeu de l'Allemagne; j'y ai retrouvé une grande partie du personnel de 1818; personnel de *tailleurs,* de *bouts de tables,* de *Messieurs de la chambre,* et surtout de vieux joueurs. La passion du jeu, comme l'avarice, met presque le cœur humain en dehors des autres misères de la vie; le joueur, l'avare, se nourrissent de chimères, leur plaisir est le seul qui ne craigne pas la satiété; leur passion sans mélange est toujours plus vive.

Byron, en peignant l'avare, a peint aussi le joueur.

« Les terres lui appartiennent; les vaisseaux lui apportent les produits embaumés de Ceylan, de l'Inde ou de la Chine. Les routes frémissent sous le blé qui remplit ses chars champêtres; la vigne lui prépare la grappe qui rougira comme les lèvres de l'Aurore. Ses caves mêmes seraient des demeures dignes des rois! Mais, méprisant tous les appétits sensuels, l'avare règne sur tout, par la pensée... » le joueur par l'espérance.

Disons-le pour l'honneur de la justice et de la morale, les joies durables de l'avare ne coûtent de privations et de supplices qu'à lui seul; privations et supplices qui n'en sont même pas pour lui. Les joies si fugitives du joueur peuvent coûter l'honneur et la ruine des familles et conduire, par la pente la plus douce, un cœur né honnête aux plus profonds calculs de l'improbité et du crime.

Je fus souvent le voisin, pendant mes séances de jeu, d'un jeune homme de bonne famille, d'une figure très-agréable, bien élevé. Il jouait une *marche* qui fut longtemps heureuse, la *montante* et la *descendante*. Rencontrant récemment une femme qui avait été de ses amies, je lui demandai des nouvelles de mon camarade de jeu : cette femme pâlit ; des larmes roulèrent dans ses yeux ; elle se pencha à mon oreille pour me dire : *Il a été pendu à Londres pour faux.*

Les jeux publics étaient autorisés avant 89.

Le 21 messidor an vii, le *bureau central du canton de Paris prohiba les maisons de jeu*, pour cause d'immoralité.

Fouché, sous le consulat, accorda sans adjudication à un certain Perrin, qu'on appela bientôt *Perrin des jeux*, l'autorisation de donner à jouer ; il lui prescrivit surtout de créer un *cercle des étrangers*.

Cette autorisation d'ouvrir des jeux publics ne fut pourtant pas gratuite. J'ai entendu dire à Bénazet, qui fut *fermier des jeux* sous la restauration, que Perrin remettait tous les matins cinquante louis à Fouché sans reçu. Fouché faisait payer aussi de temps en temps sur la caisse des jeux de Perrin des bons de police de dix ou vingt mille francs.

Le Cercle des Etrangers, situé alors dans l'ancien hôtel

Aguado, rue Grange-Batelière, comptait trois présidents. C'étaient MM. le marquis de Tilly-Blaru, le comte Esprit de Castellane et le marquis de Livry ; ils touchaient chacun cinquante mille francs comme traitement annuel. On n'y jouait que le trente et un et le creps. Les mises n'étaient pas limitées. On y soupait tous les soirs ; des femmes à la mode, Clotilde de l'Opéra, étaient admises à ces soupers. On dînait trois fois par semaine à ce cercle. Le prince de Talleyrand et son ami Montrond y jouaient très-gros jeu.

Le Cercle des Etrangers donnait assez souvent des bals masqués, on les appelait les bals Livry. Sous le directoire, sous le consulat, les bals masqués firent fureur. La baronne Hamelin, madame Tallien, toutes les femmes distinguées de la société étaient invitées à ces bals. Sous le consulat et dans les premiers jours de l'empire, Napoléon y vint plusieurs fois passer quelques instants, donnant le bras à Duroc et masqués tous deux.

Les présidents du Cercle des Etrangers ne permettaient guère à Perrin de s'y montrer.

Si j'en crois tous les contemporains du directoire et du consulat, rien ne peut donner une idée des plaisirs, de l'éclat et de l'ivresse de cette époque de renaissance.

Le premier consul voulut un jour faire fermer les jeux ; mais Fouché déclara à Bonaparte que *les jeux* étaient ses meilleurs moyens et ses plus grosses ressources de police ; les jeux publics furent maintenus.

Un certain Bernard succéda à Perrin, puis à Bernard succédèrent Boursault et Bénazet.

La ferme des jeux fut plus tard mise en adjudication. Les trois fermiers des jeux qui se succédèrent sous la restauration et sous la monarchie de Juillet sont MM. Bernard, Boursault et Bénazet.

Boursault, dont j'ai plusieurs fois visité la curieuse et splendide habitation, était un homme de ce temps-ci. D'une physionomie très-accentuée, violent, emporté, toujours prêt à prendre une voix de tonnerre, il avait dû se faire écouter et, peut-être, se faire applaudir dans plus d'un club, pendant la révolution. Il avait joué des rôles tragiques, et même composé une tragédie. Dans une conversation intime ou d'affaires, et sans le moindre à-propos, il vous déclamait des vers de Voltaire ou les siens.

Sous le directoire, sous l'empire, et même sous la restauration, Boursault se cramponna à toute affaire qui pouvait donner de gros gains. Selon lui, l'énormité des bénéfices relevait et moralisait toute entreprise : il soumissionna les boues de Paris, les vidanges de Paris, les jeux de Paris.

L'habitation de Boursault était magnifique et d'un luxe intelligent. On remarquait dans sa galerie quelques bons tableaux; mais il avait surtout, dans ses appartements, les serres les plus riches, les fleurs les plus rares, dans un temps où l'horticulture était un luxe exceptionnel et bien loin de tous les progrès qui se produisent chaque jour.

Ce fut dans les serres de Boursault que, vers les dernières années de l'empire, une entrevue eut lieu entre le duc de Rovigo et Châteaubriand, par les soins de la baronne Hamelin. Cette entrevue n'amena aucun rapprochement.

Montrond avait toujours un mot cruel contre la fatuité ou l'insolence des enrichis et des parvenus; il avait donné à Boursault un sobriquet qui faisait pouffer de rire tout Paris. Ce sobriquet rappelait tout à la fois l'origine de la fortune de Boursault et ce luxe de fleurs rares, aux senteurs délicieuses, au milieu desquelles il se pavanait : Montrond avait appelé Boursault le prince *Merdiflore*.

J'ai beaucoup connu le dernier fermier des jeux, M. Bénazet, mort il y a peu d'années. C'était un ancien avoué de Bordeaux, homme d'esprit et d'entreprise ; il était obligeant, généreux : il fut le Mécène de quelques gens de lettres.

A la révolution de Juillet, M. Bénazet fut élu commandant d'une des légions de la garde nationale de la banlieue ; Casimir Périer le nomma chevalier de la Légion d'honneur. Harel, ancien auditeur au conseil d'Etat, préfet dans les cent-jours, ancien exilé politique, puis directeur de l'Odéon et du théâtre de la Porte-Saint-Martin, enfin, dans les derniers temps de sa vie, lauréat de l'Académie française, pour un *Éloge* de Voltaire ; Harel était très-lié avec Bénazet, dont il reçut plus d'un service. Un soir qu'au foyer de l'Opéra on faisait cercle autour de Bénazet, au moment où celui-ci plongeait ses doigts dans une tabatière d'or, Harel interrompt brusquement la conversation : « Messieurs, s'écrie-t-il, comme Bénazet a l'air riche ! » Dans l'intimité et en riant, les familiers de Bénazet l'appelaient l'empereur. Au contrôle du Théâtre-Français, on lui disait : *Mon prince*.

La ferme des jeux comptait les maisons suivantes :

Maison du Cercle des Etrangers, rue Grange-Batelière, n° 6 ;

Maison de Livry, dite *Frascati*, rue Richelieu, n° 108 ;

Maison Dunans, rue du Mont-Blanc, n° 40;
Maison Marivaux, rue Marivaux, n° 13;
Maison Paphos, rue du Temple, n° 110;
Maison Dauphine, rue Dauphine, n° 36.

Palais-Royal.

Le n° 9, comprenant toutes les arcades jusqu'au n° 24;

Le n° 129, comprenant toutes les arcades jusqu'au n° 137;

Le n° 113, comprenant toutes les arcades du n° 102 au n° 118;

Le n° 154, comprenant toutes les arcades du n° 145 au n° 154.

Sous la régie Bénazet, la maison Dunans, rue du Mont-Blanc, n° 40, fut fermée; on maintint ouvertes toutes les autres maisons de jeu.

Sous les deux derniers fermiers des jeux, le bail des jeux contenait les dispositions suivantes :

Le fermier des jeux versait au trésor, par douzièmes, de mois en mois, une somme annuelle de 5,550,000 francs. Sur cette somme, allouée à la ville, le ministre de l'intérieur, et sous la restauration, le ministre de la maison du roi, prélevait annuellement et par douzièmes une somme de 1,660,000 francs, pour subvention aux théâtres, au Conservatoire de musique et de déclamation et à l'institution des Quinze-Vingts.

Le ministre de l'intérieur prélevait encore bien d'autres sommes pour les réfugiés politiques, pour les sinistres dans les départements, pour des secours à toutes les infortunes.

Les frais de régie de l'administration des jeux étaient fixés, dans le cahier des charges, à une somme de 2,400,000 francs. Le fermier des jeux prélevait aussi sur la recette brute une somme de 100,000 francs, pour intérêts. Il devait, en effet, avoir toujours, soit sur les tables de jeu, soit en caisse, une somme de 1,291,000 francs. Il était aussi obligé à un cautionnement de 500,000 francs déposé à la caisse des consignations.

Le résultat du jeu par jour et par table de jeu était constaté par des procès-verbaux de mise et de relevé de banque, qui, rédigés en présence des contrôleurs de la ville, servaient à établir le produit brut.

L'article 9 du cahier des charges, tous frais d'administration, tous frais d'intérêts, et la somme annuelle de 5,550,000 francs allouée à la ville, prélevés, attribuait encore à la ville, sur le montant des bénéfices nets, lorsqu'il y avait des bénéfices, une part de moitié lorsque les produits bruts annuels ne s'élevaient pas au-dessus de neuf millions, et une part de trois quarts sur la somme qui excédait ces neuf millions; tout le surplus appartenait au fermier.

Les jeux de Paris ont été fermés le 31 décembre 1837, par un vote de la Chambre des députés.

Nous donnons ici comme exact le tableau des produits bruts de la ferme des jeux, c'est-à-dire les sommes perdues par année, depuis 1819 jusqu'à 1837.

ANNÉES	SOMMES.	ANNÉES	SOMMES.
1819...	7,682,533 42	1830...	6,403,029 94
1820...	7,801,752 27	1831...	6,055,100 »
1821...	8,724,504 27	1832...	6,055,100 »
1822...	8,651,396 76	1833...	6,138,479 14
1823...	7,408,844 73	1834...	6,546,319 30
1824...	8,222,339 82	1835...	6,630,383 71
1825...	9,008,628 51	1836...	6,115,792 47
1826...	7,346,411 33	1837...	6,841,838 85
1827...	7,213,264 23		
1828...	7,387,545 94		
1829...	7,080,139 92	Total..	137,313,403 81

L'argent des étrangers comptait pour beaucoup dans ces sommes perdues.

Nous ferons remarquer que les bénéfices des fermiers des jeux étaient surtout assurés par cette somme annuelle de *deux millions quatre cent mille francs,* qui leur était attribuée pour frais de régie. Les frais étaient loin de s'élever à cette somme.

L'expansion de la passion du jeu sous l'empire et sous la restauration était telle, qu'à côté des maisons de jeu publiques florissaient alors des *maisons de bouillotte,* dangereuses succursales des tripots autorisés et surveillés par la police.

Ces *maisons de bouillotte* s'installaient sous forme de *tables d'hôte.* Mais après le dîner, les tables de jeu se dressaient; on y jouait surtout à l'écarté.

Après les cent-jours, les *commandants* et les *veuves*

de colonels ou de généraux tués à Waterloo, affluaient dans ces sociétés de bas étage, très-achalandées de *femmes à parties* et d'escrocs de profession.

Chaque maison de bouillotte avait son commandant.

On y rencontrait le *commandant vénérable*, à cheveux blancs, et le *commandant* aux moustaches en croc et duelliste.

Le *commandant vénérable* prononçait en dernier ressort sur les erreurs contestées, sur les coups douteux. Bienveillant et paternel, il apaisait, il conciliait, il rapprochait les querelleurs, et tous ceux que les pertes d'argent entraînaient à faire du bruit.

Le *commandant vénérable* jouissait de toutes sortes de privautés; il jouait sur parole; il était l'ami et le conseiller des femmes à succès; il n'abusait que rarement, et dans des occasions sûres, de la confiance qu'il inspirait; les nouveaux venus s'estimaient presque heureux d'être grugés par lui : tous ceux qui, en faisant sa partie, perdaient quelques pièces d'or, il les tutoyait ; il les indemnisait en familiarités, il les remboursait en camaraderies.

Le *commandant à moustaches en croc*, témoin obligé de tous les duels, racontait souvent ses campagnes. On tremblait surtout devant les commandants qui se pavanaient d'avoir échappé à l'incendie de Moscou et aux glaçons de la Bérésina.

Le commandant à moustaches en croc portait l'habit boutonné. Il avait la parole brève; on trouvait tout naturel qu'il ne pliât jamais sa serviette, qu'il ne payât jamais son dîner et qu'il versât dans son café, sous forme de *gloria*, un très-grand nombre de verres d'eau-de-vie

Personne ne doutait qu'il n'eût été dans les cent-jours porté pour la croix.

Tous les amants heureux le prenaient pour confident et lui ouvraient un crédit, qui ne finissait avec une liaison rompue, que pour se solder et s'élever à de plus gros chiffres avec une liaison nouvelle.

Les veuves de *colonels* ou de *généraux tués à Waterloo* étaient entre deux âges. Elles suppléaient à ce qu'elles avaient perdu de leur jeunesse et de leur beauté par des récits touchants de leur situation. Elles prenaient ou recevaient souvent des sobriquets, *la Veuve de la Grande Armée, la Bérésina.* Un sobriquet est souvent, pour une femme compromise, une source de célébrité et de fortune.

Une des maisons de bouillotte les plus célèbres sous l'empire et sous la restauration était tenue par madame M*** S***.

Madame M*** S*** était la sœur aînée d'une actrice célèbre ; elle était de toute sa personne encore plus belle que sa sœur ; elle fut, pendant les mauvais jours de la république française *une et indivisible,* compromise dans une affaire de faux assignats. Elle en sortit avec un acquittement qu'elle dut à son innocence et non à sa beauté.

Madame M*** S*** tenait une maison de bouillotte d'hiver et d'été. L'acteur Gavaudan en était un des assidus. Elle tutoyait tout le monde, et tout le monde la tutoyait. Comme au temps du chevalier de Grammont, comme au temps des Desgrieux, on n'était point alors déshonoré par des tricheries au jeu. Mais elle ne tirait point profit de ces escroqueries qui lui étaient connues ; elle vous arrêtait même au bord du précipice, en vous disant : « Ne va pas par là. »

Les maisons de bouillotte et de baccarat fleurissent encore aujourd'hui ; on ne joue plus à la roulette, au trente et un, au creps ; mais, chez tous les restaurateurs, dans tous les clubs, on joue son patrimoine sur parole au whist, quelquefois même au baccarat.

Dans les maisons de jeu publiques et autorisées, on perdait la moitié de sa masse lorsque sortaient, au trente et quarante, un refait de 31, et à la roulette, le zéro ou le double zéro. C'était une espèce d'impôt prélevé sur les joueurs : mais on ne pouvait du moins jouer sur parole.

Certains joueurs, criblés de dettes de jeu faites sur parole dans des tripots, partent aujourd'hui pour l'étranger sans payer. Ou bien, vous êtes mandé par une mère de famille qui tient à acquitter les dettes de son fils, mais qui semble vous rendre responsable des folies d'argent qu'elle ne lui pardonne pas.

J'entends souvent dire que si les jeux publics se rouvraient, on aurait moins à craindre les tripots clandestins. Ces tripots étaient tout aussi nombreux pendant la durée de la ferme des jeux, et la ville dépensait pourtant de grosses sommes pour frais de surveillance. Une police spéciale contre les maisons de jeu non autorisées était sans cesse sur pied.

Rouvrir une seule ou plusieurs maisons de jeu publiques, ce serait donner une nouvelle fièvre de jeux de hasard à ce pays-ci ; ce serait sciemment faire lever de nouveaux joueurs, préparer pour les familles de nouveaux désespoirs, et faire naître l'occasion de nouveaux suicides.

CHAPITRE III

LA MÉDECINE AU DIX-NEUVIÈME SIÈCLE.

Des médecins et chirurgiens. — Ordonnance du 23 février 1822. — Suppression de la Faculté de médecine de Paris. — M. de Sémonville. — Le clergé et les médecins. — Les médecins des temps passés. — Jacquemont. — Hippolyte Royer-Collard. — Le vieux Portal. — Ses carnets de visite. — Les professeurs éliminés et les nouveaux professeurs. — Dubois. — Boyer. — Desgenettes et Larrey. — Récamier. — Le baron Dupuytren. — Lisfranc.

De la médecine au dix-neuvième siècle. — Des maladies et des malades. — Il faut écouter les malades. — Des causes morales. — L'ennui. — Les journaux de médecine. — Le talent de tribune réfugié à l'Académie impériale de médecine. — Les discours de MM. Odilon Barrot, Dufaure, Thiers, Billault, de Montalembert et Guizot. — Les discours de MM. Ricord, Bérard, Gerdy, Velpeau, Bousquet, Guérin, Bouvier, Dubois d'Amiens. — Les progrès de la médecine. — Lettre d'Orfila. — Maison de retraite pour les médecins vieux et infirmes.

De l'hygiène de l'ouvrier et de l'homme riche. — Les logements salubres. — Les bains publics. — Des médecins pour les cités ouvrières. — Les grands dîners. — Le service à table. — Il faut dépenser son dîner. — Les légumes. — Les coquillages. — Les truffes. — Le cigare.

L'art de vivre longtemps. — Voltaire. — Les académiciens. — Les marchands de la rue Saint-Denis. — Le département du Loiret. — Les gens de bureau. — Rosman voyageur. — Un prince russe. — Le souper avec de la salade et du vin de Champagne. — De la peau humaine. — La pneumonie des vieillards. — Madame de Montespan. — Conclusion.

DES MÉDECINS ET CHIRURGIENS.

Dès l'année 1822, j'étais en mesure de passer mes examens, après la rentrée de l'école, pour être reçu docteur en médecine; mais, le 23 novembre 1822, une ordonnance du roi supprima la Faculté de médecine de Paris.

Voici cette ordonnance et les considérants :

Considérant que des désordres scandaleux ont éclaté dans la séance solennelle de la Faculté de médecine de Paris du 18 de ce mois, et que ce n'est pas la première fois que les étudiants de cette école ont été entraînés à des mouvements qui peuvent devenir dangereux pour l'ordre public ;

Considérant que le devoir le plus impérieux des professeurs est de maintenir la discipline sans laquelle l'enseignement ne peut produire aucun fruit, et que ces récidives annoncent dans l'organisation un vice intérieur auquel il est pressant de porter remède ;

Sur le rapport de notre ministre secrétaire d'Etat au département de l'intérieur,

Nous avons ordonné et ordonnons ce qui suit :

ARTICLE PREMIER. — La Faculté de médecine de Paris est supprimée.

ART. II. — Notre ministre de l'intérieur nous présentera un plan de réorganisation de la Faculté de médecine de Paris.

ART. III. — Le montant de l'inscription du premier trimestre sera rendu aux étudiants, et le grand maître pourra autoriser ceux d'entre eux sur lesquels il aura recueilli des renseignements favorables à reprendre cette inscription, soit dans les Facultés de Strasbourg, de Montpellier, soit dans les écoles secondaires de médecine.

ART. IV. — Notre ministre secrétaire d'Etat au département de l'intérieur est chargé de l'exécution de la présente ordonnance.

M. de Sémonville se vantait de savoir au débotté tout ce qui se disait, tout ce qui se faisait dans le moindre chef-lieu, comme dans une grande ville ; il appelait le perruquier-coiffeur le plus répandu, et le médecin le plus en renom. Le premier lui apprenait ce qui se disait et se faisait en bas, le second ce qui se disait et se faisait en haut.

Les médecins, en France, forment une nombreuse population ; ils pénètrent dans les familles ; ils n'y interviennent pas seulement comme médecins, mais souvent comme amis, avec l'autorité de l'expérience et du savoir. On compte au moins en France dix-huit mille médecins, y compris les médecins, les chirurgiens et les officiers de santé.

Les gouvernements devraient toujours y regarder à deux fois avant de frapper et de passsionner tout ce monde médical ; les esclandres et les petits coups d'Etat sont toujours une mauvaise politique ; on irrite ses ennemis sans les désarmer.

La dissolution de l'ancienne Ecole de médecine fut, sous la restauration, une des violences qui aigrirent le plus le corps médical, et l'on s'en aperçut en 1830, alors que cette génération d'élèves de 1822 étaient déjà répandus à Paris et dans nos provinces, comme médecins praticiens. Tous les gouvernements reconnaissent, en France, l'influence du clergé ; l'influence des médecins doit aussi être constatée ; c'est là de la politique pratique.

J'aime la médecine, parce que je sais combien elle a formé de grands esprits ; j'aime les médecins, parce que je sais combien ce sacerdoce civil impose d'études, de sacrifices et de vertus. Je rappellerai ici les noms des médecins du temps passé qui se sont illustrés, et surtout, avec quelques traits en relief, ceux des temps présents que j'ai pu connaître et étudier.

Citons comme un des glorieux ancêtres des médecins le grand Rabelais.

Citons aussi Guy Patin, peut-être plus célèbre par ses

lettres que par ses travaux scientifiques ; il remplaça cependant Riollan comme professeur d'anatomie au Collége de France ; il était, dit-on, si agréable à entendre que, suivant Bayle, quelques grands seigneurs lui avaient offert un louis d'or sous sa serviette, toutes les fois qu'il voudrait aller dîner ou souper chez eux. Guy Patin eut un fils, Charles Patin, esprit ardent et dont la vie eut du singulier. Charles Patin se fit d'abord recevoir docteur en droit à Poitiers, puis docteur en médecine à Paris ; il se fit remarquer par ses travaux sur les antiquités ; c'était surtout un médecin numismate. Il encourut la haine de Colbert et fut forcé de s'expatrier. Condamné aux galères par contumace, il se retira à Padoue, et y fut nommé professeur de chirurgie.

Citons encore Claude Perrault, auteur de la colonnade du Louvre.

Locke, l'illustre auteur de l'*Essai sur l'entendement humain*.

Hamond, médecin de Port-Royal ; il composa un grand nombre de livres de sainteté et fut l'un des maîtres de Racine.

Bernier, le grand voyageur ; les Bauhins, Bauhins père et ses deux fils Jean et Gaspard, célèbres par un grand nombre d'écrits sur l'histoire naturelle.

Lestocq (Hermann, comte de), premier médecin de l'impératrice de Russie, Elisabeth ; il contribua à l'élévation de cette princesse au trône en 1741. Il fut longtemps son premier médecin et son conseiller intime, puis, sur des dénonciations calomnieuses, enfermé par elle dans une forteresse.

Struensée, né à Halle, en Prusse, médecin de Christian VII, roi de Danemark; il devint premier ministre et eut la tête tranchée en 1772.

Quesnay, médecin ordinaire de Louis XV, l'un des collaborateurs de l'*Encyclopédie,* chef de l'école économiste, auteur de la *Physiocratie, ou constitution naturelle des gouvernements,* le protégé de madame de Pompadour.

Haller, grand physiologiste, poëte, romancier et publiciste.

Guillotin, né à Saintes en 1738, mort en 1814. Il fut (pour Paris) membre de l'Assemblée constituante, de l'Assemblée législative et de la Convention; il fit décréter l'égalité des peines et recommanda la recherche d'un supplice prompt et uniforme (1er décembre 1789). Il n'est pas vrai qu'il ait inventé l'instrument de supplice qui semble porter son nom; ce fut Antoine Louis, secrétaire perpétuel de l'Académie de chirurgie, qui, d'accord avec un mécanicien nommé Schmidt, construisit la première guillotine. La guillotine fonctionna pour la première fois comme instrument de supplice le 15 avril 1792.

Marat, né en Suisse, avant la révolution; il était médecin des écuries de M. le comte d'Artois; nous rappelons ici ce nom d'horrible mémoire, seulement pour constater que ses travaux comme médecin n'ont jamais mérité que l'oubli.

Barthès, médecin illustre de la fin du dernier siècle; il était chancelier de l'Université de Montpellier, conseiller-maître en la chambre des comptes, aides et finances de Montpellier, médecin consultant du roi, membre de l'Académie des sciences, censeur royal.

Citons aussi tous ces médecins qui se sont illustrés dans les sciences naturelles : Tournefort, d'Aubanton, les trois de Jussieu, Bernard, Antoine et Joseph; de Fourcroy, qui fut successivement professeur de chimie au Collége de France, au jardin des Plantes, membre de la Convention et du conseil d'Etat, et directeur général de l'instruction publique; le chimiste Chaptal, qui fut ministre de l'intérieur sous le consulat et sénateur sous l'empire; le chimiste Berthollet, qui fut aussi sénateur; Cabanis, auteur de l'ouvrage sur les *Rapports du physique et du moral de l'homme*; Darcet, chimiste, membre de l'Académie des sciences; l'abbé Teissier, minéralogiste, membre de l'Académie des sciences; Guyton de Morveau; de Blainville; le grand Cuvier, qui fut un des présidents du conseil d'Etat et membre de l'Université.

Trois médecins seulement ont été membres de l'Académie française : Vicq-d'Azyr; il remplaça Buffon en 1788; le grand Cuvier, et aujourd'hui M. Flourens, savant consciencieux, écrivain distingué, qui remplit en même temps les fonctions de secrétaire perpétuel de l'Académie des sciences.

Le comte Bérenger, qui fut conseiller d'Etat, directeur général de la caisse d'amortissement, et à la première restauration directeur général des impôts indirects, était aussi médecin. Il était médecin de l'hôpital militaire de Grenoble, lorsqu'en 1790 le tiers état le nomma député aux états généraux.

M. Gravier, qui fut longtemps député des Basses-Alpes, directeur général de la caisse d'amortissement, nommé pair de France sous Louis-Philippe, était aussi médecin;

c'est le seul médecin, de 1814 jusqu'en 1848, qui ait été appelé à la Chambre des pairs ; il n'y entra qu'en qualité d'administrateur ; depuis 1814, on n'éleva jamais de médecins à la pairie.

M. Boin, membre de la Chambre des députés sous la restauration, l'auteur du célèbre amendement à la loi d'élection de 1820, était aussi médecin. On créa pour lui la place d'inspecteur des eaux minérales.

Voici les noms des médecins qui furent membres de l'Assemblée constituante :

MM. Allard,
Auclerc Descottes,
Blin,
Campmas,
Desèze (Bordeaux),
Fisson-Jaubert,
Gallot,
Girerd,

MM. Guillotin (Paris),
Laloi,
Latour,
Meyer,
Pélissier,
Salles,
Thuret.

Sous la restauration et sous Louis-Philippe, parmi les médecins qui ont figuré dans la Chambre des députés, nous citerons M. Thouvenel, député de la Meurthe, l'un des membres les plus ardents de l'opposition de gauche ; M. Prunelle, professeur à la Faculté de Montpellier, destitué sous la restauration, maire de Lyon après 1830 et député de l'Isère ; il eut à la Chambre de l'importance, et fut chargé du rapport de la loi municipale ; il fut nommé, sous le gouvernement de Louis-Philippe, médecin inspecteur des eaux de Vichy.

M. Therme, maire de Lyon et député de la même ville, était aussi médecin.

Plus d'un médecin ont été appelés, par la révolution

de 1848, à jouer un rôle politique, soit comme représentants à l'Assemblée nationale, soit comme fonctionnaires publics.

M. Buchez, auteur de l'*Histoire parlementaire de la révolution française*, fut nommé président de l'Assemblée constituante ; M. Trélat, son concurrent au fauteuil de la présidence, fut nommé quelque temps après ministre des travaux publics.

M. Recurt, médecin et accoucheur distingué du faubourg Saint-Antoine, fut nommé ministre de l'intérieur.

M. Bixio, fondateur de la *Maison rustique*, grièvement blessé le 23 juin 1848 devant une barricade, fut élu vice-président de l'Assemblée constituante, et nommé ministre du commerce après l'élection à la présidence de la république du prince Louis-Napoléon.

MM. Ducoux et Gervais (de Caen) furent nommés successivement préfets de police.

Deux noms de jeunes médecins, morts avant l'âge, méritent surtout d'être honorés, Victor Jacquemont et Hippolyte Royer-Collard.

Victor Jacquemont mourut à Bombay en 1832 ; il a laissé sur son voyage dans l'Inde un grand ouvrage scientifique, et deux volumes de lettres intimes, recueillies et publiées par les soins de M. Mérimée ; ces lettres sont d'un libre et spirituel penseur, remplies d'observations piquantes et familières sur tout ce qu'il voit et sur tous ceux qu'il rencontre ; il y annonce presque sa fin prochaine. Ces lettres de Jacquemont sont du plus vif intérêt, et laissent voir tout le cœur et tout l'esprit du hardi voyageur qui mourut victime de son dévouement à la science.

J'ai été le condisciple d'Hippolyte Royer-Collard; c'était, dès ses premières études, un caractère et une intelligence d'une puissante originalité; il se fit écrivain de la meilleure école, à force d'étudier tous les maîtres du dix-septième siècle; pour le style, comme pour la science, il puisait aux sources. D'une mémoire infatigable, il était dans ses écrits, comme dans ses improvisations, d'une prodigieuse fécondité d'idées, de vues, d'arguments qui s'enchaînaient et se liaient entre eux; c'était un esprit prompt et un bon talent; il jeta un grand éclat dans son concours pour la chaire d'hygiène. La calomnie s'en mêla, et prétendit qu'Hippolyte Royer-Collard n'avait pu achever sa composition par écrit dans le temps voulu. La vérité triompha, et la Faculté de médecine compta dans ses rangs un jeune et digne successeur de Hallé, à qui pourtant il ne ressemblait guère, ni par la vie intime, ni même par ses qualités d'esprit.

Membre de l'Académie de médecine, Royer-Collard y soutint plus d'une importante discussion; il éclaira, il charma souvent l'assemblée par des lectures pleines de faits, de nouveauté et d'une haute dialectique.

C'était un caractère qui avait sa veine à lui; c'était le plus curieux chercheur de toutes les folies humaines; il allait sans cesse à la découverte; il se plaisait à prendre sur le fait les bizarreries, les vertiges et tous les vices de jour et de nuit de l'humanité.

Hippolyte Royer-Collard avait un fonds inépuisable d'obligeance; il avait l'âme fière autant que l'esprit élevé; son désintéressement était sans bornes; indulgent pour tous, il ne comprenait que de chaudes et fidèles amitiés. Les femmes tenaient surtout une grande place dans son cœur et dans son existence ; peut-être courut-il trop les aventures, et sa santé et sa jeunesse y ont péri.

Lorsque Royer-Collard fit à l'Ecole de médecine, sur l'hygiène, sa première leçon, une émeute, organisée par l'opposition d'alors, chercha à troubler, à intimider le professeur ; on n'y réussit pas ; mais lorsque Royer-Collard, entouré seulement de quelques amis, sortit de l'Ecole, une bande de deux cents jeunes gens environ le poursuivit de huées et d'injures. Royer-Collard avait refusé tout appui, tout secours de l'autorité.

Arrivé au pont des Arts, il dépose dix francs sur le guichet du receveur, et, se retournant alors vers ces deux cents jeunes gens, si braves contre un seul : « Vous pouvez, leur dit-il, continuer à me suivre, j'ai payé pour vous. » Ce spirituel et dédaigneux à-propos déconcerta cette foule menaçante, et Royer-Collard trouva pour ses leçons d'hygiène un nombreux auditoire, qui poussa la justice jusqu'aux applaudissements.

Il est un nom en médecine d'une certaine célébrité : je veux parler d'un médecin qui, presque toute sa vie, se fit appeler le vieux Portal ; j'ai suivi quelque temps ses leçons d'anatomie au jardin des Plantes, et j'ai pu recueillir sur ce praticien des traits assez accentués et assez personnels.

Portal, le Gascon, connaissait son monde ; jeune encore, il s'était composé une tournure et une physionomie de vieillard : perruque, canne à pomme d'or et l'habit à grandes basques ; en hiver, la douillette en marceline ; il portait ce costume avant la révolution de 89, sous le directoire, sous le consulat, sous l'empire et sous la restauration. Louis XVIII et les émigrés le retrouvèrent tel qu'ils l'avaient quitté. Il n'avait qu'un filet de voix, et cette voix si faible s'éteignait quand on le pressait de questions embarrassantes.

Depuis le jour où Portal s'était mis en route pour Paris, en compagnie de Treillard et de l'abbé Maury, son ambition était de devenir archiâtre, médecin du roi ou de l'empereur ou de quiconque porterait la couronne de France. La restauration combla ses vœux : il fut médecin du roi Louis XVIII et de Charles X.

Sous Louis XVIII comme sous Charles X, la maison médicale représentait une lourde dépense, elle se composait :

D'un premier médecin.	30,000 fr.
D'un premier chirurgien.	20,000
D'un médecin ordinaire.	12,000
D'un chirurgien ordinaire.	10,000
De quatre médecins par quartier.	12,000
Total.	84,000

Après la révolution de 1830, Portal demanda résolûment une audience au roi Louis-Philippe : « Sire, lui dit-il, je viens prendre vos ordres pour composer votre maison médicale. — J'ai mon médecin, répondit le roi ; le docteur Marc a ma confiance depuis un grand nombre d'années. — M. Marc est un homme fort capable, répondit Portal, nous le comprendrons dans votre maison médicale. — Mais, dit le roi, je ne veux pas de maison médicale, et je ne veux d'autre médecin que M. Marc. — Eh bien ! sire, conservez donc M. Marc ; mais je vous demande la survivance. » Portal avait alors quatre-vingt-huit ans.

Portal était né en 1742, à Gaillac ; il entra à l'Académie des sciences en 1769 ; il mourut à Paris en 1832, à l'âge de quatre-vingt-dix ans. Portal payait des voitures pour faire queue à sa porte ; lorsqu'il se trouvait en visites ou en consultations, des affidés accouraient le chercher de la part de M. le prince, de la part de madame la duchesse.

Je possède un document curieux, ce sont quelques carnets de visites de Portal, depuis 1781 jusqu'en 1812 ; ces carnets sont écrits en partie de la main de Portal, en partie de la main d'un domestique, si on en juge par l'orthographe : ce sont de ces petits cahiers de papier très-grossier, qui ressemblent fort au livre de dépense d'une cuisinière.

A la fin de chaque année, Portal faisait de sa main l'addition du produit de ses visites :

1781 (Portal avait alors trente-neuf ans). . . . 16,364 fr.
1785. 31,226
1786. 34,087
1787 (premier semestre). 25,004
1788. 43,218
1790. 30,766
1793 (premier semestre). 12,637
1800. 29,319

D'après ses carnets, Portal faisait payer ses visites de six à douze francs, ses consultations de vingt-quatre à quarante-huit francs. Cependant, on voit figurer parmi ses clients des anonymes qui ne payaient chaque visite que trois francs. La clientèle de Portal, de 1790 à 1793, se composait surtout des plus grands noms de la société.

Les princes ou princesses de Montmorency, de Montbarrey, de Broglie, de Chalais, de Croy, de Revel, de Chimay, etc.

Les ducs et duchesses de Beauvilliers, de Berwik, de Fitz-James, de Caylus, de Villequier, de Boufflers, de Lauzun, de Montbazon, d'Uzès, de Crussol, de La Vallière, de Béthune, de Charost, de Mortemart, de La Rochefoucauld, de Liancourt, de Fleury, de Bouillon, de Nivernais, de Rohan, de Stainville, d'Aiguillon, de Doudeauville, d'Estissac, de Narbonne, de Lévi, de Châtillon, etc.

M. de Miroménil, garde des sceaux ; les maréchaux de Mouchy, de Noailles, de Byron, de Mirepoix, d'Estrées.

Les marquis ou marquises d'Avaray, de Tavannes, de Tourzel, d'Autichamp, d'Asfeld, Duguesclin, de Louvois, d'Aumont, de Bassompierre, de Maison-Rouge, de Genlis, etc.

Les comtes ou comtesses de Caraman, de Choiseul-Gouffier, de Choiseul-Beaupré, de Lameth, de Mérode, d'Egmont, de Vintimille, de Sully, de Beauharnais, de Maurepas, de Montmorin, de Polignac, etc.

Le vidame de Vassé.

Un grand nombre d'archevêques et d'évêques et de membres distingués du clergé.

Dans la haute magistrature, le premier président Molé, les présidents Gilbert de Voisins, d'Ormesson, etc.

Parmi les étrangers de distinction, les ambassadeurs d'Espagne, d'Angleterre, de Sardaigne, de Portugal, de Venise, de Suède ; le nonce du pape ; les princes de Salerne, de Tarente, de Monaco, Colonna, Rospigliosi ; les comtesses Potoska, Soltikoff ; le baron de Grimm, ministre du duc de Saxe-Gotha, etc.

Telle était surtout la clientèle de Portal.

A côté de tous ces noms aristocratiques, il faut aussi

placer les noms célèbres de M. et madame Necker, de d'Alembert, de mesdemoiselles Contat, Clairon, et de Dazincourt, etc.

Portal fit une cinquantaine de visites, d'octobre 1785 à juin 1786, au cardinal de Rohan, à la Bastille. Le cardinal y était détenu pour l'affaire du collier. Il paraît qu'au mois de décembre 1785, le cardinal de Rohan fut gravement malade; pendant quelque temps, Portal lui fit trois visites par jour.

En 1788, Portal fut appelé à Versailles auprès du Dauphin; il reçut pour cette consultation deux cent quarante francs. Portal était alors médecin consultant de *Monsieur*. Le premier médecin du roi était Lassone.

On lit sur une page du carnet de Portal :

« La princesse Charlotte de Lorraine ouverte : quarante-huit francs. »

Sur les carnets de 1793, on ne voit guère figurer que les débris de l'ancienne clientèle aristocratique de Portal; seulement, les titres sont supprimés et remplacés par Monsieur et Madame. Portal n'avait pas été jusqu'à l'adoption de ces titres de citoyens et de citoyennes.

Sur le carnet de 93, on trouve seulement le nom de Dupont le constituant, ancien client de Portal, et celui de madame Roland. Ce carnet indique, pour l'année 1793, près de vingt-cinq mille francs de recette. De cette année, il y a une lacune jusqu'à l'empire.

Les carnets de 1809 et de 1812 constatent plus de consultations que de visites. On y retrouve plusieurs noms de la première clientèle de Portal; on y voit aussi figurer ceux de Charles IV, roi d'Espagne, de la reine d'Espagne (femme de Joseph Bonaparte), de la princesse

Borghèse, du maréchal Masséna, du cardinal Caprara.

Les carnets de Portal étaient presque des almanachs politiques.

L'ordonnance du 23 novembre 1822 élimina de la Faculté de médecine de Paris les professeurs dont les noms suivent :

MM. Pinel,	MM. Deyeux,
Chaussier,	Lallemant,
De Jussieu,	J. J. Leroux,
Desgenettes,	Pelletan père,
Dubois,	Vauquelin.

Les nouveaux professeurs nommés en 1823 furent, par représailles, destitués en 1830. C'étaient :

MM. Clarion,	MM. Cayol,
Pelletan fils,	Laennec,
Guilbert,	Landré-Beauvais,
Fizeau,	Bougon,
Alibert,	Deneux.

Parmi ces médecins faits professeurs sous la restauration, on comptait quelques hommes distingués; ils étaient pourtant en minorité. Les titres scientifiques n'avaient pas été les plus étudiés pour décider du choix de ces nouveaux professeurs.

Parmi les professeurs éliminés de la Faculté par la nouvelle organisation de l'Ecole de médecine, on trouve Antoine Dubois. J'ai beaucoup vu et beaucoup connu Antoine Dubois : il fut souvent appelé en consultation chez mon père. Dubois était un petit homme d'une physionomie sympathique, animée et spirituelle. Il fut chauve de bonne heure. Il eut presque, en chirurgie, le savoir-faire que montra Portal en médecine.

Dubois porta aussi toute sa vie le même costume : un habit à larges basques, un gilet de coupe républicaine, un pantalon presque collant, des bottes à mi-jambes garnies d'un liseré de velours. « Mon costume, disait-il, ne va jamais chercher la mode ; mais la mode vient quelquefois chercher mon costume. »

Dubois savait bien l'anatomie, à une époque où on ne la savait guère. C'était un chirurgien habile ; il faisait une clinique chirurgicale à l'hospice de l'Ecole, rue de l'Observance. Il y donnait aussi des consultations gratuites. Ses consultations étaient très-suivies par les malades et par les élèves. J'ai vu à cet hospice le fils de Dubois, M. Paul Dubois, aujourd'hui doyen de l'Ecole de médecine, accoucheur de l'impératrice, faire ses premiers pansements. Dubois avait la parole brève ; il tutoyait tout le monde. Il y avait en lui du républicain, mais du républicain ambitieux.

Dubois ne fit pas partie de la maison médicale de l'empereur ; ce fut Boyer qui fut choisi comme premier chirurgien de Napoléon. Dubois dit un jour à Corvisart : « Pourquoi ne m'avais-tu pas mis sur ta liste ? N'étais-je pas, tout aussi bien que Boyer, d'étoffe à faire un premier chirurgien ? — Je ne t'ai pas mis sur ma liste, répondit Corvisart, parce que je voulais être le maître. » D'ailleurs, l'empereur gardait rancune à Dubois depuis l'expédition d'Egypte. Dubois, lors de cette expédition, avait fui comme le corbeau de l'arche, dès qu'il avait vu une fenêtre ouverte, et il n'était point revenu.

Cependant, à la mort de Baudeloque, et sur les instances de Corvisart, l'empereur nomma Dubois accoucheur de l'impératrice.

Lorsque vint la restauration, Dubois ne montra pas la même philosophie que Boyer : Boyer se contenta de lire un chapitre de Sénèque et de faire des réformes dans sa maison. Dubois eut la pensée de se faire adjoindre à M. Deneux comme accoucheur de madame la duchesse de Berry; le premier accouchement de cette princesse n'avait pas été heureux : la mère eut vingt-quatre heures de souffrances, et l'enfant vint mort. .

Lors d'une seconde grossesse, personne n'eut la pensée de demander le renvoi de M. Deneux; mais on proposa de nommer un conseil qui, pendant l'accouchement, se serait tenu dans une pièce voisine. Ce conseil devait se composer de Dubois et du baron Dupuytren, bien en cour. Dupuytren, qui détestait Dubois, refusa, et fit tout manquer.

Dubois fut éliminé de l'Ecole en 1822, mais il fut réintégré avant la révolution de 1830; il fut même nommé doyen de l'Ecole dans les premiers jours qui suivirent cette révolution. Il eut assez de popularité et d'influence sur les élèves pour faire échouer toutes les menées démagogiques et pour maintenir l'ordre et le calme au sein de l'Ecole.

Dubois n'a rien écrit en chirurgie; il fit, comme praticien, une assez grande fortune.

Le père Boyer, que j'ai vu tous les matins pendant plus d'une année, était moins remuant, moins ambitieux, moins passionné que Dubois; il a porté dans ses livres sur l'anatomie et sur la pathologie externe les méthodes les plus simples, le sens le plus droit et l'esprit le plus pratique. Le grand savoir de Boyer et ses consciencieux travaux étaient honorés par tout le monde; ses mœurs bourgeoises, son caractère élevé et honnête, ne faisaient ombrage à personne; Boyer fut nommé chirurgien de l'empereur, et, plus tard, sous la restauration, chirurgien consultant du roi, sans avoir rien demandé.

Lors de la dissolution de l'Ecole, Boyer fut maintenu comme professeur. C'était un petit homme, un peu obèse, inoffensif; sur la fin de sa vie, il se montrait goguenard à l'endroit de toutes les découvertes nouvelles; un rhumatisant lui demandait un jour devant moi si des bains de vapeur lui feraient du bien : « Prenez, dit Boyer, mais dépêchez-vous! prenez-en pendant qu'ils guérissent. »

Il avait l'amour de l'étude et l'habitude quotidienne du travail. Il n'apporta pas dans la science de nombreuses innovations, de grandes découvertes; mais il a consciencieusement résumé dans ses livres classiques l'état de la science jusqu'à son temps.

Boyer désirait vivement partager l'exil de l'empereur à Sainte-Hélène; son âge, sa famille, ses habitudes sédentaires, tout concourut à rendre ce projet inexécutable. Il avait proposé cette honorable mission à un jeune chirurgien qui ne l'accepta pas. Aucun chirurgien français n'accompagna l'empereur jusqu'à Sainte-Hélène; il ne dut recevoir dans ce triste exil que les soins de chirurgiens étrangers.

Il est dans la science deux noms historiques et inscrits tous deux sur l'arc de triomphe de l'Etoile. Jamais peut-être hommes si peu ressemblants l'un à l'autre ne se sont trouvés réunis; je veux parler de Desgenettes et de Larrey.

Desgenettes était un homme d'esprit, un lettré ; sa bibliothèque était nombreuse et choisie, il avait le goût des bons livres et des éditions rares.

Larrey n'a guère étudié que sur les champs de bataille.

L'empereur n'aimait pas Desgenettes, il le tenait pour un bavard. « Vous êtes Breton ? lui dit-il un jour. — Pas tout à fait, répondit Desgenettes, ma mère était Bretonne ; mais, comme mon père, j'ai l'honneur d'être Normand. »

On sait que Napoléon proposa à Desgenettes d'administrer de l'opium aux blessés de Saint-Jean-d'Acre, pour qu'ils ne pussent pas tomber vivants entre les mains des Turcs, puisqu'on était forcé de les abandonner. Desgenettes a toujours dit et même écrit que cette proposition était peut-être acceptable, mais qu'il ne pouvait se charger de la mettre à exécution. L'empereur ne se formalisa pas du refus de Desgenettes.

Ami de Kléber et partageant ses préventions contre Bonaparte, Desgenettes était de l'opposition même en Egypte ; mais dans les jours de revers et de mauvaise fortune, son cœur resta fidèle à l'empereur et à l'empire.

Larrey était un homme comme le voulait l'empereur, obéissant, souple, infatigable. Larrey avait au suprême degré la religion du devoir ; il restait sur les champs de bataille quatorze et quinze heures par jour : aussi soutenait-il de très-bonne foi que tout général ayant une jambe de bois avait été amputé de sa main. Il oubliait que Percy, chirurgien militaire très-distingué, avait aussi fait plus d'une amputation sur les champs de bataille.

I

Desgenettes et Larrey ont laissé des relations médicales de leurs campagnes.

Les relations de Desgenettes sont d'un écrivain exercé, mais il y est très-peu question de médecine ; on les croirait écrites par un général en chef. Ce sont des récits à la manière de Xénophon ou de Thucydide, des allocutions de chefs militaires, des discours prononcés sur la tombe de généraux et des ordres du jour. Ce qu'il dit de lui-même ne manque pas d'une certaine simplicité, d'une certaine grandeur ; il ne fait pas trop de bruit de son inoculation de la peste à Jaffa. « Mes boutons étaient encore très-sensibles, dit-il, quand je me baignai dans la baie de Césarée, *en présence de toute l'armée.* »

Desgenettes fut éliminé de l'Ecole de médecine en 1822, il supporta cette disgrâce avec dignité.

Les causeries de Desgenettes étaient pleines d'intérêt. Cousin de Valazé, il avait été présenté très-jeune dans le salon de madame Roland : il y rencontra tous les girondins ; plus tard il vécut dans l'intimité de Camille Desmoulins.

Desgenettes était surtout un plaisant et un railleur ; il raillait en français et en latin. A un examen sur l'hygiène, il demanda un jour à un candidat où commençait la digestion : « Dans la bouche, répondit l'élève. — Non, monsieur, la digestion commence dans la cuisine. »

Larrey avait aussi beaucoup vu ; il avait connu tous les hommes de guerre depuis Custine jusqu'au maréchal Bugeaud. Mais de tous les hommes et de toutes les guerres de l'empire, Larrey ne conservait le souvenir que de ses opérations, de ses pansements et de ses blessés.

Desgenettes n'était qu'un philosophe, un curieux et un critique. Larrey n'était qu'un chirurgien militaire, mais un chirurgien militaire dont le nom vivra autant que le souvenir des grandes guerres de Napoléon.

Récamier, chirurgien de marine dans sa jeunesse, mérite d'être cité.

Il était nommé à vingt-sept ans médecin de l'Hôtel-Dieu de Paris. J'ai suivi sa clinique ; c'était un homme d'une haute taille, au regard vif, pénétrant, au teint chaud et couperosé ; il était simple dans ses façons et dans son langage ; il aimait la médecine et surtout ses malades ; il ne recherchait pas seulement avec une avide curiosité tous les symptômes qui pouvaient l'éclairer sur la nature et le caractère de la maladie ; il s'inspirait des idées et des audaces de la thérapeutique la plus passionnée ; il ne livrait pas seulement bataille aux maladies, mais à la mort même. C'était le médecin des agonisants ; il disputait les morts au tombeau. Dès que la mort tirait un moribond par les pieds, Récamier le saisissait sous les épaules, et dans ces luttes, il eut plus d'une fois le dessus ; il souleva même plus d'une fois le drap qui couvrait déjà le visage d'un mort ou d'une morte ; et, plus d'une fois, soit par une saignée, soit en provoquant la plus violente réaction, il ressuscitait ses malades. Dans ces situations désespérées il risquait tout, même ses intérêts personnels ; il ne se préoccupait ni de sa responsabilité ni de sa réputation. Les Anglais sont plus audacieux en thérapeutique qu'on ne l'est en France ; les Allemands ne sont que polypharmaques.

Dans les maladies aiguës surtout se produisent d'inattendues et de salutaires réactions. Marjolin me raconta qu'ayant quitté le soir un malade pris d'une fièvre très-aiguë, il le trouva à sa visite du lendemain matin dévorant un beefteak ; ce malade, d'un caractère violent, pendant le stade de chaleur de la fièvre, était allé se jeter dans un bassin qui ornait son jardin ; on l'en avait retiré précipitamment, et les sueurs les plus abondantes avaient coupé court à la fièvre et à la maladie.

Récamier se trouvait en consultation avec plusieurs médecins, le malade était à l'agonie. Les confrères de Récamier étaient attendus ailleurs, et tous soins pour l'agonisant leur paraissaient inutiles. « Moi aussi, je suis attendu ; mais nous resterons ici deux heures s'il le faut, jusqu'à ce que je vous aie démontré que la guérison est possible. J'ai condamné tant de gens qui courent les rues, et la nature a tant de ressources, que nous devons encore espérer. »

Récamier donnait le dixième de sa recette aux pauvres.

Le docteur Gouraud, dans un remarquable éloge de Récamier, raconte le fait suivant : « Récamier faisait visite à une pauvre femme ; il avait escaladé les degrés de la mansarde ; il arrivait fatigué, haletant ; la pauvresse de s'excuser de sa misère et de la hauteur de son étage : — C'est vrai, dit le bon docteur, c'est bien haut ; je n'en puis plus. — Nouvelles excuses, nouvelle confusion. — Savez-vous, ajouta-t-il, que cela vaut bien dix francs ; je ne monte point ainsi pour moins. — Et il glisse dix francs dans la main de la pauvre vieille. »

Longtemps avant sa mort, Récamier avait dit : « Je ne serai pas malade, je serai frappé. » Il mourut d'une apoplexie du poumon. Peut-être eût-il fait avorter le terrible dénoûment sur un malade dont il eût été le courageux médecin.

Récamier se montrait médecin ardent et assidu à tous les devoirs, à toutes les pratiques de la religion.

Dans tous les siècles, des hommes heureusement nés ont su par leur caractère, par leur talent ou leur génie, se créer la plus haute situation, et donner à leur nom un retentissement durable et historique, soit comme grands capitaines sur le champ de bataille, soit à la tribune comme orateurs, soit dans les cours comme conseillers des rois.

Un homme de ce siècle a su créer dans la science la plus haute situation, donner à son nom, en France et en Europe, un retentissement durable et historique, en montant chaque jour, pendant plus de trente années, à six heures du matin, les degrés de l'Hôtel-Dieu; en montant les mêmes degrés à six heures du soir; en portant au lit de chaque malade les trésors de son savoir, de son expérience; en accomplissant, le fer ou le feu à la main, des prodiges d'habileté, d'audace, de présence d'esprit, de fermeté d'âme; en remplaçant, par des organes artificiels, des organes réduits à l'inaction; en poursuivant dans les cavités les plus inaccessibles du corps humain les dernières racines d'un mal envahissant et destructeur; enfin, en traçant ensuite à grands traits avec une saisissante vérité de ton, avec de vives lumières, devant une foule immense d'élèves religieusement attentifs à la parole du maître, l'histoire concise de chaque malade, de chaque maladie, et en décrivant avec précision les plus minutieux détails de ses procédés opératoires, soit longuement médités, soit improvisés avec génie devant des dangers inattendus. Cet homme, c'est Dupuytren.

Il y a toujours de la grandeur dans ces existences entièrement dévouées à d'incessants devoirs, à des études sans relâche, à des recherches sans fin. Ceux qui s'élèvent ainsi au-dessus de leurs rivaux par le caractère, par la passion du travail et du succès, ceux-là ont bien droit de prétendre pendant leur vie aux premières places dans les académies, dans les écoles, et, après leur mort, à tout ce qu'on appelle la gloire, à ces monuments, à ces statues de bronze et de marbre, enfin à tous ces honneurs publics qui éternisent le souvenir d'une vie utile et illustrée. Parmi ces hommes éminents, les uns lèvent la tête avec dignité, avec fierté même ; d'autres ajoutent à tous leurs mérites celui de la modestie ; mais tous les hommes supérieurs ont un vif sentiment secret ou avoué de leur personnalité. Il faut honorer les grandes et nobles ambitions. En pensant ainsi, je dégage tout d'abord la vie et la mémoire de Dupuytren de bien des insinuations calomnieuses de l'envie.

Dupuytren était né en 1777, dans l'arrondissement de Saint-Yrieix, département de la Haute-Vienne. Il fit à Paris les plus brillantes études. Ce fut en 1800 qu'il fut appelé à l'Hôtel-Dieu comme *chirurgien en second*. Le chirurgien en chef était Pelletan.

En 1808, Dupuytren parvint à se faire nommer *chirurgien en chef adjoint*. Du titre de *chirurgien en second* au titre de *chirurgien en chef adjoint*, il y avait une grande distance ; Dupuytren tenait à la qualité du titre.

On accusa Dupuytren de sourdes et incessantes menées contre Pelletan. Il est vrai que dès qu'il fut chirurgien *en chef adjoint,* Dupuytren désirait vivement n'avoir personne *devant* lui, et que plus tard, chirurgien en chef, il ne voudra avoir personne *derrière* lui.

Vers la fin de 1814, Dupuytren fut nommé chirurgien en chef de l'Hôtel-Dieu.

Il y eut lieu de nommer un chirurgien en second. Un concours s'éleva entre Marjolin et Béclard : Marjolin l'emporta.

Le premier jour de son entrée à l'Hôtel-Dieu, Marjolin était là dans une salle, confondu avec les élèves, attendant avec anxiété l'arrivée de Dupuytren. Dupuytren paraît, et au lieu de tendre la main à son collègue : « Monsieur, lui dit-il, prenez un tablier et suivez la visite. » Il y avait bien loin de l'intelligence de Marjolin au génie de Dupuytren. Marjolin, découragé, demanda et obtint du conseil d'administration des hospices un service à l'hôpital Beaujon; comme chirurgien, il y fit bien peu parler de lui.

Dupuytren, pendant de longues années, régna seul à l'Hôtel-Dieu. Il donna un tel éclat à l'enseignement chirurgical de ce vaste hôpital, que tous les chirurgiens éminents du monde entier tenaient à honneur de venir assister à ses hautes et brillantes leçons. Son langage était clair, concis, simple. Il faisait preuve d'une mémoire prodigieuse. Je l'ai entendu dans une de ses leçons cliniques citer La Fontaine avec à-propos et sobriété.

La science ne possède que peu de travaux écrits de la main de Dupuytren. Ses leçons furent recueillies et publiées par un de ses élèves; mais on n'y sent pas revivre la parole du maître.

Dupuytren, d'une taille élevée, aux lèvres bien dessinées et dédaigneuses, inspirait le respect et la crainte, comme tous ceux qui naissent avec le goût de la domination et le don du commandement. Mais au lit du malade, il laissait voir de la sensibilité, presque de la tendresse; on était ému à l'entendre alors prononcer de bienfaisantes paroles. Sa miséricorde rendait le courage à ceux que la douleur réduisait au désespoir; j'ai souvent vu la physionomie des malades exprimer l'espérance et la joie, lorsque Dupuytren leur disait avec une confiance pleine de simplicité et de noblesse : « Je te guérirai ! » Dans le peuple, la mémoire de Dupuytren est restée vénérée.

Dupuytren était invariablement vêtu d'un habit vert, d'un gilet blanc et d'un pantalon bleu. Ce costume fut pour ainsi dire, pendant plusieurs années, un uniforme chirurgical. M. Marx, un des élèves préférés de Dupuytren, le porte encore.

La vie de Dupuytren était sobre, économe et régulière. Il n'aimait pas le faste; il se montrait même peu recherché dans toutes ses habitudes et dans tous ses goûts.

Il a laissé la plus grande fortune qu'un chirurgien ait jamais pu acquérir en France, plus de quatre millions. Toutefois, il ne dut pas seulement ses richesses à une nombreuse clientèle. Dupuytren fut appelé à donner des soins au baron James de Rothschild, qui avait fait une chute de tilbury. Dupuytren eut à panser une plaie de tête assez grave, et surtout à prévenir de dangereux accidents; il y réussit. Le grand financier, à son tour, mit tous ses soins à surveiller, à bien diriger et à accroître la fortune du grand chirurgien. Lorsque Charles X, en 1830, eut à quitter la France, le baron Dupuytren lui fit offrir un million. Dupuytren était simple, obligeant pour tous ses confrères; il n'était résistant et dédaigneux que pour ceux qui prétendaient être ses rivaux.

En 1830, Dupuytren eut le désir de se faire ouvrir les portes de la Chambre des députés; il se présenta dans son pays, à Saint-Yrieix, on lui préféra un médecin de campagne; heureusement pour Saint-Yrieix, le médecin de campagne fut bientôt remplacé par M. Saint-Marc Girardin.

Un matin, en faisant une leçon clinique dans l'amphithéâtre de l'Hôtel-Dieu, Dupuytren est pris d'une paralysie de la moitié de la face. Il tient à finir sa leçon. Le grand chirurgien, à compter de ce jour, était perdu pour la science et pour l'humanité.

On lui conseilla un voyage en Italie, qui lui fut favorable. Mais il avait hâte de reprendre ses travaux; il revint, et succomba, le 8 février 1835, aux suites de son affection cérébrale et à une pleurésie avec épanchement purulent.

Son testament est un chef-d'œuvre de bon sens, de haute raison; on reconnaît à ses dernières paroles l'homme supérieur qui observa si bien l'homme animal et l'homme moral.

Dupuytren avait depuis longtemps formé à l'Hôtel-Dieu un musée de pièces pathologiques. Il légua deux cent mille francs à la Faculté de Paris pour la création d'un musée public qui recueillît toutes ces pièces, et d'une chaire destinée à propager l'enseignement de l'anatomie pathologique.

Grâce au dévouement d'Orfila et de M. Cruveilhier, ce savant si modeste et si passionné pour toutes ses utiles recherches, la Faculté de Paris possède un musée d'anatomie pathologique qui porte le nom de son créateur, le grand nom chirurgical de Dupuytren, et qui rivalise avec le célèbre musée de Hunter, à Londres.

Nous possédons en France un riche musée de sculpture et de peinture, qui témoigne du génie, de la puissance et de la fécondité de l'intelligence humaine ; Dupuytren a élevé un musée qui témoigne des douloureuses misères du genre humain, et des efforts si souvent heureux de ce grand esprit pour les soulager.

Les funérailles de Dupuytren furent dignes et solennelles. Tous les savants de nos écoles, de nos académies, toute la jeunesse des amphithéâtres et des hôpitaux, une foule immense d'hommes du peuple, accompagnèrent les restes du chirurgien de l'Hôtel-Dieu jusqu'à sa dernière demeure.

Le chirurgien Lisfranc fut l'ennemi et la caricature de Dupuytren. Il était d'une grande taille et d'une grande force musculaire : « Je suis fort, disait-il ; mais j'ai un principe qui double ma force : quand je me bats, je n'ai pas peur de faire mal. » Il poursuivait de ses injures, dans ses leçons d'enseignement, tous les professeurs de l'Ecole de médecine qui avaient refusé de l'admettre parmi eux. « Dupuytren, c'était la grenouille du bord de l'eau. — Ces coch... de l'Ecole de médecine me reprochent d'être mal élevé ; qu'on me f.... dans un salon avec eux, et on jugera. » — Lisfranc publia quelques bons travaux sur la médecine opératoire. Il mourut encore jeune d'une fièvre typhoïde. Il disait avec raison : « Les médecins meurent de faim ou de fatigue. »

DE LA MÉDECINE AU DIX-NEUVIÈME SIÈCLE.

Après avoir reproduit quelques traits des médecins, des chirurgiens dont le nom vivra, j'ai encore à consigner ici quelques observations sur les maladies et sur les malades, sur la médecine et sur les médecins.

L'orgueil de l'homme se refuse obstinément à penser qu'il porte en lui le germe de maladies, et que si bien organisé pour vivre, il soit aussi bien organisé pour mourir.

« L'enfant souffre de même qu'il meurt, dit Joseph de Maistre; il appartient à une race qui doit souffrir parce qu'elle a été dégradée dans son principe, et qu'en vertu de la triste loi qui en a découlé, tout homme, parce qu'il est homme, est sujet à tous les maux qui peuvent affliger l'homme. Tout nous ramène donc à cette grande vérité, que tout mal, ou, pour parler plus clairement, toute douleur est un supplice imposé pour quelque crime actuel ou originel [1]. »

J'ai dans ma vie interrogé beaucoup de malades; quand il s'agit de maladies externes, ils vous disent tous : « J'ai fait une chute, j'ai reçu un coup, j'ai subi des fatigues, un vêtement m'a gêné, et voilà la cause de mon mal. » S'agit-il de maladies internes, ils vous disent : « J'ai eu chaud, j'ai eu froid; j'ai trop mangé; tel aliment m'a causé une irritation. » Pour chaque maladie, le malade a son roman.

Je pense toutefois que le malade, consultant son médecin, a le droit de lui parler longuement de soi; le mé-

[1] *OEuvres posthumes de Joseph de Maistre*, Ier vol., 3e entretien.

decin doit patiemment écouter toutes ses digressions plus ou moins raisonnables et toutes ses théories plus ou moins fantastiques. Au milieu de tout ce verbiage, la sagacité médicale peut surprendre un mot, un fait qui jette quelques lumières et renseigne utilement.

Certes, on ne peut nier l'influence permanente ou fugitive des causes extérieures sur la santé de l'homme, et il faut même en tenir grand compte ; mais peut-être, dans beaucoup de cas, ne faisons-nous pas une assez large place à l'influence des causes morales. L'*hydrocéphale aigu*, qui, chez les jeunes filles de quinze à dix-huit ans, produit une telle douleur de tête, et leur arrache un cri si déchirant, qu'on a nommé ce cri de douleur cri *hydrencéphalique*, a le plus souvent pour cause des chagrins concentrés, une passion secrète. J'ai vu, même dans les hôpitaux, une jeune vierge, au corps beau comme le jour, foudroyée par cette maladie trop souvent méconnue à son invasion.

J'ai observé plus d'un joueur qui jouissait d'une parfaite santé tous les jours de gain, et qui tous les jours de perte souffrait du fer chaud, était pris de nausées, de vomissements, de douleurs de tête, de soif et de malaise général.

Je ne parle pas ici de ces profondes émotions qui surexcitent l'orgueil de l'homme ou le mènent par la tristesse au désespoir. Trop de bonheur ou trop de misères conduisent l'esprit humain à la folie.

Des sentiments, des affections même de famille trop concentrés, causent souvent des surexcitations de sensibilité et d'esprit à produire les plus tristes désordres. J'ai été récemment consulté comme ami par une mère dont le fils est à Alger. J'ai constaté un état de santé déplorable, de l'amaigrissement, de la pâleur, un pouls faible, de l'insomnie, des défaillances, l'estomac supportant à peine quelques cuillerées de bouillon. On avait eu déjà recours à plus d'un traitement actif ; je dis à la malade : « Il vous faut voyager, et passer quelques mois sous un climat chaud ; partez pour Alger. » Ce conseil, donné devant toute une famille inquiète, ne fut repoussé par personne, et quant à la malade, elle songe immédiatement aux préparatifs du départ ; dans sa préoccupation, elle oublie toutes ses douleurs ; un vif appétit l'entraîne à manger ; sa physionomie respire la gaieté, s'anime et se colore. Elle part : toutes les fatigues du voyage ne sont qu'un jeu ; elle embrasse son fils, et ce tendre cœur de mère rassuré et plein d'ivresse suffit à donner congé à toutes ces maladies nerveuses rebelles à la science du médecin.

La nostalgie, ce mal du pays dont on peut mourir, suscite les symptômes les plus graves, et tous ces symptômes cessent par enchantement dès qu'on a repris le chemin de la ville ou du village qu'on regrette.

Il est une maladie morale qui n'est pas l'*hypocondrie*, qui n'est pas la manie du suicide, qui n'est pas cette tristesse prétentieuse, et un instant à la mode, des *Werther* et des *René* ; la maladie morale dont je veux parler, c'est l'*ennui*.

L'*ennui* peut jeter l'adynamie, l'abattement, le désordre dans la vie des individus, dans toute une armée, dans toute une nation. L'ennui peut conduire l'individu jusqu'à une mortelle consomption, entraîner une armée à l'énervation ou à la révolte, et peut-être même pousser une société tout entière à sa décadence ou aux saturnales d'une révolution.

Dans les lettres, les plus grands génies sont ceux qui nous font rire, mais de ce rire honnête, à pleine poitrine, qui n'offense personne, et qui gagne tout le monde. C'est à ce titre que Molière est le plus grand génie de l'humanité.

Bien des gens préfèrent la souffrance à l'ennui. La douleur, c'est le désir, c'est l'espérance de la santé.

La gaieté inspirée par quelques distractions et par quelques plaisirs après le travail, par des événements ou par des spectacles inattendus qui éveillent et satisfont doucement notre curiosité, la gaieté est un besoin moral pour chacun, pour le soldat en campagne ou jouissant du repos dans les camps, aussi bien que pour les nations même riches et prospères. Il est gai, celui qui sait faire un industrieux emploi du temps, réparer la fatigue par une douce émotion, et user tour à tour de toutes ses facultés, de la vigueur de son bras, des mouvements de son cœur et des ressources de son esprit.

L'ennui c'est, au contraire, l'affaissement par le repos de toutes nos facultés, c'est un demi-sommeil avec malaise de l'esprit et de l'âme, c'est à force de monotonie l'éloignement et le dégoût de toute habitude régulière. Ce n'est point la tristesse, ce n'est point le chagrin, c'est l'ennui.

L'ennui prolongé est abrutissant et mortel; l'ennui causé pendant quelques heures, par de stupides convives, peut même surprendre et troubler la digestion. Seuls, les sots ne s'ennuient pas entre eux.

La gaieté, au contraire, qui naît d'un échange heureux, d'un choc sympathique d'idées, de vues, de souvenirs, excite le cerveau, puis, par le cerveau, l'estomac, et il n'est pas de cuisine pitoyable, de vin frelaté, qui résistent aux convulsions bienfaisantes du fou rire. Toute ma vie, j'ai choisi pour amis des gens gais à force d'esprit ou spirituels à force de gaieté ; aussi, nous advint-il plus d'une fois, après un fin et gai dîner fait à six heures du soir, de mourir de faim à minuit. Tout médecin doit se préoccuper de la gaieté d'esprit du client qui le consulte, tout général d'armée de la gaieté d'esprit des régiments qu'il commande, tout chef d'Etat de la gaieté d'esprit des peuples qu'il est appelé à gouverner.

La gaieté, c'est un paroxysme naturel de l'état de santé, c'est le cœur heureux de battre, c'est l'esprit heureux de penser, c'est tout notre système nerveux extérieur ou caché dans les profondeurs de notre organisation, en mouvement, en bien-être et en fête. L'animal n'est gai que par des appétits charnels ; l'homme seul est gai par le cœur et par l'esprit.

J'insiste ici sur le devoir du médecin d'écouter tout ce que lui racontent les gens du monde qui le consultent, et voici pourquoi.

On ne devient médecin qu'en vivant un grand nombre d'années dans les hôpitaux. Mais chez les clients des hôpitaux, les maladies sont le plus souvent nettement dessinées, très-accentuées et même déjà parvenues à leurs derniers périodes, lorsqu'on voit le malade pour la première fois ; on n'obtient pas un lit d'hôpital pour des vapeurs.

Chez les gens du monde, au contraire, pleins de soins

pour leur personne, de ménagements pour leur santé, les maladies débutent souvent avec hypocrisie, sourdement, suivent une marche lente et perfide. Il faut donc explorer, écouter, questionner, et s'efforcer de tout savoir pour tout apprécier.

J'insiste encore ici sur cet autre point. Dans la clientèle des hôpitaux, composée d'ouvriers, d'hommes voués aux travaux du corps et à la fatigue, les influences morales ont bien moins d'action comme causes de maladies ; chez les gens du monde, au contraire, dont l'esprit est cultivé, préoccupé d'affaires et si accessible à toutes les émotions, chez les gens riches surtout, chez qui les ennuis de l'oisiveté, les soucis de la richesse et les tristesses de la satiété entrent par les portes et par les fenêtres, l'étude des influences morales doit tenir une large place dans le diagnostic, dans l'étiologie [1] et dans le traitement des maladies.

Si l'état de notre esprit et de notre cœur peut influer sur toutes nos fonctions et jeter le trouble dans notre santé, les maladies à leur tour, les souffrances, l'affaiblissement qu'elles causent, les soins, les privations, la nouvelle façon de vivre qu'elles réclament, ont aussi une certaine action non moins vive sur notre âme et sur notre intelligence. Je sais un homme de beaucoup d'esprit, adonné au paradoxe, à la raillerie, aux vives sorties contre chacun, qui, à la moindre indisposition, offre un symptôme moral constant, *l'affectuosité*. Je ne manque jamais de lui dire avec assurance : « Vous êtes souffrant ; je vous trouve affectueux. »

---

1. Connaissance des causes.

Je suis surpris qu'au lit de mort des malades il ne se commette pas plus d'extorsions de tous genres ; les soins empressés excitent chez l'homme affaibli des mouvements de reconnaissance disproportionnés avec les services rendus. Chez l'homme malade, le jugement et la raison perdent de leur empire, et la résistance morale s'affaiblit. C'est ainsi que les familles sont souvent dépossédées par les manéges persévérants des *coureurs d'héritages*.

La muse comique a mis en scène une esquisse de ces personnages. Colin d'Harleville a peint l'habileté de madame Evrard à suborner l'esprit affaibli du célibataire Dubriage, à réveiller, même avec modestie, les sens endormis du vieillard, à éloigner de lui toute sa famille pour s'emparer de son bien.

Les coureurs d'héritages ne prennent pas tous, comme Tartufe, le masque de la religion ; il leur suffit d'être toujours présents, d'être aux petits soins ; il leur suffit de prendre le masque d'une vive amitié et d'une sincère tendresse.

Je lis beaucoup de journaux de médecine ; on écrit beaucoup et peut-être trop en médecine. Je lis les comptes rendus de l'Académie impériale de médecine, de la Société de chirurgie de Paris, de la Société médico-pratique de Paris, de la Société médicale des hôpitaux de Paris, de la Société médicale d'émulation de Paris, des Sociétés médicales des arrondissements de Paris, et j'assiste ainsi de loin à tous les mouvements de la science.

Les fréquentes communications des médecins et des chirurgiens entre eux sont une des plus heureuses innovations de ce temps-ci. Elles éteignent d'abord le feu des rivalités; puis la pratique de l'un ajoute à la pratique de l'autre, et les faits se multiplient pour l'expérience de tous. Ces diverses sociétés médicales constituent pour ainsi dire la science à l'état de gouvernement hiérarchique et régulier.

Dans les sociétés libres de médecine et de chirurgie, les praticiens racontent des faits, examinent même souvent les malades avant et après les opérations chirurgicales, avant et après des traitements heureux; chacun y produit son opinion, toujours basée sur des faits ou sur des autopsies; la discussion et la controverse, ne choisissant que des arguments pratiques, ne sortent jamais des limites de l'observation et de l'expérience. Ces nombreuses sociétés médicales représentent pour ainsi dire diverses sections d'un conseil d'Etat scientifique.

Lorsque tous ces faits, examinés, discutés, contrôlés dans ce conseil d'Etat, sont assez nombreux pour fonder en médecine toute une doctrine, toute une législation, ces nouvelles doctrines, ces nouvelles législations médicales se produisent au sein de l'Académie de médecine, qui discute à son tour, rejette, amende ou vote les projets de loi. L'Académie de médecine représente le corps législatif de la science.

On pourrait même dire que toutes les émotions, que toutes les stratégies, que tous les drames du gouvernement parlementaire se sont réfugiés à l'Académie impériale de médecine. L'art de la parole, le talent de tribune, l'éloquence passionnée, y comptent de nombreux représentants. Les journaux de médecine donnent de la publicité et de l'éclat à ces séances solennelles, où tous les grands noms de la science, où tous les orateurs en crédit prennent la parole, passionnent, émeuvent et entraînent cette assemblée de savants, quelquefois aussi houleuse et aussi ardente que l'étaient nos assemblées politiques.

Sous le gouvernement de Louis-Philippe, les journaux politiques nous entretenaient d'un discours énergique de M. Odilon Barrot, d'un discours d'affaires de M. Dufaure, d'un discours spirituel de M. Thiers, de la logique pressante de M. Billault, du talent plein d'élévation et de dédain de M. de Montalembert, de la haute éloquence de M. Guizot.

Les journaux de médecine aujourd'hui, dans les grands débats scientifiques et oratoires de l'Académie, apprécient et jugent l'argumentation, la logique, le talent et le succès de chacun; ils nous entretiennent du langage pittoresque, dramatique, du chirurgien Ricord, cherchant tout à la fois à faire rire et à convaincre son auditoire; de la dialectique élégante et pleine de faits précis du physiologiste Bérard; de l'âpre et rude parole du docteur Gerdy; de la savante, incisive et spirituelle faconde du chirurgien Velpeau; de l'atticisme du docteur Bousquet; de la méthode d'exposition, de la parole vive, animée et convaincue de l'orthopédiste Guérin; du discours développé et consciencieux de l'orthopédiste Bouvier, enfin des décisives interruptions du secrétaire perpétuel de l'Académie, du docteur Dubois, d'Amiens, dont le bon sens, l'esprit et le savoir se réservent pour écrire d'un style vif, plein de relief et de lumière, l'éloge de ses confrères que chaque année la mort moissonne. Il se rencontre aussi à l'Académie de médecine, comme dans nos assemblées politiques, des orateurs sans talent et des esprits de travers, et ce ne sont pas ceux dont la langue reste le plus oisive.

A l'Académie impériale de médecine, les orateurs, dans les discussions, ne disent même plus : *le docteur un tel, mon honorable collègue*; ils disent : *le préopinant*.

Toutefois, Molière et Lesage ne rencontreraient à notre Académie de médecine, ni le docteur Diafoirus, ni le docteur Sangrado ; ils conviendraient que les médecins, au dix-neuvième siècle, n'ont plus la physionomie, les mœurs, ni la présomptueuse ignorance des médecins du dix-septième siècle et du dix-huitième ; ils rendraient justice à la haute raison, à l'invincible bon sens, à cette pénétration pratique, à cet esprit philosophique qui observe, compare et résume, et surtout à cet ardent amour de l'humanité qui inspire et domine les plus vives discussions des médecins de notre temps.

Malgré les infatigables recherches de la science, malgré les découvertes incessantes de la chirurgie et de la médecine, on meurt aussi sûrement au dix-neuvième siècle que dans les siècles précédents. Mais, dans les maladies qui ne sont pas mortelles, la médecine et la chirurgie guérissent aujourd'hui plus vite que jamais, suppriment souvent la douleur, abrégent les traitements, les concilient dans beaucoup de cas avec les habitudes et les travaux du malade, et savent mieux prévoir et mieux prévenir de formidables accidents. La médecine trouve des médicaments nouveaux, d'une grande puissance, la *vératrine*, par exemple, contre les rhumatismes aigus ; elle s'étudie à voiler la saveur repoussante, et à épargner à la délicatesse de l'estomac le dégoût de certains médicaments, en même temps que la chirurgie, après de grandes opérations, rend prompte la cicatrice en réunissant souvent la plaie à l'aide de serres-fines, et en usant de continuelles ablutions d'eau froide. N'est-ce pas là un ensemble glorieux de services rendus à l'homme souffrant ?

La science est aujourd'hui prodigue de ses trésors envers tout le monde : les amphithéâtres, les hôpitaux, les cliniques, les cours de nos plus savants professeurs, les musées scientifiques sont ouverts à tous; le niveau du savoir de tous les médecins s'est élevé de beaucoup ; la science jouit aujourd'hui d'un précieux privilége, d'une libre publicité.

La mort d'Orfila a été un trop grand malheur pour ne point mentionner ici les éminents progrès que ses travaux ont fait faire à la toxicologie, et les dons qu'il a voulu assurer, peu de jours avant sa mort, à plusieurs institutions scientifiques. Depuis quelques années, Orfila songeait à fonder une honorable maison de retraite pour les vieux médecins infirmes, et pour tous ceux dont la vieillesse souffrirait de la misère.

Le 22 janvier 1853, bien peu de jours avant sa mort, Orfila me faisait l'honneur de m'adresser la lettre suivante :

« *A monsieur le docteur Véron.*

» Paris, ce 22 janvier 1853.

» Monsieur et très-honoré confrère,

» J'ai reçu l'aimable lettre que vous avez bien voulu m'écrire, à l'occasion du don que je viens de faire à divers établissements publics ; je ne saurais assez vous remercier des sentiments beaucoup trop flatteurs pour moi que vous m'exprimez à cet égard, et soyez assuré que le souvenir de cette marque d'estime et de sympathie de votre part ne s'effacera pas de si tôt de ma mémoire.

» Il est vrai, mon cher monsieur, que depuis plusieurs années, je songe à fonder une honorable maison de retraite pour les vieux médecins infirmes, et pour tous ceux que la pauvreté n'aurait pas épargnés. Cette idée, j'espère bien la réaliser un jour au nom de l'Association des médecins du département de la Seine dont vous faites partie ; malheureusement notre caisse n'est pas encore en état de supporter les frais assez considérables qu'exigera un pareil établissement. Dès que l'état de nos finances nous permettra d'agir, je mettrai mon projet à exécution en ouvrant une souscription à laquelle prendront part tous nos généreux confrères. Je suis heureux de voir que vous nous offrez votre généreux concours, et je vous rends mille grâces. Dans mon opinion, il suffirait d'une somme de quatre-vingt mille francs pour acheter et meubler à Chaillot ou à Passy une maison convenable ; or, je connais déjà un souscripteur qui fournirait dix mille francs, je pense que le restant ne se ferait pas longtemps attendre. Il est si doux de faire le bien et de rehausser la dignité d'une profession comme la nôtre, que je n'hésite pas à affirmer que tous ceux de nos confrères que la fortune a favorisés s'empresseraient de nous venir en aide.

» Recevez, monsieur et cher confrère, l'assurance de toute ma gratitude et de ma haute considération.

» *Signé* : ORFILA. »

Pour la dignité professionnelle et pour honorer pieusement la mémoire d'Orfila, tous les médecins ne doivent-ils pas prendre à cœur d'élever une maison de retraite, ouverte aux médecins pauvres et infirmes? Un homme d'esprit, au cœur chaud, le baron Taylor, a su, par des expédients honnêtes et ingénieux, amasser presque des richesses au profit de l'Association des artistes. Une commission, composée des médecins des hôpitaux, de professeurs de l'Ecole de médecine, de nos grands praticiens, de savants écrivains de la presse médicale et de membres de la Société de prévoyance de Paris, pourrait se mettre à la tête de cette entreprise et la mener à bonne fin pour l'honneur et la dignité de la science.

HYGIÈNE DE L'OUVRIER, HYGIÈNE DU RICHE.

L'ouvrier n'est pas dans des conditions d'hygiène aussi fâcheuses qu'on pourrait le penser. La vie en société est un besoin pour l'homme, et dans nos ateliers, dans nos usines, l'ouvrier est loin de vivre dans l'isolement; les travaux, les fatigues du corps, lorsque les forces de l'homme ne sont pas dépassées, sont une heureuse excitation pour la vie intérieure, et surtout pour la digestion.

J'estime toutefois que les exercices et la fatigue musculaire diminuent et annulent les forces de l'intelligence. Buffon, qui ne prenait la plume qu'après s'être vêtu d'un élégant costume, eût été mal disposé à écrire d'un style ferme, clair et pittoresque, ses belles pages d'histoire naturelle, après les fatigues et les sueurs de longues chasses. Je me demande même si l'homme est fait pour marcher, je veux dire pour de longues et pénibles marches. L'homme, suivant les climats, rencontre divers animaux nés pour le porter : l'éléphant, le chameau, le cheval, le mulet, l'âne. L'homme trouve, comme l'a dit Pascal, *des chemins qui marchent* : les rivières, les fleuves et les flots de la mer. Le pied de l'homme, formé d'os si nombreux et de toutes formes, tous unis par des articulations d'une plus ou moins grande surface, recouverts d'aponévroses très-résistantes et d'un tissu cellulaire très-serré, se déforme pourtant et se blesse par de trop longues marches, et les chaussures auxquelles il nous faut avoir recours changent même l'aspect et détruisent la mobilité des diverses parties du pied sur elles-mêmes. Les pieds de chameau ou d'éléphant, le sabot du cheval, du mulet ou de l'âne, sont au contraire d'une organisation à résister aux aspérités du sol, aux cailloux, aux rocs les plus accidentés.

Les soucis imaginaires, les chagrins de l'esprit, n'habitent pas la mansarde de l'ouvrier ; après le travail, il a, comme dit La Fontaine, *ses chansons et son somme*.

Ce qui fait le plus défaut à la santé de l'ouvrier, ce sont, comme on l'a dit tant de fois, les logements salubres, et des soins répétés de propreté. C'est avec un profond sentiment d'humanité, c'est avec des vues hygiéniques d'une sage prévoyance, que le gouvernement actuel se préoccupe d'instituer des cités ouvrières et des bains à bon marché.

Plusieurs médecins sont attachés aux bureaux de bienfaisance des divers arrondissements de Paris : je demanderais que plusieurs médecins fussent aussi attachés aux diverses cités ouvrières.

Dans une visite matinale, ces médecins passeraient pour ainsi dire en revue tous les ouvriers vieux ou jeunes, et ces visites médicales seraient certainement fécondes en bons résultats ; quelques soins, conseillés et pris à temps, préviendraient souvent de graves maladies, les arrêteraient dans leur début, et pourraient ainsi soustraire plus d'un ouvrier à la vie des hôpitaux. Tel métier peut nuire à la santé individuelle d'un sujet; tel autre métier serait moins nuisible : ce sont là autant d'avis utiles, de conseils hygiéniques que l'ouvrier recevrait du médecin des cités ouvrières. Le changement de métier est chose possible; il y a beaucoup de métiers qui s'apprennent vite.

Les estomacs faibles, les digestions incomplètes, les gastralgies, sont rares dans la classe ouvrière. L'estomac de l'ouvrier se rit des aliments les plus grossiers, les plus rebelles à l'action de tout l'appareil digestif; il se rit même des vins les plus frelatés, les plus falsifiés et les moins fortifiants.

Non-seulement on fait aujourd'hui produire aux vignobles plus qu'ils ne peuvent produire; non-seulement on altère, on affaiblit le vin dès la cuve, et tant que dure la fabrication; mais le vin fabriqué est encore affaibli, altéré, falsifié de nouveau. La falsification et la contrefaçon des produits les plus nécessaires à tous font chaque jour d'immenses progrès; la répression de si dangereux abus doit préoccuper les économistes, les jurisconsultes, les médecins et nos hommes d'Etat.

L'homme riche a plus à s'observer, et se trouve, sous le rapport de l'hygiène, dans de moins bonnes conditions que l'ouvrier. Ce n'est point un paradoxe : comparez de jeunes ouvriers à cette génération de jeunes riches qui jouissent aujourd'hui de fortunes amassées sous l'empire, sous la restauration et sous la monarchie de Juillet.

Le jeune ouvrier qui ne s'adonne point à l'ivrognerie représente la force, la souplesse élégante, la facile liberté de mouvements et d'allures ; sa chevelure est abondante ; sa tête est bien attachée sur ses épaules. Le développement de ses membres lui vient surtout du volume que prennent les muscles. Ses dents, ce premier appareil digestif, sont saines, épaisses, profondément enracinées, et sont même pour l'ouvrier une arme dangereuse et puissante. Sa poitrine est large ; ses muscles pectoraux, saillants ; les parois du ventre ne sont point épaissies par du tissu cellulaire, ni distendues par des épiploons surchargés de graisse ; la colonne vertébrale jouit d'une grande flexibilité, et les muscles nombreux qui s'y insèrent sont volumineux et d'une grande puissance.

Combien de jeunes riches ressemblent peu à ces athlètes du travail ! L'oisiveté, l'ennui qu'elle cause, des excès de tous genres, excepté ceux de l'étude, des nuits passées à table ou au jeu, les jettent dans l'amaigrissement, leur donnent une physionomie de vieillard, que complète la calvitie.

Il faut cependant reconnaître que nos institutions sauvent en général les jeunes gens nés seulement dans une certaine aisance des dangers d'une vie oisive, d'excès et de débauche. L'Ecole polytechnique, l'Ecole de Saint-Cyr, l'Ecole des mines, l'Ecole forestière, l'Ecole des arts et métiers, s'emparent d'un grand nombre de jeunes gens, dès leur sortie du collége, pour les soumettre à une plus sévère discipline, pour exiger d'eux des études nouvelles et sérieuses, et pour leur donner par l'émulation le goût et l'habitude du travail, d'une vie occupée, et l'amour du savoir.

Malgré tous les préjugés contraires, comme le dit La Fontaine, *l'argent est ce qui cause nos peines ; il donne pour hôtes les soucis, les soupçons, les alarmes variées.*

L'argent est une première cause de toutes ces délicatesses, de ces caprices, de ces exclusions, de ces douleurs, de ces dégoûts, de ces fatigues, de ces paresses des estomacs qui ne peuvent rien se refuser.

Dans les grands dîners de nos premiers restaurateurs ou de bonnes maisons, l'estomac se trouve certainement placé dans les conditions les plus funestes. L'abondance des plats, la variété excitante des sauces, souvent la chair des rôtis amollie par la chaleur du four et non saisie et rendue succulente par le feu de la broche, les légumes aqueux, la pâtisserie flasque et qui ne crie pas sous la cuiller, les crèmes tardives et les entremets, qui ne font que surcharger : tout cela, convenez-en, est une rude besogne de digestion imposée à l'estomac. Les grands vins sont encore plus souvent frelatés et plus falsifiés que les vins des crus médiocres, et dans ces dîners si peu hygiéniques on tient à honneur de vous donner de grands vins qui, le plus souvent, ne le sont que de cachet et de nom. Le vin de Champagne frappé, non point après, mais pendant le repas, serait, pour la plupart des estomacs, un précieux auxiliaire de digestion, si l'industrie n'eût point inventé mille recettes pour jeter dans le commerce et pour poser sur nos tables les vins de Champagne les plus faux.

Le grand nombre de maîtres d'hôtel, de valets de pied, quelquefois de chasseurs en grand uniforme, qui pressent et hâtent le service de table des gens riches, sont autant d'ennemis de l'estomac de ceux qui font parade de ce nombreux personnel. Dans les grandes maisons, et surtout aussi dans les clubs, le dîner se compose de beaucoup de plats et dure peu de temps. Tous ces gens de service ont hâte que vous sortiez de table pour s'y mettre. Ils ne vous laissent pas respirer; ils vous bourrent d'aliments, et les forces de l'estomac s'en trouvent opprimées.

Il est encore une condition hygiénique mal observée par l'homme riche : l'estomac une fois rempli d'aliments, il faut pour ainsi dire dépenser son dîner, et ce n'est certainement pas un exercice à réveiller les forces digestives que de s'asseoir à une table de whist, ou dans la loge étroite d'un théâtre. J'avoue cependant qu'une causerie vive, animée, semée de traits, d'idées justes, de paradoxes, de souvenirs, de projets même oubliés le lendemain, brillante de verve et d'esprit, est un des excitants les plus naturels et les plus actifs pour se tirer heureusement de cette lutte de l'estomac contre ce qu'on appelle *un grand dîner*. Mais où trouver de ces excellentes causeries ?

Le comte Roy, dont l'hospitalité dans ses grandes habitations était princière, prenait beaucoup de soins pour réunir un grand nombre d'invités. Un de mes amis,

spirituel et gai causeur, le remerciait de son invitation :
« Mais, répondit le comte Roy, c'est vous qui m'obligez
en l'acceptant. » Autrefois les grands seigneurs, pour se
distraire, pour égayer leur table et leur maison, pouvaient compter sur l'assiduité des abbés coquets, lettrés
et gourmands; aujourd'hui chacun a ses affaires, sa famille, qui le réclament : on est l'obligé de tous ceux de
nos amis qui ne nous refusent pas leur agréable compagnie.

J'ai formulé, en médecine, cette maxime pratique :

« On ne peut savoir si l'on a bien dîné que le lendemain matin. »

Si le lendemain vous vous éveillez la tête et l'esprit
libres, la bouche fraîche, et avec la gaieté d'un appétit
matinal, mettez votre carte chez votre amphitryon, ou
plutôt serrez-lui la main ; donnez de justes éloges à son
vrai dîner d'ami, et n'en refusez pas un second.

Louis XVIII fit un jour à un de ses gentilshommes de
la chambre la question suivante : « M. le comte P...,
aimez-vous les haricots ? — Sire, répondit le comte, je
ne fais pas attention à ce que je mange. — Vous avez
tort; il faut faire attention à ce qu'on mange et à ce
qu'on dit. »

On se souvient malgré soi de ces dîners exceptionnels
où la bonne chère, les grands vins et la spirituelle gaieté
se trouvaient de compagnie.

Je me souviens d'un de ces dîners que je fis chez la
duchesse de Raguse ; elle eut pour tous ses convives la
plus engageante amabilité, et elle nous fit goûter des

plus précieuses richesses de sa cave. Il n'y a plus de caves en France ; il n'y a peut-être plus que celle de la duchesse de Raguse.

J'ai encore fait chez lord Howden, aujourd'hui ministre d'Angleterre à Madrid, le plus exquis dîner en chères délicates, en vins rares et en spirituels propos. Rossini était un des convives. La salle à manger représentait une tente n'ayant d'autres ornements que les armes de guerre des nombreuses peuplades, civilisées ou non, que lord Howden avait visitées et au milieu desquelles il avait vécu.

Rossini, avant de quitter la France, m'invita à dîner. La compagnie ne se composait que de lui, de mademoiselle Olympe Pélissier, aujourd'hui madame Rossini, et de moi; Rossini était très-lié avec plus d'un millionnaire, et on lui faisait des présents de vins les plus rares. Ce dîner fut pour moi plein d'intérêt. Rossini, avec le plus charmant esprit, avec une veine inépuisable de gaieté, mais non sans viser quelques noms propres et sans leur lancer quelques traits pleins de malice, nous expliquait comment et pourquoi il ne voulait plus faire de musique, et renonçait à la gloire.

Très-peu de jours après la révolution de 1830, M. le comte de Laborde, préfet de la Seine, donnait à l'hôtel de ville un dîner qui fut présidé par le général Lafayette; on y comptait plus de cent convives; ce dîner politique fut très-curieux ; le hasard me plaça à une petite table de trois couverts; j'y eus pour voisins M. Thiers et M. Fazy, aujourd'hui un des chefs du parti radical en Suisse. J'avais eu, en 1829, avec M. Fazy, l'altercation la plus vive, mais dont la fin me devint trop favorable pour que je la raconte ici. Ce dîner fut pour le général Lafayette l'occasion d'un discours où l'on retrouva le poliitique circonspect, l'orateur élégant et l'homme de bonne compagnie.

Je n'oublierai jamais, non pour leur recherche, mais pour l'intérêt de la conversation, pour les incertitudes de l'avenir, pour les dangers de la situation et pour tous les grands et beaux souvenirs que le prince Louis-Napoléon éveillait dans mon esprit, les dîners auxquels le prince, simple représentant de l'Assemblée nationale, me fit l'honneur de me convier à l'hôtel du Rhin.

C'est à des dîners que se rattachent le plus de souvenirs d'esprit, de tendresse, d'amitié, d'affaires, et même le plus de souvenirs de situations singulières et d'événements politiques.

En Angleterre, l'art de l'*entrainement* fait encore aujourd'hui de grands progrès ; on sait qu'on soumet surtout à l'*entrainement* les chevaux de course, les coqs et les chiens de combat. Un Anglais, que j'eus longtemps comme cocher, me pria un jour de lui rendre un service. J'allais à la campagne à une distance de six à sept lieues : « Permettez-moi, me dit Thomas, d'attacher mon chien sous la voiture (c'était un bouledogue), il a encore une livre de poids à perdre ; il se bat dans peu de jours. »

L'art de l'*entrainement* est aussi applicable à l'organisation humaine ; on *entraine* l'estomac à un pauvre et mauvais régime aussi bien qu'au régime le plus riche et le plus excitant. L'ivrogne s'*entraine* à boire tous les jours des quantités effrayantes de vin, d'eau-de-vie et même d'absinthe, non sans danger pour sa santé et pour sa vie. On *entraîne* son esprit à de longs et réguliers travaux ; mais il faut reconnaître qu'on n'*entraîne* jamais un organe à un surcroît d'action et de fatigue sans affaiblir, et quelquefois même sans paralyser la puissance d'autres organes non moins importants à cet équilibre de nos fonctions qui constitue la santé. Ceux qui prétendent en même temps se livrer aux travaux de l'esprit, surexciter leur estomac par de nombreux et copieux repas, et user sans relâche, sans modération de tous les priviléges de la jeunesse, brûlent vite, pour ainsi dire, le bois de la vie, s'exposent à une vieillesse prématurée, à une fin douloureuse, et se mettent sûrement à l'abri de la longévité.

Il y a pour l'homme un concert d'habitudes, un choix d'aliments qui exercent sur la santé, comme sur la maladie, une grande influence curieuse à étudier.

Il faut s'observer, se connaître soi-même, et avec l'observation et l'appréciation de ses goûts et de ses forces, on devient son propre médecin.

Il existe, toutefois, pour notre nourriture de tous les jours, des préjugés qui, pour certains esprits, parlent plus haut que les faits. Il y a, par exemple, des gens qui regardent l'asperge comme le légume le plus bienfaisant : l'asperge n'est point un aliment ; c'est un médicament, médicament utile ou nuisible. M. Guersant, qui fut mon maître aux Enfants-Malades, me disait que toutes les fois qu'il mangeait des asperges, il avait la nuit un accès de fièvre. Que d'erreurs, que d'idées fausses, que d'usages pernicieux à dénoncer et à combattre dans nos habitudes de cuisine et de table !

Nous avons emprunté aux Anglais l'usage du poisson

bouilli, comme relevé de potage ; mais, pour manger ce poisson, notre cuisine française prépare avec prétention les sauces les plus indigestes ; tantôt la crème, tantôt la farine y abondent : compositions lourdes et insipides qui, dès le début du dîner, mises en contact avec les papilles nerveuses de l'estomac, paralysent son action et éteignent l'appétit avant qu'il soit satisfait. Les sauces anglaises et surtout les vins anglais pris en abondance sont presque nécessaires pour la digestion de l'indigeste poisson bouilli.

Tantôt les légumes servent de cortége à des viandes grillées ou rôties ; tantôt ils s'installent sur nos tables dans toute leur simplicité. Une bonne cuisson des légumes importe à leur facile digestion ; tous les légumes ne cuisent pas complétement dans le même espace de temps. Lorsque pour une jardinière ou une salade, vous mélangez plusieurs légumes, il faut donc que chacun soit cuit à part.

Lorsque nous mangeons des truffes, nous avons la vaine prétention de digérer ce tubercule complétement rebelle à l'action de l'appareil digestif. On garnit souvent de truffes des dindes ou des poulardes avancées, dont la fâcheuse odeur se trouve masquée par le parfum de la truffe. L'hygiène voudrait que dinde ou poularde fût, si l'on veut, imprégnée de ce parfum fin et enivrant de la truffe du Périgord, mais ne fût pas servie sur table avec cette surcharge de truffes presque insipides, et dont la substance ne peut s'assimiler à notre organisation.

On a sur la fraîcheur et la bonne qualité des coquillages, crevettes, langoustes, homards, crabes, qui parent nos tables, des idées fausses et des préventions. On attache une grande importance à acheter ces coquillages encore vivants ; c'est, selon moi, un funeste usage ; il faudrait faire cuire les coquillages presque sortant de la mer et les expédier cuits. En prolongeant leur existence d'une manière factice, on n'a plus que des testacés amaigris, malades, ayant vécu de leur propre substance, et ayant souffert une longue agonie.

On a beaucoup écrit sur l'art sérieux de la cuisine, sur les recherches culinaires du gourmet et du gourmand. Dans presque tous ces traités *ex professo*, on s'est contenté de faire de l'esprit sur la cuisine, j'excepte pourtant la *Cuisinière bourgeoise*; mais il y aurait à entreprendre de nombreuses expériences, à recueillir de précises observations sur les sels, sur les substances diverses que chaque aliment introduit dans le torrent de notre circulation et dans toute notre économie; il y aurait à étudier les influences de ces sels et de ces substances, qui doivent nécessairement à la longue modifier utilement ou d'une manière funeste notre organisation. Une série de travaux a déjà été commencée à ce sujet ; mais ce serait une belle tâche que de les compléter.

Un résumé fait au point de vue de l'hygiène pour l'homme en santé, fait au point de vue de la thérapeutique pour l'homme malade, serait un livre pratique pour le pauvre comme pour le riche, pour l'enfant, pour l'adulte comme pour le vieillard, pour l'homme comme pour la femme ; ce serait un livre à l'usage de toutes les familles.

Pendant mes études médicales, les concours étaient de rudes épreuves pour mes condisciples et pour moi ; les uns déjeunaient amplement, buvaient du vin et prenaient du café, pour surmonter leur timidité et leurs appréhensions. J'avais adopté un système contraire : je dînais très-peu la veille, et le matin du concours je gardais la diète. Un succulent dîner avec des vins au moins naturels excite, il est vrai, l'esprit, mais cette excitation est toujours plus ou moins désordonnée ; elle peut même troubler l'attention, entraver la réflexion et paralyser la mémoire. La diète, au contraire, lorsque l'esprit est vivement préoccupé, excite toutes les facultés de l'intelligence et accroît leur puissance. On improvise mieux, on a plus à soi toute sa mémoire l'estomac vide que l'estomac plein.

Lorsque vous êtes en proie à de vives contrariétés ou à des chagrins, votre estomac lui-même semble vous imposer le devoir de peu manger. Les contrariétés vives et les chagrins sont d'invincibles obstacles à de bonnes digestions. Les digestions pénibles ont aussi pour effet d'augmenter la tristesse, les troubles de l'esprit, et de retarder cette réaction morale, ces efforts de résignation, qui sont pour l'homme, à tous les âges, une nécessité et un devoir.

Pendant les cent-jours, Dubois vit plusieurs fois l'empereur, et il tirait de l'état de santé de Napoléon de fâcheux augures : « Avec un mauvais estomac, disait-il (l'empereur en souffrait déjà), on n'a plus de ces soudainetés de vue, de ces courages de parti pris, de ces résistances invincibles, de ces sages et opportunes audaces qui vous font triompher de la résistance ennemie des choses et des hommes. Alexandre, César et Napoléon avaient un estomac à toute épreuve, dans tout l'éclat de leur gloire.

Epicure prétend que toutes les peines et les plaisirs

de l'esprit sont une suite des peines et des plaisirs du corps ; les peines et les plaisirs du corps ne représentent cependant que les sensations du moment présent, tandis que l'esprit éprouve tout à la fois les sensations du passé et celles de l'avenir ; les sensations du passé par le souvenir, les sensations de l'avenir par la prévoyance.

Nous avons emprunté aux mœurs de l'empire l'habitude de fumer. Un de mes anciens professeurs, le père Boyer, fumait une pipe tous les soirs après dîner ; mais l'usage du cigare et même de la pipe est aujourd'hui une habitude de tout le monde. L'enfant fume, on fume au collége malgré toutes les défenses ; un élève de quatrième me racontait qu'à défaut de tabac, ses camarades raclaient la semelle de leurs souliers, enveloppaient ces raclures dans du papier fin, et se trouvaient très heureux de fumer de pareilles cigarettes. Les vieillards et beaucoup de femmes fument. On fume en travaillant, en écrivant, en buvant, en mangeant, en jouant et surtout en causant ; on fume chez soi, on fume dans certains lieux publics, on fume à pied, à cheval, on fume le matin, on fume le soir, à toute heure de la journée, même la nuit. On sert souvent des cigares à table au milieu des plats de dessert. Je suis entouré de fumeurs qui ne brûlent pas moins de douze, quinze ou vingt cigares par jour. On n'a pas encore complétement emprunté les mœurs du soldat, on ne *chique* pas encore.

Le cigare et la pipe ont sur notre économie une action qu'on ne peut contester. L'habitude du cigare en crée le besoin : il en est du cigare comme de l'opium, comme du vin, comme de l'eau-de-vie, comme de l'absinthe pris en grande quantité. Celui qui mange de l'opium ne peut plus s'en passer, de même que l'ivrogne ne peut se guérir de ses excès de vin, d'absinthe et d'eau-de-vie. Je conclus de ce fait que le cigare exerce une action vive et profonde sur tout l'appareil digestif, et, plus encore, sur tout le système nerveux. Cette action puissante ne peut être que délétère. Les digestions ne peuvent plus s'accomplir qu'à l'aide de cet excitant; l'usage immodéré du tabac produit certainement sur le système nerveux des organes des sens, sur le système nerveux des fonctions organiques, une excitation suivie bientôt d'affaiblissement et d'adynamie.

Il est certain que les maladies de la moelle épinière sont aujourd'hui plus fréquentes que jamais. Royer-Collard, qui a succombé à cette maladie, et qui fumait beaucoup, n'innocentait pas le cigare du mal dont il souffrait. Le comte d'Orsay mourut aussi d'une maladie de la moelle épinière. Cette mort causa sur un grand personnage de ses amis une vive impression. Le docteur Bretonneau (de Tours) fut appelé. Ce grand personnage se plaignit de fatigues dans les membres, d'énervation. Le docteur Bretonneau répondit : « Vous devez fumer douze ou quinze cigares par jour, fumez moins, abstenez-vous, si vous le pouvez encore, de la pernicieuse habitude du cigare, et vous ferez cesser tout cet ensemble de symptômes de faiblesse et d'énervation. »

L'habitude du cigare, si universellement répandue en France, et contractée parmi nous dès l'enfance, modifiera assurément, dans l'espace d'un certain nombre d'années, la race, le caractère et l'esprit français. C'est d'ailleurs un trait qui révèle les penchants des temps nouveaux que cette passion insensée dont nous nous sommes pris pour le cigare ; le désir de jouissances nouvelles nous pousse aujourd'hui, hommes et femmes, à tous les ridicules et à tous les excès.

Mes prônes de vieux médecin ne guériront, ne convertiront sans doute personne, mais j'émettrai le vœu que Son Excellence le ministre du commerce, qui interroge si souvent l'Académie de médecine, la consultât officiellement sur les nombreuses questions d'alimentation et d'hygiène publique.

L'ART DE VIVRE LONGTEMPS.

Voltaire a dit avec raison dans les *Adieux à la vie :*

> Dans leur dernière maladie
> J'ai vu des gens de tous états,
> Vieux évêques, vieux magistrats,
> Vieux courtisans à l'agonie.

Voltaire était un profond observateur. Ce sont surtout les évêques, les vieux courtisans et les magistrats qui savent vieillir et ne mourir que dans un âge avancé.

Le secret moral de vivre longtemps, c'est surtout, en effet, de conserver religieusement, à compter de l'heure où commence la vieillesse, les mêmes habitudes d'esprit, de loisir ou de travail, et je dirai même d'affection, auxquelles on a déjà assoupli sa vie et sa santé.

On a remarqué qu'on vit longtemps à l'Académie française. C'est sans aucun doute parce que le régime littéraire, religieusement pratiqué, avec aisance et à petit bruit, peut se continuer dans l'âge le plus avancé. Le goût des lettres et les habitudes littéraires entretiennent la santé et font durer à petit feu le bois de la vie.

Voici l'âge de quelques académiciens :

M. Lacretelle, longtemps dit le jeune, né le 27 août 1763, a aujourd'hui plus de 90 ans.

M. le duc Pasquier, né le 22 avril 1767, en a 87.

M. Tissot, né le 10 mai 1768, en a 85.

M. Jay, né le 20 octobre 1770, en a 83.

M. Baour-Lormian, né vers 1772, en a au moins 81.

Je ne parle pas des jeunes gens de l'Académie, âgés à peine de 70 ans et au delà.

Un médecin des plus distingués, M. H*** de C***, dont le père a ses propriétés dans le département du Loiret, me racontait, un jour que nous dînions ensemble chez mon ami Blache, des faits très-curieux et qui se reproduisent et se continuent avec une certaine régularité.

Les gros négociants du quartier Saint-Denis, du quartier Saint-Martin, qui, à force de travail et d'économie, amassent en quelques années une espèce de fortune, choisissent assez volontiers le département du Loiret pour y devenir propriétaires et pour y finir leurs jours loin du bruit, du monde et des affaires.

Le négociant enrichi visite plusieurs propriétés, plusieurs terres, plusieurs châteaux ; il veut tout à la fois une habitation de plaisance et une terre de rapport. Son choix est arrêté ; tous ses amis et surtout ses voisins de lui dire : « Vous avez fait là une excellente acquisition ! »

Le nouveau propriétaire explique et décrit longuement à chacun tous les travaux d'amélioration et d'embellissement qu'il a déjà projetés. Ici, des plantations nouvelles ; là, des mouvements de terrain ; les anciennes écuries transformées en un corps de logis habitable ;

des écuries nouvelles à construire ; quelques fabriques, kiosques et chaumières à élever ; enfin, une grande activité d'ouvriers et de travaux pour au moins douze ou quinze mois. Ces jours de surveillance et de remue-ménage passent vite ; mais lorsqu'il n'y a plus un moellon à déplacer, un morceau de terre à remuer, l'ennui, et avec l'ennui les regrets envahissent la maison et le cœur du propriétaire qui n'a plus rien à entreprendre, rien à désirer ; ses regards et ses vœux se reportent vers Paris, vers ses vastes magasins, vers son arrière-boutique où il s'enrichissait avec entrain et gaieté.

Les voisins de ville ou de campagne qui avaient le plus vanté l'acquisition se joignent au propriétaire pour trouver que la terre est de mauvaise qualité, d'un pauvre rapport ; enfin le négociant n'y tient plus, et dans un paroxysme de dégoût et de nostalgie il veut à tout prix vendre son bien, quitter les champs ; il lui faut Paris ; il lui faut une nouvelle vie active, bruyante et occupée ! Il perd le tiers sur son prix d'acquisition, c'est un chiffre presque réglé à l'avance, et les grosses bourses du Loiret prennent leur tour pour se rendre acquéreurs des châteaux, fermes, terres labourables des Parisiens, qui, au bout de quinze mois ont assez de la vie de campagne.

L'homme de bureau lui-même, dont la vie est uniforme, sans émotions et régulière, ne peut, dans un âge avancé, changer impunément et sans danger ses habitudes monotones contre des habitudes nouvelles. J'eus pour ami un certain M. Rosman qui comptait trente-cinq ans de service au ministère de l'intérieur. Malgré mes conseils d'ami et de médecin, il se retira à l'âge de soixante-trois ans. « Je n'ai jamais pris de passe-port, me disait-il, que pour aller soir et matin du boulevard Poissonnière au ministère de l'intérieur, et du ministère de l'intérieur au boulevard Poissonnière : je veux décidément voyager à petites journées et voir quelques amis qui vivent en sages sur leurs terres. » Le voyage de mon ami Rosman devait durer six mois ; quinze jours après son départ, je le retrouve assis au pied d'un arbre des Tuileries ; dans son tour de France, il n'avait pu dépasser les limites du département de la Seine-Inférieure, et il n'avait essayé que de l'hospitalité amicale d'un ancien camarade de bureau.

Cet ancien camarade s'était facilement accoutumé à la vie de province ; mais voici pourquoi ! Ce vieil employé ne se servait guère du papier du ministère que pour écrire des comédies ; une seule de ses comédies fut représentée à l'Odéon avec une espèce de succès, et il en eut autant de joie que d'orgueil. Solitaire, il pouvait, à la campagne, se livrer à son aise à sa passion du théâtre, et brocher tout son soûl du Picard, de l'Andrieux ou du Colin d'Harleville.

Rosman arrive chez son ami ; c'est la retraite d'un sage ! Une servante et un chien ; une habitation propre et étroite, et un verger à réjouir le cœur ! Des fleurs bien portantes, fières sur leurs tiges ; des fruits succulents ; des vignes aux ceps vigoureux et aux grappes dorées ; de vieux arbres aux gais ombrages ; des légumes vivaces, le chou fastueux, qui tient trop de place, la chicorée jaunie et appétissante, et tout auprès de ces fleurs, de ces fruits, de ces arbres, de ces légumes, une de ces riches basses-cours, si industrieusement, si paternellement soignées en France, et que l'Angleterre nous envie. Cet ami de Rosman taillait lui-même ses arbres, ses églantiers et sa vigne ; il avait un pressoir et faisait son vin ; mais il se contentait de mettre sa récolte en tonneaux, et un tonneau plein, placé sur deux chaises dans la salle à manger, succédait au tonneau vide ; on tournait la cannelle et on remplissait son verre.

Après le premier plaisir de se revoir, de parcourir des allées ratissées et bien tenues, de respirer toutes ces senteurs coquettes et nourrissantes, on décida que Rosman se ferait campagnard pendant quinze jours : « Je vous promets, Rosman, lui dit son ami, que l'ennui ne vous prendra pas ; j'ai à vous lire quatre comédies ! »

Au bout de deux jours, Rosman avait déjà fait sa malle et ses adieux, n'ayant entendu qu'une comédie, et déjà las du bonheur des champs.

Mon ami Rosman, qui avait rêvé, au milieu d'une honnête aisance, la vie la plus heureuse, à compter du jour de sa retraite, mourut deux années après avoir renoncé à ses travaux de budget, à ses mouvements, à ses alignements, à ses balances de chiffres où il excellait.

Voici la curieuse lettre que mon ami Rosman adressa au ministre de l'intérieur, M. de Rémusat, quand il fut menacé et presque contraint de se démettre de ses fonctions administratives.

Monsieur le Ministre,

L'ordonnance royale de convocation des conseils d'arrondissement me met dans la nécessité de vous entretenir des affaires dont la direction m'est confiée.

Cette convocation devant être suivie de celle des conseils généraux des départements, la comptabilité soumet annuellement au ministre, à l'époque actuelle :

1o Le mode de budget départemental ;
2o La répartition du fonds commun des dépenses ordinaires ;
3o L'instruction aux préfets pour la formation des budgets.

Le modèle, vous l'avez ; j'y ai encore fait quelques changements, que je crois avantageux d'après les observations de mes collaborateurs ; et aussitôt l'épreuve revenue de l'imprimerie, le tirage, ordinairement assez long, me paraît devoir être autorisé.

La répartition du fonds commun, l'instruction aux préfets, sont à faire.

L'ordonnance royale de l'année dernière est du 8 *août ;* il n'y a plus que le temps nécessaire.

Suis-je destiné à entreprendre ces travaux ?

J'ai soixante ans, je suis fatigué ; ma main tremble. (aujourd'hui surtout).

Entré expéditionnaire à quatorze ans, sous la Convention, j'ai parcouru successivement tous les grades. Depuis trente ans, j'occupe le fauteuil où je suis.

J'ai servi tous les ministres de l'intérieur depuis M. Bezenech, et, toujours en santé, je n'ai pas manqué six fois peut-être à mon bureau en quarante-six ans.

Je suis vierge de demandes ou de sollicitations, tout m'est venu naturellement.

Je me suis bien gardé de vous faire parler de moi. De la confiance par protection ne me va pas du tout.

Toutefois, j'éprouve une singulière émotion. Quelques indiscrétions ont paralysé mes facultés déjà affaiblies par le travail et par l'âge.

Pour reprendre goût au travail, j'ai besoin de tranquillité d'esprit.

Je n'ai jamais eu le projet de rester au ministère passé soixante ans.

Voici quel était mon plan :

La comptabilité n'est pas une attribution difficile, sans doute. Un homme ordinaire y suffit ; mais cet homme doit s'y être formé, il doit toujours être attentif à l'exécution des trop nombreuses exigences des lois, règlements et instructions sur la régularité des dépenses et sur leur justification.

C'est un bon gardien qu'il faut, plutôt qu'un homme d'esprit et qu'un homme de lettres.

Il faut être au fait de toutes les formalités minutieuses qui couvrent la responsabilité ministérielle. Si un ministre en était occupé, ce serait l'indice certain de l'incapacité de son chef de comptabilité. Aucun de mes ministres, depuis trente ans, n'a été fatigué de quoi que ce soit touchant les nombreuses centaines de millions que je leur ai fait ordonnancer.

Tout cela est bien et dûment ficelé et enterré dans les catacombes de la Cour des comptes.

Disposé à la retraite, j'ai accepté, de la main d'un ministre ami, un successeur par anticipation. M. Laisné, instruit, sorti de l'école par excellence, calme, exact, positif, sait déjà presque tout le grimoire.

Retiré, je l'aiderais encore de mes conseils, et le ministère gagnerait huit mille francs à ce plan, parce que j'indiquerais le moyen de ne pas le remplacer.

Je croyais ma présence utile jusqu'au commencement de 1841.

De tout ce qui était à créer pour faire marcher la nouvelle loi départementale, il reste à faire le règlement général auquel je travaille depuis deux ans (vous en avez une épreuve, monsieur le ministre), et l'instruction sur les comptes départementaux à faire approuver, à l'avenir, par ordonnances royales.

Il suffit que ces deux objets très-importants soient publiés avant le 1er janvier.

Mais la répartition du fonds commun et l'instruction sur la formation des budgets départementaux de 1841 sont à l'ordre du jour. Le règlement de ces budgets en est la conséquence.

Si, monsieur le ministre, vos vues pour l'organisation de votre ministère doivent faire confier ces travaux à d'autres mains que les miennes, je crois vous servir en vous priant d'avoir la bonté de me le faire savoir.

Un mot de vous : j'irai vous prier de confirmer un arrêté qui m'est personnel et que j'ai dans mon tiroir.

Ensuite je me retirerai.

Je n'en resterai pas moins votre sincère et respectueux serviteur, et, ma chaîne rompue, j'aurai bientôt oublié ce qu'il y aura d'inattendu dans les circonstances qui auront amené la sortie du doyen de vos employés.

Je suis, monsieur le ministre, avec une très-haute et respectueuse considération,

Votre humble et dévoué serviteur.

Signé : ROSWAN.

9 juillet 1840.

Dès l'empire vint à Paris un prince russe, le prince Tuffiakin ; il comptait en Russie beaucoup de terres et de paysans, et il jouissait de beaux revenus. C'était un épicurien qui estimait qu'on ne venait dans ce monde que pour les spectacles de l'Opéra, de la danse, pour la musique italienne, pour des voyages d'agrément, pour des promenades au bois, et surtout pour de continuels romans d'amour. Il avait été dans sa jeunesse l'intendant général des théâtres impériaux à Saint-Pétersbourg. Dès que je fus directeur de l'Opéra, il me traita en collègue. Je lui demandai comment il s'y prenait pour rester toujours jeune : « Mon Dieu, me dit-il, je n'ai jamais changé ni de régime ni de conduite ! »

Dans l'âge le plus avancé, il eut toujours une maîtresse en titre, et il prenait très au sérieux ses *amours sterling* ; il apportait même dans ses liaisons publiques je ne sais quelles bizarres imaginations et quelles comédies de sensibilité et de tendresse.

Il se prit un jour de jalousie contre une de ces *Sophie Arnould* qu'il se plaisait à afficher. Il me fit le confident de la brouille et de la réconciliation ; la brouille dura, et le rapprochement ne se fit qu'à des conditions singulières.

Il fut convenu que lui et sa dame se rendraient à six heures du soir, chacun de son côté, à l'église Notre-Dame de Lorette ; qu'on s'agenouillerait devant le maître-autel, et que là on échangerait deux anneaux d'or qu'on se passerait au doigt. Cette scène eut lieu comme je vous le dis, et la paix fut faite. Tuffiakin avait alors soixante-dix ans.

Si on eût rappelé le prince Tuffiakin en Russie, on

eût certainement troublé sa santé et mis fin à sa vie.

Il mourut de la pneumonie des vieillards. La vieillesse et l'enfance jouissent de ce privilége d'avoir des maladies à elles. Voici les dernières paroles que prononça le prince Tuffiakin à son lit de mort : « Plumkett danse-t-elle ce soir ? »

Je lis dans Saint-Simon[1] :

« Duchesne, fort bon médecin, charitable et homme
» de bien et d'honneur, qui avait succédé auprès des fils
» de France à Fagon, lorsque celui-ci devint premier
» médecin du roi, mourut à Versailles, à quatre-vingt
» onze ans, sans avoir été marié, ni avoir amassé grand
» bien. J'en fais la remarque, parce qu'il conserva
» jusqu'au bout une santé parfaite et sa tête entière
» soupant tous les soirs avec une salade, et ne buvant
» que du vin de Champagne. Il conseillait ce régime. Il
» n'était ni gourmand, ni ivrogne. »

Un agent de change de mes amis, qui avait toujours mené une vie joyeuse, excitée, qui avait toujours suivi un vif et chaud régime, épousa une ancienne liaison comme pour se ranger ; sa nouvelle compagne lui prêcha la vie tranquille, et surtout la plus grande sobriété. La sobriété, c'était en même temps l'économie ; notre vieil épicurien, mis à l'eau, en peu de temps s'attrista, maigrit et mourut.

Je ne prétends pas (je veux être précis et net sur ce point) qu'on doive, en vieillissant, forcer son régime, mais je conseille de ne le point changer.

Je défends même toute espèce d'excès à ceux qui ont

---

1. Volume V, chap. XVIII (1707).

la fantaisie de rester longtemps vieillards, et qui s'acharnent à mourir le plus tard possible.

Tous les médecins sont gens d'esprit, et tous les gens d'esprit sont un peu médecins. Rivarol disait avec justesse : « Quand on est jeune, il faut trois jours de sagesse pour réparer trois mois d'excès ; quand on est vieux, pour réparer trois jours d'excès, il faut trois mois de sagesse. »

Les théories sont le fléau de la science. Eh bien ! il s'improvise, parmi les gens du monde, plus de théories médicales que parmi les savants. Sans cesse préoccupé de l'inévitable nécessité de mourir, chaque vieillard a une théorie pour prolonger ses jours ; chacun a le secret de se bien porter. L'un se couche matin et se lève tard, fait de la nuit le jour, et du jour la nuit ; l'autre, satellite du soleil, se couche de bonne heure et se lève matin. Pour celui-là, la santé c'est la marche, la chasse, ce sont les fatigues du corps ; pour celui-ci, c'est une sobriété extrême, de l'eau à peine rougie et un éternel poulet rôti. Pour ce *Duchesne* dont parle Saint-Simon, c'était de la salade le soir et du vin de Champagne. Pour mon ami Rosman, c'était son bureau. Pour Tuffiakin, c'était du vin de Madère trempé d'eau et ses amourettes.

L'esprit et le corps humains obéissent à une loi souveraine, à la loi de l'habitude ; et enfreindre cette loi lorsque l'âge glace les réactions physiques et morales, c'est introduire le désordre dans toute notre économie, dans tous nos organes, dans toutes leurs régulières fonctions.

Mon ancien maître Breschet, mort il y a peu d'années, homme fort savant, très-modeste et très-aimé, fut un our chargé par une famille d'une mission très-délicate.

Une femme, sur le retour de l'âge, veuve et d'une grande fortune, était partie pour l'Italie en compagnie d'un officier, beaucoup plus jeune qu'elle ; elle était décidée à se laisser épouser par son compagnon de voyage, et déshéritait ainsi une foule de collatéraux. Breschet était chargé de lui faire comprendre que tous les devoirs du mariage, qu'elle allait accepter, pourraient être funestes à sa santé. La science de Breschet fut mise en défaut : « Vous n'avez pas le sens commun, mon cher docteur, lui dit-elle : depuis deux ou trois ans, ce monsieur et moi, nous vivons comme mari et femme, et je ne m'en porte que mieux. »

J'ai écrit quelque part : « La vieillesse ne doit point être le temps du repos, c'est le temps des affaires. » Ce doit être le temps des excitations et d'une vie très-occupée pour oublier les tristes enseignements des années et le désenchantement de l'expérience.

Il est une chose mortelle à ceux qui vieillissent, c'est la solitude et l'isolement ; et la solitude, l'abandon, c'est précisément la destinée de la vieillesse. Il se fait un vide autour du vieillard, et par la disparition de ses vieux amis, et par ce besoin de la jeunesse de ne rechercher que la jeunesse, que la gaieté, que le mouvement et tous les plus vifs plaisirs.

Le vieillard ne peut, sans s'assombrir, se replier sur lui-même ; il ne s'échappe de son esprit et de son cœur que de poignantes et tristes réflexions, et toutes ces réflexions poignantes et tristes sont vaines et inutiles. Les honneurs que chez les anciens on rendait à la vieillesse étaient d'une grande moralité et d'une bonne hygiène pour le vieillard. Notre civilisation et nos mœurs tendent plutôt à livrer le vieillard à l'inaction, au dénigrement et à la risée publique.

Nous vieillissons de dehors en dedans ! Avec l'âge, la peau, cet organe à immense surface, voit d'abord ses fonctions devenir moins actives. L'estomac, l'intelligence, au contraire, conservent souvent, dans un âge avancé, une grande puissance d'action ; tous les appendices de la peau deviennent le signe extérieur d'un grand âge ; aussi ne saurait-on trop multiplier, plus que jamais, tous les soins du corps, tous les plus minutieux détails de propreté. Je ne saurais trop conseiller aux vieillards de porter des vêtements chauds été comme hiver, et d'entretenir, par des frictions, par toutes les excitations permanentes de la peau, sa chaleur et sa vitalité.

Mon ami Michaud, de l'Académie française, toussait toute l'année. Il était d'une haute stature et courbé en deux. Sa poitrine, pendant la toux, résonnait comme un magasin de porcelaines où on aurait tout brisé. Tout enrhumé de profession qu'il était, il partait à plus de soixante-trois ou soixante-quatre ans pour Jérusalem. Il en revenait ; il buvait du vin de Champagne, s'entourait de jeunes gens, et la pathologie lui joua ce mauvais tour qu'après avoir souffert toute sa vie d'une maladie de poitrine, il mourut d'une maladie d'entrailles. On défend à la mort d'entrer par une porte, elle entre par une autre. Mais, malgré son entrain, Michaud gardait la chambre pendant les grands froids de l'hiver ; c'était d'une sage prudence. Il faut surtout, au delà de soixante ans, se sauvegarder de l'honneur de mourir de la *pneumonie* des vieillards.

J'ai rencontré une femme de soixante ans, d'une physionomie singulière : ses cheveux blancs prouvaient son âge ; mais sur la peau du visage n'apparaissait pas la moindre ride. Cette femme me dit son secret : toute sa vie elle avait eu recours aux lotions les plus répétées. Le soir et le matin, et toutes les fois que quelques chagrins lui avaient fait verser des larmes, elle se jetait sur le visage un léger nuage de poudre de riz.

La peau est un thermomètre certain sur lequel se constatent les oscillations de la santé ; lorsque tout se passe régulièrement dans notre être, le thermomètre est au beau ; la transpiration insensible donne alors à la peau de la souplesse, des reflets chatoyants à tous les méplats du visage, du lustre à la chevelure ; lorsque cet état se produit, on appelle cela *être en beauté*.

Commettez un excès, que l'estomac soit irrité, le pouls un peu fébrile, cette transpiration insensible se supprime, la peau devient sèche, perd son éclat, sa transparence, les cheveux n'ont plus de souplesse.

Cet état presque maladif de la peau, c'est l'état normal et continuel de la peau écailleuse du vieillard. Les vaisseaux capillaires les plus ténus de la peau du visage ne s'injectent plus instantanément chez les vieillards. D'abord la sensibilité qui produit cette rougeur fugitive et indiscrète lui manque, et, de plus, le réseau si ténu des vaisseaux capillaires du visage résisterait à ces légères ondées du sang artériel. Le vieillard ne rougit plus ; il est doublement à l'abri de ces colorations du visage qui trahissent les secrets du cœur de l'enfance et de la jeunesse.

On se préoccupe surtout dans un âge avancé des menaces d'apoplexie. L'apoplexie se produit dans toutes les constitutions les plus diverses ; on est ou on n'est pas voué à l'apoplexie ; et tous les excès qui peuvent la déterminer n'en sont que causes occasionnelles. Un excès peut hâter une attaque ; un excès peut de même la retarder. L'apoplexie, comme toutes les maladies, est surtout héréditaire. C'est donc se créer d'inutiles et souvent de dangereux soucis que de s'en préoccuper.

Saint-Simon nous montre, dans la fin de madame de Montespan, les dangers de ces transes, de ces terreurs de la mort : « Belle comme le jour jusqu'au dernier
» moment de sa vie, sans être malade, elle croyait tou-
» jours l'être et aller mourir. Cette inquiétude l'entre-
» tenait dans le goût de voyager, et dans ses voyages,
» elle menait toujours sept ou huit personnes de com-
» pagnie. Elle était tellement tourmentée des affres de
» la mort, qu'elle payait plusieurs femmes dont l'emploi
» unique était de la veiller ; elle couchait tous ses ri-
» deaux ouverts, avec beaucoup de bougies dans sa
» chambre, ses veilleuses autour d'elle, qu'à toutes les
» fois qu'elle se réveillait, elle voulait trouver causant,
» jouant ou mangeant, pour se rassurer contre leur as-
» soupissement.

» La dernière fois qu'elle alla à Bourbon, et sans be-
» soin, comme elle faisait souvent, elle paya deux ans d'a-
» vance de toutes les pensions charitables qu'elle faisait
» en grand nombre, presque toutes à de pauvre noblesse,
» et doubla toutes ses aumônes. Elle avait toujours la
» mort présente ; dans une fort bonne santé, elle en par-
» lait comme prochaine ; et avec toutes ses frayeurs, ses
» veilleuses et une préparation continuelle, elle n'avait

» jamais chez elle de médecins ni même de chirurgiens.

» Madame de Montespan, dans une très-bonne santé,
» se trouva si mal une nuit que ses veilleuses envoyèrent
» éveiller ce qui était chez elle. La maréchale de Cœuvre
» accourut des premières, qui, la trouvant prête à suf-
» foquer et la tête fort embarrassée, lui fit à l'instant
» donner de l'émétique de son autorité, mais une dose
» si forte, que l'opération leur en fit une telle peur qu'on
» se résolut à l'arrêter ; ce qui, peut-être, lui coûta la vie.

» Elle profita d'une courte tranquillité pour se con-
» fesser et recevoir les sacrements. Les frayeurs de la
» mort, qui toute sa vie l'avaient si continuellement
» troublée, se dissipèrent subitement et ne l'inquiétèrent
» plus. Elle ne s'occupa plus que de l'éternité, quelque
» espérance de guérison, dont on la voulût flatter, et de
» l'état d'une pécheresse dont la crainte était tempérée
» par une sage confiance en la miséricorde de Dieu, sans
» regrets, et uniquement attentive à lui rendre son sa-
» crifice plus agréable, avec une douceur et une paix
» qui accompagna toutes ses actions. »

Madame de Montespan mourut de la peur de mourir.

Pour conclusion de ce petit traité sur l'art de vieillir et de vivre longtemps, je vous dirai qu'il vous faut prendre la vieillesse sagement, mais hardiment, et même gaiement, si vous pouvez.

CHAPITRE IV

SOUVENIRS DE L'EMPIRE.

Révolutions de l'esprit et de l'estomac français. — La danse sous l'empire. — Forioso et Ravel. — Dépenses de l'impératrice Joséphine pour modes et robes. — Les cafés et les restaurateurs. — Robert et M. de Chalandray. — Cambacérès et d'Aigrefeuille. — La table de l'empereur. — Un petit roman en correspondance. — Le baron Capelle et la grande-duchesse de Lucques et de Piombino. — Montrond. — Mademoiselle Bourgoin. — *Les chevaliers à la mode.* — Le tribunal de commerce. — Les *défenseurs* près ce tribunal. — La Bourse. — Les agents de change. — Mouvements de la Bourse pendant l'empire. — Les actions de la Banque. — La caisse Jabach. — Les banquiers. — Les lycées de Paris. — Les mystificateurs. — Le cabinet noir. — Le Palais-Royal. — Les fournisseurs de l'armée. — Paulée. — Ouvrard. — Séguin. — Ouvrard et Labédoyère. — Conclusion.

Les révolutions dont ce demi-siècle a été le témoin ne furent point seulement des révolutions de gouvernements et de dynasties ; elles suscitèrent encore les plus profonds changements dans nos idées, dans toute notre philosophie, dans notre littérature, dans nos mœurs, et jusque dans notre hygiène.

Aussi bien que notre esprit et que nos croyances, notre estomac se prêta avec souplesse à tous ces sens dessus dessous politiques, à toutes les innovations qui s'ensuivirent. Presque à chaque révolution, notre estomac changea de régime.

Cabanis avait dit sous l'empire : *On pense comme on digère.* On doit dire avec plus de sens et de vérité : *On digère comme on sent et comme on pense.* Dans la peinture des diverses transformations de l'esprit et de l'estomac français, j'aurai souvent l'occasion de mettre en saillie cette vérité métaphysique.

L'empire, que j'ai pu voir passer devant moi pendant les premières années de ma vie, et qui a laissé dans ma mémoire quelques souvenirs ineffaçables, l'empire ne fut pas l'époque des Descartes, des Malebranche, des Locke, des Berkley, de Leibnitz, des Condillac. La grande affaire d'alors, c'était le monde à conquérir; on n'avait ni le temps ni le goût de s'écouter et de se regarder penser. Du haut du trône, on raillait même les psychologistes, les métaphysiciens et les libres esprits. On appelait tout cela des *idéologues*.

Dans cette société on obéissait, presque à son insu, à cette philosophie stoïque qui faisait mépriser la vie des autres et la sienne propre. La beauté, c'était la force. On estimait les formes herculéennes; on faisait cas de larges épaules, d'un ventre proéminent et de mollets *luxuriants*. Quelques lettrés de l'empire durent peut-être leur brillant avenir aux lignes d'une jambe puissante et bien dessinée. Dans ces temps de guerre, il y avait pourtant une chose que, sous-lieutenant ou vieux général, on enviait plus qu'une belle jambe : c'était une jambe de bois.

La danse était fort à la mode dans les salons. On y dansait surtout le *menuet*, la *gavotte*, la *monaco* et la *trénis*. Un danseur cité était sûr de se créer une position dans le monde; je connais un homme politique qui, dans sa jeunesse, avait rédigé pour son usage un *cahier de corrigés* pour des pas de danse.

Une grande faveur s'attacha à la danse de corde sous l'empire. C'est de cette époque que datent la célébrité et la fortune perdue de madame Saqui. La rivalité de talent de deux danseurs de corde, Forioso et Ravel, faisait alors grand bruit. Ils attiraient la foule au jardin de Tivoli. Les admirateurs de ces deux illustres acrobates étaient divisés en deux camps. Les uns admiraient la grâce de Ravel, les autres vantaient la force de Forioso. C'étaient des discussions et des querelles à rappeler la guerre des gluckistes et des piccinistes.

Etudiez les Vénus de l'antiquité; elles ont toutes les seins placés assez bas sur la poitrine. Pendant tout l'empire, les femmes avaient imaginé de se faire une taille qui coupait la poitrine en deux.

D'ailleurs, les modes françaises, effrontées, plus bizarres que de bon goût, et surtout changeantes, malgré les grandes guerres, régnaient dans toute l'Europe.

Nous publions ici l'état sommaire de ce que devait Sa Majesté l'impératrice et reine, pour modes et robes fournies par L. H. Le Roy, dans les dix premiers mois de 1806.

SAVOIR :

Pour somme restée due sur divers mémoires réglés antérieurement.	48,000 fr.	»
Pour arriéré.	15,000	»
Mois de janvier 12,264 f. — février 12,517 — mars 11,203 Ces trois mémoires, ayant été soldés, ne sont rappelés que pour mémoire		
En février { Pour Mlle de Tascher.	1,425	»
Pour S. M. la reine de Bavière. . .	575	»
TOTAL À REPORTER.	65,000	»

Report.	65,000	»
Avril.	54,590	»
Mai.	10,209	50
Juin.	16,813	»
Juillet. 13,881 75		
Plus pour un héron noir. . . 10,000 »	23,881	75
Août.	7,572	75
Septembre.	9,663	50
Octobre.	10,275	10
Total.	177,837	60
A déduire, reçu le 4 octobre.	2,000	»
Somme due, époque du 30 octobre 1806.	175,837	60

C'était aussi, sous l'empire, une supériorité fort honorée de se montrer capable de prouesses de digestion. Les héros d'Homère se vantaient de manger des bœufs rôtis tout entiers; on se rendait célèbre par des paris gastronomiques héroïquement gagnés, et tout gourmand patenté qui avait pu, en présence de témoins, engloutir pendant un déjeuner cent douzaines d'huîtres, obtenait d'emblée une place dans l'administration des *droits réunis*.

Le général Daumesnil, qui fut gouverneur de Vincennes, donna un déjeuner d'huîtres dans les caves des Frères-Provençaux à tous les officiers de son régiment, alors qu'il n'était encore que chef d'escadron aux chasseurs de la garde. Toutes les caves étaient illuminées, et, sur chaque tas de bouteilles, des écussons portaient le nom de l'*année* et du *cru*. On but de tous les *crus* et de toutes les *années*.

On n'avait rien trouvé de mieux pour réjouir et pour moraliser la multitude, les jours de fêtes officielles, que de lui jeter à la tête, du haut d'une tribune, des saucissons, des pains, des dindons rôtis; que de faire couler le vin à flots, de tonneaux placés sur des estrades, dans des brocs et dans des seaux, défendus par des fiers-à-bras coalisés.

La restauration mit fin à ces scènes ignobles et barbares.

Ce fut surtout sous l'empire que les cafés et les établissements de restaurateurs se multiplièrent.

Les cafés étaient devenus une nécessité pendant les orages de la révolution de 89; on s'y rendait soir et matin pour savoir les *nouvelles* et pour lire les feuilles publiques; on y pérorait; on y faisait de la politique ou de la littérature. Il y avait alors, comme plus tard sous la restauration, des cafés politiques et des cafés littéraires. Encore enfant, j'ai souvent vu avec envie, dans les cafés du Palais-Royal surtout, militaires ou bourgeois attablés autour d'un bol de punch, dont on entretenait la flamme bleuâtre, comme les Vestales entretenaient le feu sacré! On ne s'incendie plus l'estomac ni l'appétit. Avec la restauration Broussais vint!

De nombreux restaurants furent surtout fondés, pendant le directoire, par des chefs de cuisine de grandes maisons ruinées et qui n'existaient plus. Beauvilliers avait été chef de cuisine du prince de Condé; Beauvilliers était le restaurateur le plus fréquenté par les grands personnages.

Robert avait été chef de cuisine de M. de Chalandray, ancien fermier général.

Au retour de l'exil, M. de Chalandray entre chez Robert et reconnaît son cuisinier : Robert sert à son ancien maître le dîner le plus exquis, lui verse les plus grands vins, et la carte détaillée ne s'élève qu'à six francs. Ce jour-là, c'était le cuisinier devenu riche qui avait traité le fermier général devenu pauvre.

On se souvient encore de Méot, de Legacque, des frères Véry, d'Henneveu et de Baleine pour leurs entrées, pour leur marée, pour leur broche et pour leurs premiers crus.

La table de Cambacérès donnait le ton à la cuisine d'alors. L'archichancelier était assisté à chacun de ses dîners de deux gourmands de profession, de d'Aigrefeuille et du marquis de Ville-Vieille. Cambacérès, voyant un jour d'Aigrefeuille se ruer sur un plat des plus savants, lui dit : « D'Aigrefeuille, vous allez vous donner une indigestion ! — Je le sais, monseigneur. »

J'ai souvent vu Cambacérès, accompagné de d'Aigrefeuille et du marquis de Ville-Vieille, au sortir de ces festins, promener dans les galeries du Palais-Royal, en habits brodés, le second pouvoir de l'Etat, peut-être plus craint que respecté. Le pauvre d'Aigrefeuille, toujours trop repu, en passant devant le café de Foy, faisait un salut ; on savait ce que ce salut voulait dire : on lui apportait un verre d'eau glacée, qu'il buvait dans la galerie, pour regagner au plus vite la compagnie de son hôte illustre.

La cour des Tuileries offrait un éclatant contraste avec ces habitudes de gloutonnerie. L'empereur y donnait l'exemple de la tempérance et de la frugalité ; le dîner y durait peu. Les invités, c'était l'usage, dînaient avant ou dînaient après ces repas officiels.

Je suis assez heureux pour pouvoir publier à ce sujet

trois lettres d'un brillant officier, de M. Dubois Crancé, chef de brigade du 1ᵉʳ régiment de chasseurs à cheval.

Ces trois lettres, datées de l'an VIII de la république française, sont des récits précis et authentiques de ces temps-là.

Nous n'en retranchons pas un mot.

Paris, le 12 pluviôse an VIII.
Rue Vivienne, hôtel des Etrangers.

« Je ne t'ai pas écrit dès mon arrivée, mon ami : on a tant de choses à faire dans ce grand pays; on est si fatigué à la fin de la journée !

» D'abord j'arrive en maudissant la détestable voiture de ton beau-père, qui nous retint douze heures à l'hôtel, et qui enfin nous conduisit, tant bien que mal, ballottés et rompus, le troisième jour à Paris; une bonne nuit, un bain et la toilette réparèrent tout cela le lendemain, et je me mis en courses. Je fus fort bien reçu chez les généraux, et Lefebvre me proposa de me mener chez le consul; Chabaud devait aussi m'y mener, je le priai de l'en prévenir. Enfin, hier, j'y fus à l'heure du rapport avec le général Lefebvre. J'avoue que j'étais intimidé, mais son air affable me mit bientôt à mon aise; il me dit : *On m'a parlé de vous, je suis bien aise de vous voir; venez dîner demain avec moi.* J'irai donc aujourd'hui, et j'examinerai avec plus de suite cet homme extraordinaire. Il travaille dix-huit heures par jour. Le tour des ministres ne vient que le soir : « La nuit est longue, » dit-il. En effet, il n'est jamais couché avant quatre heures du matin; il tient six ou sept conseils d'Etat par décade, et y discute lui-même sur tous les objets d'administration avec une précision, une clarté qui étonnent les hommes les plus habitués au travail. Le décadi est donné à un peu plus de repos ; il va passer ce jour à la campagne ; madame Chabaud y était avant-hier à dîner ; il y avait un singulier assortiment : l'ambassadeur turc, deux chefs de chouans pacifiés, des sénateurs, des Législateurs, des peintres, des poëtes, enfin sa famille très-nombreuse. Voilà à quoi se bornent ses plaisirs ; ce jour-là on reste une heure à table, mais ordinairement il a fini son repas en vingt minutes. Je te donnerai des détails sur celui d'aujourd'hui.

» On a battu les chouans il y a quatre jours ; j'ai vu sept de ces pèlerins qu'on va fusiller : ils ont un uniforme gris avec gilet et revers rouges. Cette guerre est difficile à faire ; il y a beaucoup et de bonnes troupes. Le quatrième frère de B..., colonel du 5e de dragons, est parti il y a peu de jours, avec son régiment, pour ce pays-là.

» On a envoyé des secours à Malte ; il paraît qu'on tient beaucoup à ce pays et à l'Egypte. On parle peu de paix et l'on y croit faiblement. Au reste, tout est fort secret.

» Je m'amuse médiocrement et ne serai pas fort retenu quand j'aurai fini mes affaires. J'espère faire venir mon dépôt à Sedan.

» Adieu ! Ecris-moi ; mes amitiés à tes dames. »

Le 12 pluviôse an VIII.

« Je t'ai promis quelques détails, mon ami, et viens te les donner. J'ai reçu ta lettre ce matin ; je te remercie des choses obligeantes que tu fais pour ma cousine : j'y reconnais ton amitié pour moi et ton bon cœur.

» J'arrivai un peu tard au Luxembourg ; on était à table : je saluai le consul ; il me fit signe de prendre place.

» La table était de vingt couverts ; nous n'étions que huit, y compris sa belle-fille et son frère. Bonaparte était de mauvaise humeur ; il ne parla qu'à la fin du repas et causa sur l'Italie. Il mange très-vite et beaucoup, surtout de la pâtisserie. Les mets étaient simples, mais délicieusement accommodés. Il n'y a qu'un service composé de dix plats ; il est relevé par le dessert. On n'a été que dix-huit minutes à table. Bonaparte est servi par deux jeunes mamelouks et par deux petits Abyssiniens. Il n'est pas vrai qu'il ne mange que des plats pour lui seul apprêtés. Il a mangé entres autres d'un pâté aux champignons, dont j'ai eu ma bonne part ; car tu sais que je les aime.

» Il boit peu de vin et le boit pur ; il se lève dès qu'il a fini son dessert. On repassa dans le salon. Il me dit quelques mots sur la situation du régiment, tandis que nous prenions le café, et repassa de suite dans son cabinet de travail ; le tout fut une affaire de vingt-cinq à trente minutes. J'allai de là voir à Feydeau les *Deux Journées,* charmant opéra. L'orchestre est meilleur que jamais. Je n'ai pas encore été à l'Opéra. Je suis très-occupé de plaisirs, et trouve le temps trop court pour y suffire. Je pense qu'à mon retour on ne pourra pas me faire le compliment d'être engraissé.

» Doiny me donne des leçons de guitare. Quel charmant talent que celui de cet artiste ! Je te quitte pour répéter ma leçon et m'endormir ; car il est deux heures du matin. Il n'y a rien de nouveau : on fait toujours des progrès sur les rebelles ; il y en a qui se pacifient. Adieu ! je t'embrasse.

» J'ai vu la belle Fanny, je dîne incessamment chez son père. »

ARMÉE DU RHIN.
(2e division.)
DUBOIS CRANCÉ,
Chef de brigade du 1er régiment de chasseurs à cheval.

Le 27 germinal an VIII de la République française, une et indivisible.

« Je suis arrivé il y a quatre ou cinq jours, mon cher ami, et encore à temps pour organiser mon régiment. Cependant tous les préparatifs se font pour une attaque générale, et je suis presque sûr que nous passerons le Rhin dans peu de jours. L'armée est belle et très-forte ; on la porte à cent vingt mille combattants, et il n'y a rien d'exagéré ; néanmoins il manque beaucoup de choses, et surtout de l'instruction ; car la moitié de tout ce monde n'a pas vu le feu. Au reste, l'ennemi n'est pas mieux que nous de ce côté ; ils ont aussi beaucoup de recrues qu'ils ont amenés de la Bohème et de la Moravie, et qui arrivent enchaînés ; il en déserte quelques-uns. Nous n'aurons pas, en débutant, d'affaires bien vives ; ils ont ordre de se replier jusqu'à l'entrée des montagnes ; là seront les premiers combats ; mais c'est à Stokach, à l'entrée de la Souabe, que se décidera la possession de cette province. Espérons que le nombre et la valeur nous assureront la victoire. Autrefois mon ambition eût hâté ce moment où chaque brave trouvera sa place ; maintenant un soupir me prouve que mon cœur est rempli de plus doux objets et que le devoir et l'honneur seuls me retiennent ici. Encore cette campagne de guerre, mais, sur ma parole, c'est la dernière. Je ne croyais pas, mon ami, que cette absence dût me coûter autant ; habitué à la frivolité des engagements d'amour, je ne me croyais pas susceptible d'un sentiment qui maîtrise toutes mes pensées ; mais chaque instant me rappelle une femme que j'adore, et tous les chagrins de l'absence me tourmentent. Bientôt tu la verras, tu connaîtras bientôt ses douces et bonnes qualités ; je suis bien aise de savoir comme tu la trouveras : elle est d'abord froide et timide. Combien j'eusse désiré pouvoir la présenter à ta famille ! J'espère qu'elle y trouvera de la bonté et de l'amitié.

» Adieu, mon ami, je te donnerai des détails quand il se passera quelque chose d'intéressant ; écris-moi, et rappelle-moi au souvenir des personnes qui t'environnent. »

Cette lettre fut la dernière que put écrire à son ami M. Dubois Crancé. Ce brillant officier fut tué huit jours après, le 5 floréal an VIII !

Il ne fallait point demander aux mœurs de caserne de ces temps-là la fine fleur de la politesse. Vous lisiez un journal dans un lieu public : il se pouvait qu'un officier entrât, et, sans dire mot, vous prît le journal des mains ; à une queue de spectacle, tout militaire passait le premier et ne souffrait pas d'attendre. Tout bourgeois était un *pékin*.

On comprend qu'au milieu de tous ces héros qui, comme on vient de le voir dans les lettres citées, ne pouvaient aimer que pendant un congé, entre deux campagnes, l'amour prît des airs un peu cavaliers; mais on voit aussi que l'amour n'avait point donné sa démission. On cherchait alors à surprendre, à étonner le cœur des femmes.

Je reproduirai ici une anecdote qui me vient de mon ami Rosman. Il s'agit d'une déclaration respectueuse, faite par le baron Capelle à la princesse Elisa, grande-duchesse de Lucques et de Piombino.

C'est à tort que l'on a imprimé que le baron Capelle, dans sa jeunesse, avait été comédien; on confondait alors le baron Capelle avec un homonyme, avec un certain Capelle qui avait joué la comédie, qui avait fait des vaudevilles, et qui fut inspecteur général de la librairie.

Le baron Capelle, d'abord préfet du Doubs, venait d'être appelé à Livourne, comme préfet du département de la Méditerranée. La princesse Elisa résidait dans ses Etats, et recevait souvent le baron Capelle. Il arrive un jour et trouve la princesse abattue et désolée; elle souffrait d'une dent. « Princesse, il faut se décider, il faut la faire arracher. — Je n'y consentirai jamais. » Un dentiste est appelé, et il constate que la dent malade est perdue; puis il est entraîné dans un coin du salon par le baron Capelle. « Arrachez-moi au plus vite la dent pareille à celle dont souffre la princesse. » L'onération faite sans bruit, le baron montre la dent arrachée : « Vous pouvez constater que c'est l'affaire d'une seconde, et qu'il n'y paraît pas. »

Elégant, bien fait, et d'une sympathique figure, le baron Capelle était entré, dans sa jeunesse, comme simple employé au ministère de l'intérieur, sous le comte Chaptal. Il rencontre un jour, dans l'antichambre du chef de bureau des théâtres, une jeune personne dont les beaux yeux étaient mouillés de larmes, et dont les vêtements avaient subi un certain désordre ; il s'approche, il s'enquiert, et reconnaît mademoiselle Bourgoin : elle venait de débuter à la Comédie-Française. « Que vous est-il arrivé ? — Je sors du bureau de M. Esménard, qui vient de se conduire envers moi avec la plus effrayante brutalité. » A mesure qu'elle racontait, ses larmes cessaient de couler, et elle regardait avec émotion son inattendu protecteur. « Encore, ajouta-t-elle d'une voix douce, si cet Esménard était moins laid ! » Le jeune Capelle raconta l'anecdote au comte Chaptal, et le ministre de l'intérieur se laissa entraîner à faire de la science et de la chimie pendant plusieurs années avec cette séduisante pensionnaire du Théâtre-Français. En peu de temps, elle devint sociétaire.

Le cœur d'une femme une fois cavalièrement conquis, le naturel de ces Richelieu bottés et éperonnés revenait au galop. On ne parlait que de jeter les maris par la fenêtre, et souvent on battait les femmes. Le comte Montrond, ce Rivarol des salons sous le directoire et sous l'empire, et dont l'esprit toujours en verve charmait le prince de Talleyrand et lui profitait, le comte Montrond, que j'ai beaucoup connu dans les dernières années de sa vie, avait ses grandes entrées chez un de ses amis, le marquis de M*** ; il trouve un jour le marquis et madame la baronne H*** se lançant à la tête des flambeaux et des porcelaines de pâte tendre. Montrond les voyant ainsi se prendre aux cheveux, s'écrie avec joie : *J'avais bien raison de dire que vous étiez bien ensemble!*

On avait rêvé que la révolution de 89 ferait table rase de tous les abus, de tous les ridicules, de tous les scandales, de tous les vices de l'ancien régime. Les vicieux meurent, mais non jamais les vices.

Prétendre que dans ce monde l'humanité peut se dépouiller de tous ses mauvais penchants, peut tout entière se convertir à la vertu, c'est rêver à l'avance le paradis.

Dans tous les siècles, l'humanité se ressemble et se continue. Dans des temps de licence, sous Henri III, toutes les hontes et tous les vices du cœur humain tiennent le haut du pavé et triomphent avec forfanterie. A des époques plus morales ou plus hypocrites, toutes les hontes et tous les vices du cœur humain ont le verbe moins haut, ne trottinent que la nuit, rasent les murailles et plient sous l'opinion publique jusqu'à une fausse décence, jusqu'à une fausse pudeur; les fanfaronnades du vice cèdent la place à des éclats de vertu. Entre la fin du règne de Louis XIV et la régence, il n'y a qu'un couvercle de moins : c'est la différence d'une vie dépravée, les fenêtres fermées ou les fenêtres toutes grandes ouvertes.

Hâtons-nous de dire que le galant homme, l'homme de bien, les cœurs fidèles, généreux, le désintéressement, le courage, l'honneur, la charité, sont aussi de tous les règnes et de tous les temps. Sous tous les règnes et dans tous les temps, il se rencontre en très-grand nombre des familles honnêtes, ignorées, où toutes les vertus font souche et comptent des lignées qui ne s'éteignent jamais.

Le ciel et l'enfer se disputent les âmes dès ce monde.

On vit donc reparaître sous l'empire, malgré 89, et à bien peu de distance de 89, de ces chevaliers à la mode, frères puînés de celui que Dancourt faisait monter sur la scène au mois d'octobre 1687, de ces chevaliers à la mode, *songeant d'abord au solide et donnant ensuite dans la bagatelle,* recevant d'une *madame Patin mille pistoles,* et acceptant d'une *baronne un fort beau carrosse, deux gros chevaux, un cocher et un gros barbet.*

Mon ami Rosman était, dans sa jeunesse, le camarade de dîners et de punchs de quelques gens de lettres ; il me raconta, et je cite ici ses propres paroles, qu'un de nos spirituels auteurs d'opéras-comiques, mort après 1830, vint sous l'empire le trouver un matin et lui annoncer, disait-il, une bonne nouvelle : « Je vais quitter ma vieille ! mon dernier succès a rendu une femme folle de moi. Du troisième étage je descends au premier, et elle me donne un cabriolet. » Et comme ce bon Rosman, à un pareil récit, faisait la grimace, notre auteur lui répondit : « Mais, mon cher, je vis comme tous ces messieurs ! » Ces mœurs-là existaient en haut et en bas de la société, et plus d'un acteur en renom, plus d'un sabreur parvenu, avaient pour caissier une *madame Patin*, une *baronne*, et quelquefois mieux.

Comment des hommes bien nés, d'une honnête famille, peuvent-ils oublier leur dignité et leur honneur jusqu'à de pareils manéges ! Je ne pouvais trop comprendre comment se jouaient ces scènes si souvent renouvelées, entre le faux amour demandant rançon, et un amour vrai, toujours crédule et toujours généreux. Un de ces débauchés qui vivait au milieu de tous ces ménages de comédie, me fit assister par ses récits pleins de vérité à ces scènes d'alcôve et de forêt de Bondy.

Voici comment s'y prenait un de ces hommes à bonnes fortunes. Au moment où, dans le boudoir de sa maîtresse, il lui tenait le langage le plus aimant et le plus soumis, son valet de chambre arrivait tout essoufflé. Quelques affidés à mauvaise figure étaient apostés dans la rue : « On vient arrêter monsieur le comte pour une lettre de change de vingt-cinq mille francs. — Misérable ! que viens-tu dire ?... C'est une dette, ma chère amie, que je voulais toujours vous cacher. » La pauvre femme dupée trouvait les vingt-cinq mille francs. Le valet de chambre avait joué la comédie, et percevait un droit légitime sur ces sortes de *rentrées* qu'il procurait à son maître.

Tous nos jeunes roués n'avaient cependant pas recours à de pareils tours de main. L'un d'eux avait pour confident, mais non pour complice, son médecin ; le client ne demandait qu'un service : « Dites que vous trouvez que je change, que vous ne vous expliquez ni ma péoccupation ni ma tristesse. » Le médecin se prêtait innocemment à ce mensonge, sans en soupçonner le honteux calcul. La *madame Patin* de ce nouveau *chevalier à la mode* n'en dormait pas : elle priait, elle pleurait, elle voulait arracher des lèvres trop discrètes de son amant ce fatal secret. Enfin l'heure des explications sonnait, et on disait tout : « J'ai des créanciers (quelquefois même c'étaient des créancières), et ma famille, que je ne veux plus voir, met des entraves invincibles à l'aliénation d'une partie de mes biens, qui sont assez considérables. Elle rend même impossible toute hypothèque. —N'est-ce que cela ? Mon homme d'affaires ira demain matin prendre vos ordres. » On m'assura que ce jeune seigneur, qui n'eut jamais de biens que ceux d'autrui, dans les heures des plus douces intimités, ne craignait pas d'appeler cette généreuse amie : *Mon trésor !*

J'ai recueilli de la bouche d'un de ces jeunes et brillants oisifs, prodigues des fortunes à venir, un prône que lui fit son père. Ce père récalcitrant avait brillé par plus d'un duel et s'était enrichi par plus d'un métier sous le directoire et au commencement de l'empire. Son fils, endetté, lui avoue un passif de cent mille francs ! « Comment avez-vous pu dépenser cent mille francs ? —Mais, mon père, un cabriolet, des maîtresses ! Cela va bien vite. —Comment ! des maîtresses ! A votre âge se ruiner pour des maîtresses ! A votre âge et dans mon temps, monsieur, c'étaient nos maîtresses qui payaient nos cabriolets et se ruinaient pour nous ! »

La première vertu, sous l'empire, c'était le courage !

Les sobriquets et les gros mots de caserne ne manquaient pas pour flétrir et pour déshonorer celui qu'on accusait de lâcheté, ou même de prudence. On ne se préoccupait, on ne se glorifiait guère de fidélité et d'exactitude dans les comptes, de probité dans les affaires, de délicatesse dans les transactions.

Un quartier-maître du régiment de chasseurs de la garde, dont faisait partie le général Daumesnil, joue et perd une somme assez considérable appartenant à la caisse du régiment. Il revient au quartier et raconte tout bonnement ce qui vient de lui arriver. On plaint cet officier malheureux au jeu, on se cotise, et le malheur est réparé. Un comptable dans une telle situation ne verrait peut-être pas aujourd'hui s'ouvrir de souscription; il serait, à coup sûr, livré à un conseil de guerre ou aux tribunaux, s'il n'échappait pas au déshonneur par le suicide.

L'étude du Code de commerce était fort négligée, et les tribunaux de commerce manquaient de dossiers et de procès.

Le tribunal de commerce siégeait au cloître Saint-Merry. Les juges de ce tribunal devaient être, comme aujourd'hui, élus par une assemblée composée de commerçants notables, et principalement des chefs des maisons les plus anciennes et les plus recommandables par la probité, l'esprit d'ordre et d'*économie*. Parmi les juges du tribunal de commerce, en 1809, on ne retrouve de nom connu que celui de M. Bertin de Vaux, l'un des copropriétaires du *Journal des Débats*, alors négociant et banquier, et ayant même pour associé dans sa maison de commerce M. le comte Molé.

Il n'y avait alors que *des défenseurs près le tribunal de commerce*. Le titre d'*agréé* n'était point encore inventé. Bien entendu qu'en 1809, comme aujourd'hui, il existait près le tribunal *des gardes du commerce*.

C'était en plein vent et dans l'église des Petits-Pères, près de la place des Victoires, que se tenait la Bourse de Paris. Elle restait ouverte depuis deux heures jusqu'à trois, excepté les dimanches et fêtes. On disait alors : « Que fait-on dans le ruisseau ? » comme on dit aujourd'hui : « Que fait-on dans la coulisse ? »

Les péripéties étaient là, comme on le pense bien, nombreuses et fréquentes à raison des événements importants qui se succédaient avec tant d'imprévu et de rapidité. Ainsi, du 5 mai 1804 au 31 mars 1814, la rente 5 0/0 a varié d'un maximum de 87 fr. à un minimum de 44 fr., et les actions de la Banque de France de 1,430 fr. à 480 fr.

De l'église des Petits-Pères, vers la fin de l'empire, la Bourse fut transférée au rez-de-chaussée dans la cour du Palais-Royal.

Les agents de change étaient nommés par l'empereur.

Parmi les agents de change de 1809, on retrouve des noms restés célèbres par une grande existence et par une grande fortune : *Leroux, Péan de Saint-Gilles, Archdéacon, Bailliot, Boscary de Villeplaine, Boscary jeune, Lacaze, Lagrenée, Manuel, Richard-Montjoyeux, Tasté*, etc.

A côté de la Banque de France, s'était élevée la caisse

Jabach. Cette maison de banque de MM. Jacquemart et fils et Doulcet d'Egligny, rue Saint-Merry, 46, connue dans le commerce sous le nom de caisse Jabach, escomptait au même taux d'intérêt que la Banque de France, à 4 0/0 l'an.

Elle admettait le papier jusqu'à quatre mois d'échéance, en prenant une commission d'un huitième, seulement sur les effets ayant plus de trois mois à courir.

Pour participer à ses escomptes, il fallait avoir déposé à la caisse Jabach plusieurs actions de la Banque de France pour garantie.

Parmi les banquiers de 1809, on retrouve des noms célèbres; plus d'une de ces maisons de banque existent encore, et se sont placées à la tête des plus grandes affaires : MM. André Cottier et Cie, Carayon, Cousin et Cie, Delessert et Cie, Fould (B. J.), Guebhart, Hottinguer et Cie, Mallet frères et Cie, Michel aîné et Michel jeune, Périer frères, Rougemont de Lowenberg.

Malgré les encouragements et les munificences de Napoléon pour la littérature, le goût des lettres ne dominait point la société.

L'empereur avait organisé l'instruction publique et les lycées de Paris ; mais dans ces lycées, on se couchait, on se levait, on entrait en classe, on quittait l'étude pour la récréation, militairement, au bruit du tambour. Dès la plus tendre enfance, on y subissait la discipline de l'uniforme, la gêne de la culotte courte. On y prenait plutôt le goût des armes que le goût de l'étude.

La société ne cherchait guère de distraction que dans

les plaisirs les plus courts et les plus frivoles. Ce fut le temps des mystificateurs célèbres : on citait surtout un certain Musson et le comédien Frogères.

Mademoiselle Bourgoin me raconta qu'un des riches fournisseurs de l'armée lui prépara de longue main la mystification suivante. Ce fournisseur donna un dîner à grand gala pour recevoir l'ambassadeur turc, alors à Paris. Le munitionnaire général prévint mademoiselle Bourgoin avec beaucoup de ménagements que les mœurs turques différaient beaucoup des nôtres. « Ainsi, vous ne vous formaliserez pas, lui dit-il, si pendant le dîner l'ambassadeur, dans son admiration pour vos beaux yeux, vous offre à plusieurs reprises des bourses remplies de sequins ; il n'aura l'intention ni de vous blesser ni de vous manquer de respect. — Mon Dieu, puisqu'il n'aura pas l'intention de me manquer de respect, je me résignerai à accepter les bourses remplies de sequins. » Au dessert, l'ambassadeur turc ôta sa barbe et reprit sa monnaie de cuivre pour aller jouer ailleurs la même mystification.

Cette société, dont nous essayons de rappeler les principaux traits, n'était ni impie ni athée ; elle vivait indifférente en matière de religion ; cependant la religion tenait une grande place dans les mœurs officielles. On était loin d'être privé de *Te Deum* ; les préfets et tous les fonctionnaires avaient ordre d'assister aux offices divins ; ils obéissaient plutôt à l'empereur qu'à Dieu, et un préfet de l'empire, qui administra longtemps avec intelligence un de nos départements du midi, et qui vit encore, me racontait qu'il assistait très-régulièrement aux cérémonies religieuses, mais qu'il emportait toujours les *Contes de La Fontaine* comme livre de messe.

Le cabinet noir fut rétabli sous l'empire. Il existait sous l'ancien régime deux cabinets noirs : le cabinet noir des affaires étrangères, et le cabinet noir de l'administration des postes, qu'on appelait *le cabinet du roi*. Les employés de ces deux cabinets noirs furent toujours pris, comme on sait, dans une même famille, dont les ancêtres remontaient jusqu'aux temps les plus anciens.

Les deux cabinets noirs ne furent supprimés qu'en 1830 ; mais il existe encore des descendants de cette longue lignée, attachés sous l'empire et sous la restauration au cabinet noir. Un ou deux de ces vieux employés en retraite touchaient encore une pension au ministère des affaires étrangères avant 1848. A chacune de leurs visites à la caisse, ils gémissaient : « Notre famille va s'éteindre, disaient-ils ; la science et les procédés du *cabinet noir* périront avec nous ; on commet une grande faute en ne nous donnant pas la mission de faire des élèves. »

J'ai pu voir encore, dès ma première jeunesse, ce vaste bazar pittoresque, animé, bruyant, dont presque tous les commerces se continuaient le jour et la nuit ; j'ai pu voir cette ruche de tous les vices, dont le bourdonnement et l'ivresse du lendemain ressemblaient au bourdonnement, à l'ivresse de la veille ; j'ai pu voir enfin ce vieux Palais-Royal, qui fut visité, et peut-être envié par toute l'Europe ; ce vieux Palais-Royal, où toutes les passions les plus honteuses d'une civilisation avancée, où le jeu et l'amour à tous prix avaient pignon sur rue, et des chiffres effrontés pour enseignes ; c'était le 129, le 154, le 113 et le numéro 9. Le gouvernement autorisait, protégeait les provocations, les défis publics de ces établissements de jeux contre la menue monnaie de l'ouvrier, aussi bien que contre la pièce d'or et le billet de banque du riche étranger, du jeune homme de famille, du commerçant et du banquier.

Du côté de la rue Vivienne, on descendait dans le Palais-Royal par un perron étroit, où se criait toute espèce de choses : le cours de la Bourse, le tirage des loteries de Paris, de Lyon et de Strasbourg, les bulletins de la grande armée.

Du côté de la rue Saint-Honoré, on arrivait vite dans ces galeries de bois si célèbres et improvisées, depuis 93, sur le vaste terrain qui servait aux écuries, par un passage étroit, mais très-éclairé, où commençait et florissait déjà, dans un trou de boutique, la dynastie des *Chevet*.

Dans ces galeries, ouvertes à tout vent et presque sans clôture, du Palais-Royal dévasté des princes d'Orléans, étaient installés quelques libraires, dont tout l'étalage littéraire se composait de l'*Almanach des Muses*, du *Chansonnier grivois*, des chansons du *Caveau*, des *pots-pourris* de Désaugiers, du *Tableau de l'amour conjugal* et de l'*Adresse des plus jolies femmes de Paris*. Le reste de ces boutiques ne comptait pour locataires que des marchandes de modes, appelant le passant, offrant leur marchandise à haute voix, et vendant bon marché tout ce qu'on voulait bien leur acheter.

Le filou aux aguets, le joueur sans le sou, les oisifs et la canaille de tout rang et de tout âge, hommes et femmes, faisaient foule dans ces cloaques tortueux, éblouissants de lumière, et dont la pluie rendait souvent le sol fangeux.

Le rez-de-chaussée, le premier et le second étage des galeries de pierre de cet immense palais, ne suffisaient pas aux estaminets, aux restaurants à trente ou quarante sous, aux cafés de toutes sortes (cafés avec ou sans orchestre, café des Mille Colonnes, café de Foy, illustré par les calembours de Carle Vernet, le père d'Horace Vernet, *café-spectacle*). On n'avait pas tout vu en s'arrêtant aux nombreuses boutiques de bijouterie, de nécessaires, de marchandes de rubans et de mercerie, aux vastes magasins d'habillements tout faits et d'équipements militaires, aux étalages du bottier Sakowski, du tailleur Berchut. Il fallait encore descendre dans les caves pour y entendre l'orchestre du café des Aveugles, pour y entendre le Sauvage *blouser* ses timbales, ou pour y subir quelques mystifications du ventriloque Fitz-James, qui, dans un état d'ivresse, se fit tuer sous les murs de Paris en 1814. Il y avait là aussi des cafés à spectacle.

On trouvait dans le Palais-Royal le tableau animé, la représentation fébrile des mœurs du temps : c'était pour ainsi dire un Olympe en goguette; on y mangeait, on y buvait, on y chantait, on y jouait, on y aimait. Il y avait là pour tous les passants de l'ambroisie frelatée, de la musique tapageuse, des jeux à tout perdre et des amours de rencontre à tout craindre, mais à tout oser !

Le dieu Mars y était représenté par quelques traîneurs de sabre plus ou moins avinés ; le dieu Mercure, avec tous ses attributs, y avait élu domicile, et on y coudoyait à chaque pas dans les galeries, dans les cafés à spectacle, et pendant l'été dans les allées sombres du jardin, une foule de Vénus, au port de reine, peintes de rouge et de blanc, moins éblouissantes par leurs paillons et leurs verroteries que par leurs splendides nudités. L'empire, par ses mœurs, était païen.

Le spectacle de tous ces vices grouillants était un tel scandale, que quinze jours avant la fête du jour de l'an et quinze jours après, la police intervenait, nettoyait autant que possible ces étables d'Augias, pour que les boutiques pussent, au moins pendant quelques jours, être achalandées par d'honnêtes femmes.

Tout le commerce honnête du Palais-Royal demanda sous la Restauration que cette surveillance de la police, au profit de la morale publique et des mœurs, durât toute l'année. Le gouvernement se rendit bien vite à de pareils vœux ; mais à compter de ce jour, le Palais-Royal fut presque ruiné : les boutiques se fermèrent, et on fut à la veille, sur la demande de ces mêmes marchands, de rappeler ces sirènes proscrites, dont l'exil avait fait le vide et changé un palais féerique en une décente solitude.

Un nouveau genre de spéculations dut bientôt se produire dans un pays où on entretint pendant plus de quinze ans plusieurs armées sur le pied de guerre. On avait supprimé les contrôleurs généraux, les fermiers généraux, on vit naître des *fournisseurs de l'armée*.

Je rencontrai, dans les premiers temps de la restauration, un certain M. Paulée qui, par de rusés calculs et d'ingénieux expédients, s'improvisa fournisseur de l'armée, et entassa millions sur millions.

M. Paulée était né à Douai ; sa vie commença dans un hôtel de Douai, comme garçon d'auberge. Grâce à son zèle, à son amour du travail et peut-être à quelques intrigues de cave et de cuisine, il s'éleva bientôt aux fonctions sérieuses et toutes de confiance de *sommelier de l'hôtel*. Il épousa la cuisinière de l'établissement, de telle sorte que, lorsque l'on était dans les bonnes grâces de M. Paulée, on était sûr d'obtenir de bons morceaux et de ne boire que de bons *crus* et de bonnes *années*.

Cet hôtel, le plus important de la ville de Douai, comptait une grande clientèle ; elle se composait de tous les officiers, de tous les généraux, de tous les commissaires des guerres qui se rendaient à l'armée du Nord, et de tous les cultivateurs, marchands de grains, fermiers des environs, qui se rendaient à Douai les jours de marché. Ce jeune Paulée était intelligent, gai, sympathique, respectueux, flatteur au besoin. En apportant aux uns et aux autres des plats que soignait sa femme à la cuisine, et en leur débouchant de vieilles bouteilles choisies dans les meilleurs tas, il gagna la confiance de ceux qui avaient des grains à vendre et de ceux qui avaient des grains à acheter. Des généraux influents le prirent en amitié, et il fut d'abord chargé de quelques petites fournitures ; il sut si bien s'y prendre, il sut si bien faire les affaires de tout le monde, et même les siennes, que ses entreprises prirent les plus vastes proportions, et qu'il dut opérer sur la plus grande échelle. Ce fut alors qu'il s'associa M. Vanlerberghe.

Avec les gros bénéfices qu'il récoltait chaque jour, M. Paulée, qui avait le génie de la spéculation et qui croyait à l'empire, acheta, dans le département du Nord, des biens nationaux et des biens du clergé. Au commencement de la restauration, on évaluait la fortune de M. Paulée à cinq cent mille francs de rente; il plaça ses capitaux en propriétés, sous le nom de sa femme, partie en France, partie en Belgique. M. Paulée ne possédait sous son nom que quelques maisons à Paris; il avait à sauvegarder sa fortune des sévères règlements de compte et de la justice un peu brutale de l'empereur, aussi bien que des suites inquiétantes des procès d'affaires et de famille survenus entre lui et M. Vanlerberghe.

La dot que M. Paulée donna à son fils s'éleva à deux cent cinquante mille livres de rente, et le contrat de mariage de M. Paulée fils avec mademoiselle Vanlerberghe coûta quatre-vingt mille francs d'enregistrement.

M. Paulée ne savait presque ni lire ni écrire, mais il s'entourait de commis intelligents, dont il faisait la fortune, de jurisconsultes éminents, d'administrateurs éclairés et habiles; il donnait à ses premiers commis jusqu'à quarante mille francs de traitement par an, un appartement somptueux, et leur ménageait les faveurs de quelques jeunes débutantes du Théâtre-Français. M. Paulée aimait beaucoup le Théâtre-Français; il aimait surtout la tragédie : cela tenait à ce que mademoiselle Duchesnois, qui jetait alors un grand éclat comme tragédienne, était sa compatriote : elle était née à Valenciennes.

M. Paulée fit longtemps, et ses héritiers font peut-être encore d'assez grosses pensions à plusieurs des commis qui eurent entre les mains tous les secrets des grandes affaires.

Le luxe des fournisseurs de l'armée succéda à la magnificence des fermiers généraux, et la dépassa. La résidence de M. Paulée, à Douai, passait pour une des curiosités de la ville ; c'était presque un palais, bâti sur les terrains d'un ancien couvent. Cicéri y avait été appelé pour en diriger la décoration et pour y reproduire toutes les pittoresques surprises dont son pinceau enrichissait l'Opéra. On faisait souvent de la musique chez M. Paulée, et Cicéri y était reçu comme ami, comme peintre et comme musicien.

M. Paulée venait souvent à Paris, mais seul et sans sa famille ; il s'établissait dans une de ses maisons richement meublées, qu'il possédait sous son nom, rue de Provence, presque au coin de la rue de la Chaussée-d'Antin. Il y donnait chaque semaine plusieurs dîners ; je fus quelquefois un de ses convives ; il recevait mademoiselle Duchesnois, mademoiselle Mars, mademoiselle Leverd, mademoiselle Bourgoin et surtout mademoiselle Volnais, des médecins, des hommes de lettres, des généraux, et tous ceux qu'on lui présentait. On y faisait bonne chère, bien qu'on dût subir toutes les manies, toutes les excentricités de son service de table, qu'il dirigeait lui-même. M. Paulée était alors d'un assez grand âge ; il ne manquait ni d'esprit, ni d'obligeance ; il était presque aphone, et lorsqu'il voulait parler, il fallait que tout le monde se tût; il disait à chacun à voix basse : « Ecoutez-moi donc! »

Toute la famille Paulée est éteinte, à l'exception de la fille de M. Paulée fils, mariée très-honorablement.

J'ai encore vu de près un munitionnaire général. J'ai quelquefois dîné avec Ouvrard, vers la fin de sa vie.

Ouvrard n'entra dans les fournitures de l'armée qu'avec une certaine fortune acquise. C'était plus qu'un homme d'esprit : c'était une ferme et active intelligence, un caractère résolu et persévérant. Il eut une grande ambition de financier : ce fut de faire comprendre, d'enseigner et de fonder le crédit en France.

La France a longtemps ressemblé à un petit rentier content de ses revenus, et qui tient moins à les accroître qu'à les conserver. La France se suffit à elle-même ; les produits du nord s'échangent contre les produits du midi; son sol est fertile, et elle exporte même son surcroît de récoltes et de richesses. La France a un peu des mœurs de l'avare : elle enfouit son trésor de peur qu'on ne le lui vole.

Ouvrard voulait guérir la France de ce vice stérile et mortel, de l'avarice; il voulait lui donner le goût des grandes choses, des grandes entreprises, des gros bénéfices; il voulait qu'elle comptât sur le bout du doigt son immense et fécond *avoir*, et que, spéculateur hardi, elle sût exploiter sa fortune présente et sa fortune à venir.

Homme d'imagination, d'expédients et de ressources, Ouvrard fut appelé, consulté et employé depuis le commencement du siècle par toutes les puissances du jour et par tous les gouvernements. Dans les crises on lui demandait des projets et des millions, et pour lui prendre ses millions, on aidait ses projets; mais les mauvais jours passés, on disputait et on refusait à Ouvrard les bénéfices plus ou moins raisonnables qu'il s'était ménagés et auxquels lui donnaient droit des textes de traités et le mérite du succès.

La vie d'Ouvrard rappelle celle de Beaumarchais, non du Beaumarchais homme de lettres et poëte comique, mais du Beaumarchais homme d'affaires, du Beaumarchais se faisant munitionnaire général des Etats-Unis, éditant Voltaire, plaidant avec le parlement, plaidant avec l'Amérique qui était juge et partie dans sa propre cause, plaidant avec tout le monde, et, en fin de compte, calomnié, emprisonné et ruiné.

L'empereur écoutait Ouvrard, et il se trouva bien à certains jours de ses secours et de ses inventions financières.

Ouvrard avait étudié, calculé tout le pouvoir de l'argent sur le cœur humain. On eût pu croire qu'il avait étudié sous ce professeur de chimie qui nous disait : *L'or a la propriété de réjouir la vue de l'homme.* Pendant la guerre d'Espagne de 1823, la veille du jour où son service comme munitionnaire général devait commencer, il arrive à Tolosa. L'armée bivouaquait dans les faubourgs : pas de magasins, pas de subsistances ; Ouvrard est vivement interpellé : « Demain, dit-il, l'armée recevra ses distributions ordinaires. — Il faut dix jours de vivres pour le deuxième corps.—Demain le deuxième corps recevra ses dix jours de vivres. »

Ouvrard fait appel aux autorités, aux ecclésiastiques,

aux notables, à tous les marchands ; sa maison, ses bureaux sont ouverts à tous ; de nombreuses tables sont couvertes d'argent et d'or : « Prévenez vos parents, vos amis, tout le monde, dit-il ; tout ce qu'on me fournira, je le payerai comptant ; ce qui me sera livré avant huit heures du matin, je le payerai dix fois sa valeur ; neuf fois ce qui viendra avant neuf heures, huit fois ce qui viendra avant dix heures, ainsi de suite en diminuant d'un dixième par heure ; partez, voici des avances. »

Le lendemain, dès l'aurore, au sommet des montagnes, se dessinait la silhouette animée et remuante d'une foule immense d'hommes, de femmes, de chevaux et de voitures chargés de pains, de légumes, de viandes, d'avoine et de fourrage ; c'était à qui arriverait le premier, à qui pourrait livrer ses marchandises avant huit ou neuf heures pour la plus forte prime.

Les soldats inquiets pillèrent les premiers arrivages ; les conducteurs d'accourir près d'Ouvrard et de lui dire : « J'étais arrivé avant huit heures, on a pillé mes marchandises. — Combien valaient-elles ? — Tant. — Voilà, partez, et revenez vite avec un nouveau chargement, au retour on ne vous pillera plus. » L'abondance s'établit, les prix diminuèrent et furent réduits à un taux raisonnable. Le quartier du munitionnaire général était devenu un marché, et pendant toute la campagne il y eut abondance de vivres. Ouvrard avait nourri l'armée sans réquisitions, sans dépôts ni magasins. Ouvrard m'a souvent dit : « Il n'y a que deux manières de faire la guerre, en payant ou en pillant. On a meilleur marché de la faire en payant. »

Ouvrard était généreux, il aimait le faste et les grandes élégances; les fêtes pleines de magnificences du Raincy lui ont presque valu autant d'inimitiés et de persécutions que les fêtes de Vaux au surintendant Fouquet. Ouvrard vécut en prince jusque sous les verrous.

Entre Ouvrard et Séguin, autre célèbre munitionnaire, dont tous les appartements étaient encombrés de violons et de musique, et dont les écuries logeaient toujours de trente à trente-cinq chevaux qu'il ne montait et qu'il n'attelait jamais, il s'éleva plus d'un conflit d'affaires. Tous comptes faits, Ouvrard resta devoir à Séguin cinq millions; cinq millions, c'étaient les derniers débris de la fortune d'Ouvrard. Ouvrard prétendait que le gouvernement lui devait juste cette somme, et il renvoyait son créancier Séguin au *trésor public*, son débiteur.

Les foudres de la juridiction commerciale se déchaînèrent contre Ouvrard. La contrainte par corps fut prononcée; le plus intelligent des gardes du commerce, M..., fut chargé de mettre à exécution contre Ouvrard la sentence des juges consulaires.

Le moins habile des gardes du commerce est un *Nemrod*, j'allais dire un *Robin des Bois;* mais le garde du commerce ne chasse pas la nuit.

M..., à compter de huit heures du soir, suivait Ouvrard au Rocher de Cancale, aux théâtres, et *le couchait* 1 à deux heures du matin.

1. Terme de vénerie qui appartient aussi au vocabulaire des gardes du commerce.

Chaque nuit, Ouvrard rentrait dans la même maison; les valets de meute gardaient la porte jusqu'au lever du soleil. On requit un matin un juge de paix ; la présence d'un juge de paix est heureusement indispensable pour envahir un domicile et pour en briser les portes ; on pénétra dans la maison sans coup férir ; aucune résistance ; on ouvre, on visite tous les appartements, tous les coins et recoins ; un maçon est appelé pour sonder plusieurs épaisseurs de murs. Pour prendre Ouvrard, il eût fallu faire abattre la maison tout entière, et c'est le seul droit que n'aient pas les *gardes du commerce*.

Ouvrard avait eu recours à une plaque de cheminée tournante qui ménageait un secret asile à ce nouvel hôte du foyer.

Muni d'un calendrier marquant les levers et les couchers du soleil, d'un *almanach Bréguet*, Ouvrard ne sortait qu'aux heures indiquées ; mais ce calendrier était inexact, et un soir qu'Ouvrard s'échappait de sa retraite, il fut appréhendé au corps : on lui démontra que son *almanach Bréguet* avançait de dix minutes.

Ainsi traqué, Ouvrard avait toujours cinquante mille francs en billets de banque dans sa poche ; il les offre au garde du commerce pour recouvrer sa liberté : « Je ne puis rien accepter, lui répondit M..., et d'ailleurs si vous m'offrez cinquante mille francs pour vous lâcher, Séguin m'en a donné soixante pour vous prendre. »

Ouvrard était encore au greffe, quand un de ses neveux accourut : « Console-toi, lui dit Ouvrard, tu le vois, je n'ai plus peur d'être arrêté. »

On n'avait jamais admis de prisonnier pour dettes à la Conciergerie ; Ouvrard obtint d'y être transféré. Le concierge fut même autorisé à lui louer moyennant six mille francs par an un logement assez vaste et assez complet. Le logement fut vite richement décoré. Les visiteurs se pressaient en si grand nombre à la Conciergerie, et le prisonnier pour dettes en était quelquefois si fatigué, qu'il faisait dire alors par le porte-clefs : « Monsieur Ouvrard est sorti. »

Le *Rocher de Cancale* était chargé des dîners d'Ouvrard, et à ces dîners ne faisaient jamais défaut les meilleures années du *Clos-Vougeot* ; célébrités, personnages, gens d'esprit, artistes illustres venaient chaque soir dîner gaiement avec le détenu. Ces dîners fins faisaient grand bruit, et Ouvrard me raconta qu'un jour Séguin lui-même lui demanda la faveur d'être de ses convives. Séguin reçut bien vite son invitation ; le dîner fut des plus gais et des plus magnifiques : seulement, dit Ouvrard, Lucullus est forcé de dîner tous les jours chez Lucullus.

— Comment, reprit Séguin, à cinquante-cinq ans, ayant encore à peine devant vous cinq belles années, comment consentez-vous à les passer en prison ? Tenez, je suis bon homme, et je tiens à payer mon écot : donnez-moi trois millions, et vous couchez ce soir chez vous.

— Monsieur Séguin, reprit Ouvrard, vous avez quelques hivers de plus que moi : si l'on vous offrait une spéculation qui vous assurât un bénéfice net de cinq millions, la refuseriez-vous parce qu'il vous faudrait faire un voyage à Calcutta? — Non, certainement, fit Séguin. — Et pourtant, reprit Ouvrard, il vous faudrait prendre la mer, faire quatre mille lieues, quitter votre famille, vos enfants, vos amis, renoncer à une bonne cuisine comme celle-ci, à d'excellent vin comme celui-là, et, peut-être, vous débattre contre la fièvre jaune... — Mais cinq millions! interrompit Séguin; cinq millions!

— Eh bien! reprit Ouvrard d'un ton victorieux, sans quitter la terre ferme, sans changer de ciel et de climat, sans dire adieu à ma famille et à mes amis, sans même être privé, monsieur Séguin, du plaisir de vous recevoir et de dîner gaiement avec vous, à l'abri de toutes mauvaises chances et de tous périls, je gagne ici, dans cette douce retraite, ces cinq millions qui vous feraient vous risquer à de si rudes sacrifices. »

Il se fit un moment de silence, Séguin devint sérieux et pensif, et dit froidement à Ouvrard : « Eh bien, monsieur Ouvrard, vous avez peut-être raison. »

Ouvrard aimait à raconter jusqu'aux moindres incidents de cet historique dîner.

Ces deux financiers n'avaient rien à se reprocher. Ils se ressemblaient, à force d'audacieuse habileté dans les affaires, à force de mœurs excentriques et bizarres, à force d'ardent amour pour les millions.

Il y a dans la vie d'Ouvrard une page à racheter bien des fautes, à apaiser bien des haines. Ouvrard connaissait le colonel Labédoyère. Après les cent-jours, Labédoyère vint le trouver : « Partez, lui dit aussitôt Ouvrard, allez aux Etats-Unis, voici une lettre de crédit de cinquante mille francs pour David Parish, et quinze cents louis en or. » Le lendemain, le prince de Talleyrand fait appeler Ouvrard et lui demande des explications sur la lettre de crédit trouvée dans les papiers de Labédoyère qui venait d'être arrêté : « Ce n'est pas devant vous, prince, lui dit-il, que je me justifierai d'avoir voulu sauver un proscrit dont la tête est menacée. » Le prince de Talleyrand comprit cette réponse; Ouvrard ne fut pas inquiété.

La physionomie d'Ouvrard était des plus sympathiques; son sourire ne manquait ni de malice, ni même de dédain; il avait des convictions, et pour tous ses plans il ne croyait qu'au succès; il n'y avait chez lui ni du Normand, ni du Gascon. Il se donna toutes les joies de ce monde. Il eut des amis.

La restauration mit fin, comme par un coup de baguette, à ces mœurs, à ces désordres, à cette ivresse et à ces spéculations de l'empire.

Depuis 89 jusqu'au dernier exil de Napoléon, tous les esprits et tous les cœurs furent troublés, épouvantés et jetés violemment hors de toutes traditions et de toutes croyances par trois grands faits qui se succédèrent : les grands faits historiques parlent encore plus haut, et parlent plus pour tout le monde que les théories et les livres des plus puissants esprits et des plus entraînants écrivains.

Un roi et une reine montant sur l'échafaud par jugement d'une assemblée délibérante ; un officier de fortune recevant la toute-puissance des mains de la victoire, et se faisant par son épée le maître de la France et le maître du monde ; enfin, toute l'Europe en armes et tous les rois coalisés, forcés de s'y prendre à deux fois pour briser la couronne de cet empereur qui les avait tous fait trembler sur leur trône, et pour exiler à Sainte-Hélène cette grande âme et ce grand génie.

Ces trois drames si émouvants firent certainement germer dans tous les esprits et dans tous les cœurs, plus que Voltaire et Rousseau, l'esprit de révolte contre la société, des idées d'immoralité, de scepticisme, toutes les plus folles et les plus dangereuses ambitions ; la société put se dire : *Tout est possible*.

On avait longtemps respecté en France les chênes séculaires ; mais les vents déchaînés et les orages ont brisé leurs plus forts rameaux, ont arraché du sein de la terre leurs plus profondes racines ; et alors, nous avons avec confiance planté de jeunes tiges que de nos mains nous avons encore déracinées. Ne troublons plus la sève nourrissante de ces arbres aux ombrages protecteurs ; n'allons plus, en curieux et pour les faire croître plus vite, tourmenter leur féconde végétation ; laissons faire le temps, cette puissance divine qui détruit tant de choses, mais qui aussi consolide et fortifie tout ce qu'elle ne détruit pas.

Ne soyons aujourd'hui, à distance des hommes et des événements de ces temps-là, ni commentateur trop sévère, ni juge inexorable. Notre société, lasse et défaillante à force d'épreuves, ne doit sa sagesse du jour qu'aux dures leçons de l'expérience. Nous avons vu, à la fin du siècle dernier et au commencement du dix-neuvième siècle, qu'en révolution le sang appelle le sang, et nous sommes devenus humains et modérés. Nous avons vu qu'en sacrifiant trop l'ordre public à la liberté, on en venait à sacrifier la liberté à l'ordre public, et nous sommes devenus, je ne sais pour combien de temps, prudents, soumis et faciles à être gouvernés.

Avec l'empire finissent surtout un grand capitaine et une nation guerrière qui, de compagnie, s'étaient couverts de gloire sur les champs de bataille. Avec la restauration commence une société nouvelle, libre, honnête, polie, chevaleresque et lettrée.

CHAPITRE V

LES SCIENCES, L'INDUSTRIE, L'AGRICULTURE, LES ARTS ET LES LETTRES SOUS L'EMPIRE.

Députation de l'Institut. — Rapport de Chénier. — Décret impérial instituant des prix décennaux. — Lauréats des prix décennaux. — Lettre de l'empereur sur Dufresne. — L'empereur et la Comédie-Française. — Molé; ses funérailles. — Liste des tragédies et comédies représentées devant l'empereur. — La comédie ou la tragédie à Sainte-Hélène. — Création du Conservatoire. — Mademoiselle Mars à une revue. — Mademoiselle Mars sifflée et outragée. — Portrait de mademoiselle Mars. — Les classiques et les romantiques chez mademoiselle Mars. — L'Opéra sous l'empire. — Le théâtre Feydeau. — Le théâtre du Vaudeville. — Le théâtre Montansier. — Le théâtre des Variétés. — Le *ci-devant jeune homme*. — Merle; son portrait. — Conclusion.

On a traité de haut en bas la littérature de l'empire, on a poussé la sévérité de la critique jusqu'au dédain. L'empereur, dont le génie comprenait et embrassait tout, aimait les lettres; il les aimait pour elles et pour la gloire de son règne; il eut voulu pouvoir faire *manœuvrer* l'esprit humain, comme il faisait manœuvrer ses vieux bataillons; il enviait au siècle d'Auguste et au siècle de Louis XIV leurs poëtes, leurs écrivains, leurs orateurs de génie. Il a dit quelque part qu'il eût pris Corneille pour premier ministre. Il eût nommé Racine sénateur, richement pensionné Molière, fait lire à Saint-Cloud les *Femmes savantes* et le *Misanthrope*; on eût représenté ses chefs-d'œuvre sur tous les théâtres de la cour. Aurait-il laissé jouer *Tartufe*? Il eût aimé et souvent reçu Boileau, comme représentant dans les lettres la règle et la discipline. Il eût surtout honoré Bossuet, admiré ses vertus et sa grandeur. Bossuet aurait peut-être nui à la fortune du cardinal Maury et du cardinal Fesch.

L'empereur ne refusait au génie qu'une seule chose, la liberté.

Dans son discours de réception à l'Académie française, M. Thiers explique et justifie ainsi les entraves que Napoléon fit subir à la pensée humaine :

« Un gouvernement pacifique supporte ce que ne peut pas supporter un gouvernement illustré par la victoire. Pourquoi, messieurs ? parce que la liberté, possible aujourd'hui à la suite d'une révolution pacifique, ne l'était pas alors à la suite d'une révolution sanglante.

» Les hommes de ce temps avaient à se dire d'effrayantes vérités. Ils avaient versé le sang les uns des autres ; ils s'étaient réciproquement dépouillés ; quelques-uns avaient porté les armes contre leur patrie. Ils ne pouvaient être en présence avec la faculté de parler et d'écrire, sans s'adresser quelques reproches cruels. La liberté n'eût été pour eux qu'un échange d'affreuses récriminations.

» Messieurs, il est des temps où toutes choses peuvent se dire impunément, où l'on peut, sans danger, reprocher aux hommes publics d'avoir opprimé les vaincus, trahi leur pays, manqué à l'honneur; c'est quand ils n'ont rien fait de pareil; c'est quand ils n'ont ni opprimé les vaincus, ni trahi leur pays, ni manqué à l'honneur. Alors, cela peut se dire sans danger, parce que cela n'est pas : alors, la liberté peut affliger quelquefois les cœurs honnêtes; mais elle ne peut pas bouleverser la société. Mais, malheureusement, en 1800, il y avait des hommes qui pouvaient dire à d'autres : Vous avez égorgé mon père et mon fils, vous détenez mon bien, vous étiez dans les rangs de l'étranger. Napoléon ne voulut plus qu'on pût s'adresser de telles paroles. Il donna aux haines les distractions de la guerre; il condamna au silence dans lequel elles ont expiré les passions fatales qu'il fallait laisser éteindre. Dans ce silence une France nouvelle, forte, compacte, innocente, s'est formée, une France qui n'a rien de pareil à se dire, dans laquelle la liberté est possible, parce que nous, hommes du temps présent, nous avons des erreurs, nous n'avons pas de crimes à nous reprocher. »

L'empereur était inventif à encourager les lettres, à récompenser les savants, les poëtes, les écrivains et les artistes.

Le 27 février 1808, l'empereur assemble et préside son conseil d'Etat.

Une députation de la classe de littérature et de belles-lettres de l'Institut, composée de MM. Chénier, président; de Volney, vice-président; Suard, secrétaire perpétuel; et de MM. Morellet, Boufflers, Bernardin de Saint-Pierre, Andrieux, Arnault, Villars, Cailhava, Domergue, Lacretelle, Laujon, Raynouard et Picard, est présentée par Son Excellence le ministre de l'intérieur, et admise à la barre du conseil.

Chénier, président de la classe de littérature et de

belles-lettres de l'Institut, lit un rapport que l'empereur avait demandé sur l'état de la littérature, depuis la fin du dix-huitième siècle et depuis le commencement du dix-neuvième : *Dans les ordres de Votre Majesté,* dit Chénier, *nous osons voir avec une respectueuse assurance la preuve du plus vif intérêt dont elle a toujours honoré les lettres, la garantie de sa protection constante, le signal de ses nouveaux bienfaits.*

Dans ce rapport, Chénier jette d'abord un coup d'œil sur les sciences philosophiques; il loue l'école de Port-Royal ; il loue Condillac, Domergue, Sicard, Marmontel, de Gérando, de Tracy et Cabanis.

Chénier étudie ensuite les progrès de la science des devoirs de l'homme, de la morale. Dans cette étude, les Mémoires que Marmontel a légués à ses enfants sont un peu à la légère, ce me semble, comparés aux préceptes de Cicéron, mêlés à la sagesse évangélique.

Résumant les écrits politiques et les travaux de législation, Chénier loue, comme un habile dialecticien, M. Sieyès; comme un écrivain célèbre en plus d'un genre, le prince architrésorier de l'empire; puis Rœderer, Dupont de Nemours, Barbé-Marbois, Jean-Baptiste Say, Ganilh, Perreau, Pastoret et Lacretelle aîné.

Dans l'éloquence de la chaire, dit Chénier, *M. le cardinal Maury donne d'excellents préceptes, après avoir donné d'éclatants exemples.*

Dans la critique littéraire, plusieurs écrivains nous offrent des études approfondies, des commentaires judicieux sur nos grands classiques ; M. Cailhava, sur Mo-

lière ; M. Palissot, sur *Corneille et sur Voltaire*; Champfort, sur *La Fontaine*; La Harpe, sur *Racine*.

Chénier, qui avait eu sans doute à se plaindre de La Harpe, blâme hautement *l'extrême rigueur que La Harpe se croyait en droit d'exercer contre la plupart de ses contemporains et surtout contre ses rivaux*.

A propos de l'art oratoire, Chénier se plaît à poser des couronnes sur la tête de Mirabeau, du cardinal Maury, de Cazalès, de Chapelier, de Barnave, de Regnauld de Saint-Jean d'Angély, de Thouret, de Tronchet, de Target, de Merlin et de Treilhard.

Dans ce rapport, on ne craint pas de considérer le plan d'instruction publique de M. de Talleyrand comme *un monument de la gloire littéraire*.

Parmi les membres des assemblées qui suivirent la Constituante, Chénier distingue *le profond* Condorcet, Daunou, Vergniaud, Français de Nantes, Boissy d'Anglas, *renommé par sa présidence*, Garat, Portalis et Siméon.

Chénier, face à face avec l'empereur qui présidait, admire *ces belles proclamations, où le vainqueur de Lodi et d'Arcole, en même temps qu'il créait un nouvel art de la guerre, créa l'éloquence militaire dont il resta le modèle*.

Ces proclamations, dit Chénier, *du sein de la victoire même, ordonnaient encore la victoire et communiquaient l'héroïsme*.

On s'étonne un peu d'entendre Chénier louer, sans transition, l'éloquence académique à côté de l'éloquence militaire.

MM. de Castéra, de Ségur, Rulhière, de Bausset, sont placés par Chénier à la tête des historiens.

Volney, Naigeon et Dupuis sont cités comme voyageurs ou comme ayant fait preuve dans leurs livres *d'une érudition raisonnable*. Enfin de Lacépède, Lavoisier et Fourcroy reçoivent des éloges mérités comme savants et comme écrivains.

Le rapport de Chénier arrive bientôt au roman; *il remarque d'abord* Atala, *ornement du livre considérable où M. de Chateaubriand développe le génie du christianisme*; mais il désigne *comme le meilleur, le plus moral, et le plus court des romans de l'époque entière, cette* Chaumière indienne, *où l'un des grands écrivains qui nous restent, M. Bernardin de Saint-Pierre, a réuni, comme en ses autres ouvrages, l'art de peindre par l'expression, l'art de plaire à l'oreille par la musique du langage, et l'art suprême d'orner la philosophie par la grâce.*

On fondait les plus hautes espérances sur les talents poétiques de Fontanes, de Parny, de Parceval de Grandmaison, de Luce de Lancival, déjà auteur d'*Achille à Scyros*, de l'abbé Delille qui avait déjà traduit Virgile et Milton, et de Saint-Ange, *habile et laborieux traducteur d'Ovide*.

Dans la poésie didactique, Esménard, Castel et Delille sont encore cités. Dans le genre de l'ode, on signale Lebrun comme *tirant des sons harmonieux de la lyre pindarique*; Daru, comme traducteur d'Horace; de Parny et de Boufflers, dans la poésie érotique; Ducis dans l'épître; Arnault dans l'apologue; Andrieux dans le conte. Legouvé et Raynouard, comme auteurs de petits poëmes d'un genre grave et philosophique, n'obtiennent que des éloges dans le rapport de l'Institut; Millevoye et Victorin Fabre venaient de remporter deux années de suite le prix de poésie à l'Académie française.

Ici se présente aux regards de Votre Majesté, dit Chénier, *la poésie dramatique.* Ce cortége de la poésie dramatique est représenté par Ducis, par Arnault, auteur de *Marius;* par Legouvé, auteur de la *Mort d'Abel;* par Lemercier, auteur d'*Agamemnon;* par Raynouard, auteur des *Templiers;* par Baour-Lormian, auteur de *Joseph;* par de Murville, auteur d'*Abelasis;* et enfin par Chénier lui-même, auteur de *la tragédie de Fénelon.*

Le cortége de la comédie est représenté par Laujon, par François, par Fabre d'Eglantine et Colin d'Harleville, par Andrieux, Picard et Roger.

Enfin, dans le drame, *genre défectueux, mais susceptible de beautés,* dit Chénier, Beaumarchais, Monvel et Bouilli occupent la première place. Comme auteurs de poëmes d'opéras, on cite Guillard et Hoffman, Esménard et Jouy; comme auteurs de poëmes d'opéras-comiques, on cite encore Hoffman, Monvel, Marsollier et Duval.

L'art d'écrire, dit Chénier à l'empereur en achevant ce vaste tableau, *refleurira sous vos auspices; il sera guidé par vous en des routes certaines; autour de vous brilleront encore les talents ranimés à votre voix; le génie naîtra lui-même appelé par le génie, et tous les germes de gloire appartiendront au siècle de Votre Majesté.*

L'empereur répondit en ces termes au rapport écrit et lu par Chénier :

MESSIEURS LES DÉPUTÉS DE LA SECONDE CLASSE DE L'INSTITUT,

« Si la langue française est devenue une langue universelle, c'est aux hommes de génie qui ont siégé ou qui siégent parmi vous que nous en sommes redevables.

» J'attache du prix au succès de vos travaux ; ils tendent à éclairer mes peuples et sont nécessaires à la gloire de ma couronne.

» J'ai entendu avec satisfaction le compte que vous venez de me rendre.

» Vous pouvez compter sur ma protection. »

L'empereur ne se contenta pas du rapport de la seconde classe de l'Institut ; il voulut donner à l'industrie, à l'agriculture, aux sciences, aux lettres et aux arts un essor nouveau et simultané en fondant les prix décennaux. Nous citerons ici les décrets de l'empereur pour les prix décennaux. Ils ont de la solennité, de l'élévation, de la grandeur et de l'universalité. Ils marquent avec accent et relief quelles étaient, au milieu du bruit et des travaux de la guerre, les préoccupations de l'empereur pour les institutions de la paix.

DÉCRET IMPÉRIAL

QUI INSTITUE DES PRIX DÉCENNAUX POUR LES OUVRAGES DE SCIENCES, DE LITTÉRATURE, D'ARTS, ETC.

Au palais d'Aix-la-Chapelle, le 24 fructidor an XII.

NAPOLÉON, empereur des Français, à tous ceux qui les présentes verront, salut :

Etant dans l'intention d'encourager les sciences, les lettres et les arts, qui contribuent éminemment à l'illustration et à la gloire des nations ;

Désirant non-seulement que la France conserve la supériorité qu'elle a acquise dans les sciences et les arts, mais encore que le siècle qui commence l'emporte sur ceux qui l'ont précédé;

Voulant aussi connaître les hommes qui auront le plus participé à l'éclat des sciences, des lettres et des arts;

Nous avons décrété et décrétons ce qui suit :

Article premier. — Il y aura, de dix ans en dix ans, le jour anniversaire du 18 brumaire, une distribution de grands prix donnés de notre propre main dans le lieu et avec la solennité qui seront ultérieurement réglés.

Art. ii. — Tous les ouvrages de science, de littérature et d'art, toutes les inventions utiles, tous les établissements consacrés aux progrès de l'agriculture et de l'industrie nationale, publiés, connus ou formés dans un intervalle de dix années, dont le terme précédera d'un an l'époque de la distribution, concourront pour les grands prix.

Art. iii. — La première distribution des grands prix se fera le 18 brumaire an xviii; et, conformément aux dispositions de l'article précédent, le concours comprendra tous les ouvrages, inventions ou établissements publiés ou connus depuis l'intervalle du 18 brumaire de l'an vii au 18 brumaire de l'an xvii.

Art. iv. — Les grands prix seront, les uns de la valeur de dix mille francs, les autres de la valeur de cinq mille francs.

Art. v. — Les grands prix de la valeur de dix mille francs seront au nombre de neuf, et décernés :

1o Aux auteurs des deux meilleurs ouvrages de sciences; l'un pour les sciences physiques, l'autre pour les sciences mathématiques;

2o A l'auteur de la meilleure histoire ou du meilleur morceau d'histoire, soit ancienne, soit moderne;

3o A l'inventeur de la machine la plus utile aux arts et aux manufactures;

4o Au fondateur de l'établissement le plus avantageux à l'agriculture ou à l'industrie nationale;

5o A l'auteur du meilleur ouvrage dramatique, soit comédie, soit tragédie, représenté sur le Théâtre-Français;

6o Aux auteurs des deux meilleurs ouvrages, l'un de peinture, l'autre de sculpture, représentant des actions d'éclat ou des événements mémorables puisés dans notre histoire;

7º Au compositeur du meilleur opéra représenté sur le théâtre de l'Académie impériale de musique.

Art. vi. — Les grands prix de la valeur de cinq mille francs seront au nombre de treize, et décernés :

1º Aux traducteurs de dix manuscrits de la Bibliothèque impériale, ou des autres bibliothèques publiques de Paris, écrits en langues anciennes ou en langues orientales, les plus utiles, soit aux sciences, soit à l'histoire, soit aux belles-lettres, soit aux arts ;

2º Aux auteurs des trois meilleurs petits poëmes ayant pour sujet des événements mémorables de notre histoire, ou des actions honorables pour le caractère français.

Art. vii. — Ces prix seront décernés sur le rapport et la proposition d'un jury composé des secrétaires perpétuels des quatre classes de l'Institut, et des quatre présidents en fonctions dans l'année qui précédera celle de la distribution.

Signé : Napoléon.

DÉCRET IMPÉRIAL

CONCERNANT LES PRIX DÉCENNAUX POUR LES OUVRAGES DE SCIENCES, DE LITTÉRATURE ET D'ARTS.

Au palais des Tuileries, le 28 novembre 1809.

Napoléon, empereur des Français, roi d'Italie, protecteur de la Confédération du Rhin, etc., etc.,

Nous étant fait rendre compte de l'exécution de notre décret du 24 fructidor an xii, qui institue des prix décennaux, du rapport du jury institué par ledit décret ;

Voulant étendre les récompenses et les encouragements à tous les genres d'études et de travaux qui se lient à la gloire de notre empire ;

Désirant donner aux jugements qui seront portés le sceau d'une discussion approfondie et celui de l'opinion publique ;

Ayant résolu de rendre solennelle et mémorable la distribution des prix que nous nous sommes réservé de décerner nous-même ;

Nous avons décrété et décrétons ce qui suit :

TITRE PREMIER.

De la composition des prix.

Article premier. — Les grands prix décennaux seront au nombre de trente-cinq, dont dix-neuf de première classe et seize de seconde classe.

Art. ii. — Les grands prix de première classe seront donnés :

1o Aux auteurs des deux meilleurs ouvrages de sciences mathématiques, l'un pour la géométrie et l'analyse pure, l'autre pour les sciences soumises aux calculs rigoureux, comme l'astronomie, la mécanique, etc.;

2o Aux auteurs des deux meilleurs ouvrages de sciences physiques, l'un pour la physique proprement dite, la chimie, la minéralogie, etc.; l'autre pour la médecine, l'anatomie, etc.;

3o A l'inventeur de la machine la plus importante pour les arts et les manufactures ;

4o Au fondateur de l'établissement le plus avantageux à l'agriculture ;

5o Au fondateur de l'établissement le plus utile à l'industrie ;

6o A l'auteur de la meilleure histoire ou du meilleur morceau d'histoire générale, soit ancienne, soit moderne ;

7o A l'auteur du meilleur poëme épique ;

8o A l'auteur de la meilleure tragédie représentée sur nos grands théâtres ;

9o A l'auteur de l'ouvrage de littérature qui réunira au plus haut degré la nouveauté des idées, le talent de la composition et l'élégance du style ;

10o A l'auteur du meilleur ouvrage de philosophie en général, soit de morale, soit d'éducation ;

11o Au compositeur du meilleur opéra représenté sur le théâtre de l'Académie impériale de musique ;

12o A l'auteur du meilleur tableau d'histoire ;

13o A l'auteur du meilleur tableau représentant un sujet honorable pour le caractère national ;

14o A l'auteur du meilleur ouvrage de sculpture, sujet héroïque ;

15o A l'auteur du meilleur ouvrage de sculpture, dont le sujet sera puisé dans les faits mémorables de l'histoire de France ;

16) A l'auteur du plus beau monument d'architecture.

Art. III. — Les grands prix de seconde classe seront décernés :

1º A l'auteur de l'ouvrage qui fera l'application la plus heureuse des principes des sciences mathématiques ou physiques à la pratique ;

2) A l'auteur du meilleur ouvrage de biographie ;

3º A l'auteur du meilleur poëme en plusieurs chants, didactique, descriptif, ou, en général, d'un style élevé ;

4º Aux auteurs des deux meilleurs petits poëmes, dont les sujets seront puisés dans l'histoire de France ;

5º A l'auteur de la meilleure traduction en vers de poëmes grecs ou latins ;

6º A l'auteur du meilleur poëme lyrique mis en musique, et exécuté sur un de nos grands théâtres ;

7º Au compositeur du meilleur opéra-comique, représenté sur un de nos grands théâtres ;

8º Aux traducteurs de quatre ouvrages, soit manuscrits, soit imprimés, en langues orientales ou en langues anciennes, les plus utiles, soit aux sciences, soit à l'histoire, soit aux arts ;

9º Aux auteurs des trois meilleurs ouvrages de gravure en taille-douce, en médailles et sur pierres fines ;

10º A l'auteur de l'ouvrage topographique le plus exact et le mieux exécuté.

Art. IV. — Outre le prix qui lui sera décerné, chaque auteur recevra une médaille qui aura été frappée pour cet objet.

TITRE II.

Du jugement des ouvrages.

Art. v. — Conformément à l'article 7 du décret du 24 fructidor an XII, les ouvrages seront examinés par un jury composé des présidents et secrétaires perpétuels de chacune des quatre classes de l'Institut. Le rapport du jury, ainsi que le procès-verbal des séances et des discussions, seront remis à notre ministre de l'intérieur dans les six mois qui suivront la clôture du concours.

Le concours de la seconde époque sera fermé le 9 novembre 1818.

Art. VI. — Le jury du présent concours pourra revoir son travail jusqu'au 15 février prochain, afin d'y ajouter tout ce qui peut être relatif aux nouveaux prix que nous venons d'instituer.

Art. vii. — Le ministre de l'intérieur, dans les quinze jours qui suivront la remise qui lui aura été faite du rapport du jury, adressera à chacune des quatre classes de l'Institut la portion de ce rapport et du procès-verbal relatif au genre des travaux de la classe.

Art. viii. — Chaque classe fera une critique raisonnée des ouvrages qui ont balancé les suffrages, de ceux qui ont été jugés par le jury dignes d'approcher des prix, et qui ont reçu une mention spécialement honorable.

Cette critique sera plus développée pour les ouvrages jugés dignes du prix : elle entrera dans l'examen de leurs beautés et de leurs défauts ; discutera les fautes contre les règles de la langue ou de l'art, ou les innovations heureuses ; elle ne négligera aucun des détails propres à faire connaître les exemples à suivre et les fautes à éviter.

Art. ix. — Les critiques seront rendues publiques par la voie de l'impression.

Les travaux de chaque classe seront remis par son président au ministre de l'intérieur, dans les quatre mois qui suivront la communication faite à l'Institut.

Art. x. — Notre ministre de l'intérieur nous soumettra, dans le cours du mois d'août suivant, un rapport qui nous fera connaître le résultat des discussions.

Art. xi. — Un décret impérial décerne les prix.

TITRE III.

De la distribution des prix.

Art. xii. — La première distribution des prix aura lieu le 9 novembre 1810, et la seconde distribution, le 9 novembre 1819, jours anniversaires du 18 brumaire.

Ces distributions se renouvelleront ensuite tous les dix ans, à la même époque de l'année.

Art. xiii. — Elles seront faites par nous, en notre palais des Tuileries, où seront appelés les princes, nos ministres et nos grands officiers, les députations des grands corps de l'Etat, le grand maitre et le conseil de l'Université impériale, et l'Institut en corps.

Art. xiv. — Les prix seront proclamés par notre ministre de l'intérieur; les auteurs qui les auront obtenus recevront de notre main les médailles qui en consacreront le souvenir.

Art. xv. — Notre ministre de l'intérieur est chargé de l'exécution du présent décret, qui sera inséré au *Bulletin des lois.*

Signé : Napoléon.

Le 9 novembre 1810, les prix décennaux furent décernés selon les décrets de l'empereur. On remarquera que le premier décret pour les prix décennaux est daté d'Aix-la-Chapelle, que Napoléon habitait alors comme l'avait habité Charlemagne.

La seconde distribution des prix décennaux n'eut pas lieu le 9 novembre 1819. Les décrets de la Providence annulèrent les décrets de Napoléon, empereur des Français, roi d'Italie, protecteur de la Confédération du Rhin. Le 9 novembre 1819, Napoléon vivait sur le rocher de Sainte-Hélène, dans l'exil, dans la solitude et l'abandon.

Nous donnons ici les noms des lauréats des prix décennaux.

CLASSE DES SCIENCES MATHÉMATIQUES ET PHYSIQUES.

Le grand prix de mathématiques et d'analyse pure fut décerné au comte Lagrange pour six ouvrages sur le *Calcul des fonctions.* M. Lacroix obtint une mention honorable pour son calcul du *Traité différentiel et intégral.*

Le second grand prix de première classe pour le meilleur ouvrage dans les sciences soumises au calcul rigoureux, comme l'astronomie, la mécanique, fut décerné au comte Laplace pour sa *Mécanique céleste*. Des mentions honorables furent accordées à M. Delambre pour ses *Tables solaires*, à M. Bouvard pour ses *Tables de Jupiter et de Saturne*, à M. Prony pour l'*Architecture hydraulique*.

Le troisième grand prix de première classe pour le meilleur ouvrage de physique, de chimie et de minéralogie, fut décerné à M. le comte Berthollet pour sa *Statistique chimique*; on regrette de n'avoir pas un second prix à décerner à M. Haüy pour sa *Minéralogie*. Des mentions honorables furent accordées au comte Fourcroy pour son *Système des connaissances physiques*, et au comte Lacépède pour son *Histoire des poissons*.

Le quatrième grand prix de première classe pour le meilleur ouvrage sur la médecine, sur l'anatomie, fut décerné à M. Pinel pour sa *Nosographie*. Des mentions honorables furent accordées aux ouvrages de MM. Corvisart, Bichat et Alibert.

Le jury eût donné le grand prix aux *Leçons d'anatomie* de M. Cuvier, s'il eût pu proposer l'ouvrage d'un de ses membres.

Le cinquième grand prix de première classe pour la machine la plus importante pour les arts et les manufactures fut décerné à M. Montgolfier pour son *bélier hydraulique*.

Le sixième grand prix de première classe pour le fondateur de l'établissement le plus avantageux à l'agriculture fut décerné à l'établissement connu sous le nom de *la Mandriade-Chivas*; on regrette de ne pouvoir décerner un second prix à M. Yvart. Des mentions très-honorables furent accordées à MM. Dijon et Herwin, Pétigny, Barbançois et Lamerville, à M. Paul-Dominique Bonneau, ainsi qu'aux propriétaires à qui l'on doit le desséchement des marais de *la Boère*.

Le septième grand prix de première classe pour le fondateur de l'établissement le plus utile à l'industrie fut décerné à M. Oberkampf. Des mentions honorables furent accordées à MM. Ternaux, Richard, aux mousselines de M. Duport de Faverges, à la filature de coton de Douai, à celle de Pobécheim, à Essonnes, à la filature de laine de M. Poupart, de Neuflise, à l'appareil de Gensoul pour les soies, à la fabrique de limes de M. Poncelet, enfin aux fabriques de soude et de savon de MM. Darcet, Gauthier, Anfrye et Barréra.

GRANDS PRIX DE DEUXIÈME CLASSE.

Le premier grand prix de deuxième classe pour l'auteur de l'ouvrage qui fera l'application la plus heureuse des principes des sciences mathématiques ou physiques à la pratique, fut décerné au *Traité de l'art de la teinture*, de M. le comte Berthollet. Des mentions honorables furent accordées au comte Chaptal et à M. Puissant.

Le deuxième grand prix de deuxième classe pour l'auteur de l'ouvrage topographique le plus exact et le mieux exécuté ne fut pas décerné par le jury.

CLASSE DE LA LANGUE ET DE LA LITTÉRATURE FRANÇAISES.

Le grand prix de première classe pour l'auteur du meilleur poëme épique ne fut pas décerné. Le jury désigna à l'empereur, pour quelques distinctions particulières, l'auteur de la traduction en vers de l'*Enéide* et du *Paradis perdu*, l'abbé Delille.

Le grand prix de première classe pour l'auteur de la meilleure tragédie fut décerné à M. Raynouard pour sa tragédie des *Templiers*. Le jury signala comme dignes de distinction et d'encouragement la *Mort de Henri IV*, de Legouvé, et *Artaxerce*, de Delrieu ; des mentions honorables furent accordées à la tragédie d'*Omasis*, de M. Baour-Lormian, à la tragédie de *Pyrrhus*, de Lehoc.

Le grand prix de première classe pour l'auteur de la meilleure comédie en cinq actes ne fut point décerné. On signala seulement à l'attention de l'empereur le *Tyran domestique*, en cinq actes et en vers, d'Alexandre Duval, la comédie de *Duhautcours* et celle des *Marionnettes*, toutes deux de Picard.

Le grand prix de première classe pour l'auteur du meilleur ouvrage de littérature qui réunira au plus haut degré la nouveauté des idées, le talent de la composition et l'élégance du style, fut décerné à feu M. de Sainte-Croix pour l'*Examen critique des historiens d'Alexandre*. On signala à l'attention et à l'*estime* de l'empereur un mémoire de M. de Villiers sur l'*Histoire et l'influence de la réformation de Luther*.

Le grand prix de première classe pour le meilleur ouvrage de morale ou d'éducation fut décerné à Saint-Lambert, auteur du *Catéchisme universel*; une mention fut accordée à M. Julien pour son *Essai sur l'emploi du temps*.

Le grand prix de deuxième classe pour le meilleur poëme en plusieurs chants fut décerné à l'abbé Delille, pour son poëme de l'*Imagination*. Une mention honorable fut accordée à Esménard pour son poëme de la *Navigation,* et à M. Perceval pour ses *Amours épiques.*

Le grand prix de deuxième classe pour les deux meilleurs petits poëmes sur des sujets tirés de l'histoire de France ne fut pas décerné. M. Victorin Fabre obtint une mention honorable pour son poëme de la *Mort de Henri IV.*

Le grand prix de deuxième classe pour le meilleur poëme lyrique mis en musique, et exécuté sur un de nos grands théâtres, fut décerné au poëme de la *Vestale,* de Jouy. Une mention honorable fut décernée au poëme du *Triomphe de Trajan,* d'Esménard.

Nous venons de faire connaître les décisions du jury nommé par la classe de la langue et de la littérature françaises; mais la classe elle-même, réunie en assemblée, cassa quelques décisions du jury.

Pour la tragédie, la deuxième classe de l'Institut ajoute aux tragédies déjà signalées par le jury la tragédie d'*Hamlet,* de Ducis, le *Nestor des poëtes dramatiques.*

La deuxième classe signale encore, pour la comédie, la *Petite ville,* de Picard, comme digne du prix.

La classe vit aussi avec surprise l'*Examen critique des historiens d'Alexandre,* de M. de Sainte-Croix, désigné comme digne du prix de littérature, et elle proposa le *Lycée,* de Laharpe, comme seul digne de ce prix.

La classe ne proposa point le *Catéchisme universel,* de Saint-Lambert, comme digne du prix; elle signala à l'attention de l'empereur le *Cours d'instruction d'un sourd-muet de naissance,* par M. Sicard, et les *Rapports du physique et du moral de l'homme,* par Cabanis.

La classe ne réforma point le jugement du jury pour

le prix du meilleur poëme en plusieurs chants ; elle accorda seulement une mention honorable de plus au *Printemps d'un proscrit,* de M. Michaud.

Le jury n'avait signalé qu'un seul petit poëme se rattachant à l'histoire de France, la *Mort de Henri IV,* par Victorin Fabre : la seconde classe de l'Institut signala de plus à l'attention de l'empereur le poëme de *Belzunce, ou la peste de Marseille,* par Millevoye ; les *Tombeaux de Saint-Denis,* par M. Tréneuil ; les *Poésies nationales,* par M. d'Avrigny.

On comprend que le jury et la classe des sciences mathématiques et physiques soient toujours d'accord et que, pour les œuvres littéraires et d'imagination, le jury et la classe de la langue et de la littérature françaises ne rendent pas toujours les mêmes arrêts.

CLASSE D'HISTOIRE ET DE LITTÉRATURE ANCIENNES.

Le grand prix de première classe pour la meilleure histoire, pour le meilleur morceau d'histoire, soit ancienne, soit moderne, fut décerné à l'*Histoire de l'anarchie de Pologne,* par Rulhière. Les ouvrages de MM. Sismondi, de Ségur et Lacretelle, furent jugés dignes de mentions honorables. La classe entière de l'histoire adopta les jugements du jury ; mais elle réclama de plus des mentions honorables pour l'*Histoire critique de la République romaine,* par M. Lévesque, et pour l'*Histoire du Bas-Empire,* par M. Ameilhon.

Le sixième grand prix de deuxième classe pour la meilleure traduction en vers de poëmes grecs ou latins fut décerné à M. Tissot, pour sa traduction en vers des

Eglogues de Virgile. Une mention très-honorable est accordée à la traduction des mêmes *Eglogues* par M. Firmin Didot.

Le deuxième grand prix de deuxième classe pour le meilleur ouvrage de biographie est décerné à la *Vie de Fénelon*, par M. de Beausset.

Les neuvième, dixième, onzième et douzième grands prix de deuxième classe pour les traducteurs de quatre ouvrages en langues orientales ou en langues anciennes, furent décernés à la traduction du *Traité d'Hippocrate sur l'air, les cieux et les eaux*, par M. Coray ;

Un second, à la traduction du manuscrit d'*Aboul-Hassan* sur l'astronomie des Arabes, par Sédillot ;

Un troisième, à la traduction du poëme persan de *Medjnorim et Leila, de Djamy*, par M. de Chezy ;

Et le quatrième, à la *Christomathie* de M. de Sacy.

Des mentions honorables furent accordées à MM. Caussin et Langlès et à M. Pérard.

CLASSE DES BEAUX-ARTS.

Le grand prix de première classe pour le meilleur opéra est décerné à la musique de la *Vestale*, de Spontini.

Une mention très-distinguée est accordée à la musique de l'opéra de *Sémiramis*, par Catel.

Le grand prix de première classe pour le meilleur tableau d'histoire est décerné au tableau du *Déluge*, par Girodet.

Des mentions honorables sont accordées au tableau des *Sabines*, par David ; au tableau de *Phèdre et Hippolyte*, par Guérin ; au tableau représentant la *Justice et la Vengeance divine poursuivant le Crime,* par Prudhon ; au tableau de *Télémaque dans l'île de Calypso,* par Meynier, et au tableau des *Trois Ages,* par Gérard.

Le grand prix de première classe pour l'auteur du meilleur tableau représentant un sujet honorable pour le caractère national fut décerné au tableau du *Sacre,* par David.

Des mentions honorables furent accordées au tableau de la *Peste de Jaffa,* par Gros ; au *Passage du mont Saint-Bernard,* par Thévenin ; au tableau de M. Meynier, représentant les *sodats du 76ᵉ de ligne recevant leur drapeau des mains du maréchal Ney* ; au tableau de M. Carle Vernet, représentant *l'empereur donnant des ordres aux maréchaux de l'empire le matin de la bataille d'Austerlitz* ; au tableau de M. Girodet, représentant *l'empereur recevant les clefs de la ville de Vienne.*

Le grand prix de première classe pour le meilleur ouvrage de sculpture (sujet héroïque) est décerné à la *statue de l'empereur,* par Chaudet.

Des mentions honorables sont accordées aux statues de *Poussin,* par Julien, et de la *Pudeur,* par Cartellier.

Le grand prix de première classe pour le meilleur ouvrage de sculpture, dont le sujet sera puisé dans les faits mémorables de l'histoire de France, a été décerné à M. Lemot, auteur du bas-relief qui décore le fronton de la colonnade du Louvre. Ce bas-relief représente les *Muses qui, sur l'invitation de Minerve, viennent rendre hommage au souverain qui a eu la gloire d'achever ce grand édifice. Clio, tenant le burin de l'histoire, grave sur le cippe qui porte le buste du héros* : Napoléon le grand a terminé le Louvre.

Ce sont les termes du rapport.

Des mentions honorables sont accordées aux travaux de MM. Chaudet, Cartellier, de Jouy et Boizot.

Le grand prix de première classe pour le plus beau monument d'architecture est décerné à *l'arc triomphal du Carrousel*, de MM. Fontaine et Percier.

Des mentions honorables sont accordées à M. Chalgrin, pour la restauration du palais du Luxembourg ; à M. Beaumont, pour la salle du Tribunat, et à M. Célérier, pour le petit théâtre des Variétés.

Le grand prix de deuxième classe pour le meilleur opéra-comique est décerné à l'opéra de *Joseph*, de Méhul.

Des mentions très-honorables sont accordées aux *Deux Journées*, de Cherubini ; à *Montano et Stéphanie*, de Berton ; à l'opéra d'*Ariodant*, de Méhul ; à l'*Auberge de Bagnères*, de Catel.

Les grands prix de deuxième classe pour les trois meilleurs ouvrages de gravure en taille-douce, en médailles et en pierres fines, ont été décernés à la gravure de la *Déjanire*, par Bervic. Le grand prix pour la gravure en médailles a été partagé entre feu Rambert-Dumareste pour les médailles de la *Paix d'Amiens*, de l'Institut, de Poussin et de l'Ecole de médecine, et Galle pour cinq médailles : l'une pour le *Couronnement*, l'autre pour la *Prise de Vienne*, l'autre pour la *Victoire de Friedland*, une quatrième pour le *Retour d'Egypte*, et une cinquième pour une *Fête à l'Hôtel de Ville*.

Deux mentions honorables sont accordées à MM. Andrieux et Dupré.

Le grand prix pour gravure sur pierres fines a été décerné à M. Jeoffroy.

L'empereur, toujours à la recherche des hommes qui se distinguaient, faisait de profondes études du cœur humain et surtout des goûts, des habitudes, des faiblesses, des entraînements, des plis et replis du caractère français. Il se souciait peu de réformer les défauts du pays et les vices du temps; mais il savait, en grand politique, exploiter les meilleurs sentiments, les élans généreux, les accès fébriles d'admiration, d'enthousiasme, du citoyen et du soldat.

Nous éprouvons en France, à un égal degré, deux besoins contraires : le besoin de la raillerie et le besoin de l'admiration.

Grands capitaines, gagnez des batailles; nouveau Périclès, ornez la ville de statues qui nous fassent souvenir du ciseau de Phidias; bâtissez de vastes et utiles monuments; nouveau Véronèse, peignez les *Noces de Cana*; Meyerbeer ou Rossini, écrivez *Robert le Diable* ou *Guillaume Tell*; Talma ou Rachel, jouez la tragédie autrement et mieux que ceux qui vous précédèrent sur le théâtre; soldat ou citoyen, risquez votre vie pour sauver celui qui va périr au milieu des flots ou des flammes; saint Vincent de Paul ou sœur de charité, secourez et consolez de désespérantes misères et de mortelles douleurs; chantez les tristesses du cœur humain comme Lamartine; montez à la tribune et soyez probes et éloquents comme Cicéron; montez dans la chaire et soyez évangéliques et grands comme Bossuet : gloires du champ de bataille, chefs-d'œuvre du génie, soudaines et courageuses inspirations de la charité, en France, l'admiration la plus passionnée ne vous manquera jamais!

L'empereur cultivait avec persévérance ce besoin d'admiration du peuple français; il tenait à l'éblouir et à flatter sa fierté par des arcs de triomphe, par des colonnes d'airain ou s'inscrivaient nos victoires; il élevait jusqu'à lui et comblait d'honneurs tous ceux dont les travaux enrichissaient l'industrie, l'agriculture, le commerce, les arts, les sciences et les lettres. Il laissait peu au caractère français le temps de railler; il n'aimait pas la raillerie; il détestait surtout l'oisiveté moqueuse, toujours intéressée à entraver les efforts et les succès d'autrui. Toutes les célébrités qui n'étaient point ennemies, toutes les institutions qui pouvaient instruire ou charmer l'esprit français avaient droit à d'honorables munificences, et lui inspiraient un constant et vif intérêt.

L'empereur était sincère, consciencieux dans son admiration, dans son respect pour tout ce qui était grand, utile, ou seulement honnête.

Il existe dans les archives du ministère des finances une lettre de l'empereur, bien peu connue et qui témoigne de sa haute et sincère estime pour les gens de bien.

« Paris, le 3 ventôse an ix de la République.

» Je sens vivement, citoyen ministre, la perte que
» nous venons de faire du conseiller d'Etat Dufresne,
» directeur du trésor public.

» L'esprit d'ordre et la sévère probité qui le distin-
» guaient si éminemment nous étaient encore bien né-
» cessaires.

» L'estime publique est la récompense des gens de
» bien. J'ai quelque consolation à penser que, du sein
» de l'autre vie, il sent les regrets que nous éprou-
» vons.

» Je désire que vous fassiez placer son buste dans la
» salle de la Trésorerie.

» Je vous salue affectueusement.

» *Signé :* Bonaparte. »

Les intentions du premier consul ont été remplies.

Le citoyen Masson fut chargé de l'exécution du buste.

Le ministre du trésor public présida à l'exécution des ordres du premier consul.

Les premières autorités de la république vinrent rendre cette cérémonie plus éclatante, et apporter ce dernier tribut de leur estime au magistrat modeste, et si oublié aujourd'hui.

J'ai sous les yeux la minute du procès-verbal de cette cérémonie. Ce procès-verbal porte les signatures suivantes :

Gaudin, ministre des finances ; Chaptal, ministre de l'intérieur ; Decrès, ministre de la marine ; Ch.-Maur. Talleyrand, ministre des relations extérieures ; Abrial, ministre de la justice ; Hugues Maret, secrétaire d'Etat ; le général Bernadotte ; Duchatel, conseiller d'Etat ; Regnier, conseiller d'Etat ; Regnault de Saint-Jean d'Angély, conseiller d'Etat ; Lacuée ; Thibaudeau (*il est le seul qui survive de tous les signataires*) ; Réal ; Couzard, président du Corps législatif ; Barbé-Marbois ; Muraire, président du tribunal de cassation; Kellermann, sénateur; Ed. Mortier, général de division, commandant la première division militaire; Brière-Mondétour, maire de l'arrondissement; Lavalette: Dubois, préfet de police; Delafontaine; Sivry; Vial; Vauguyon; Turpin; Bénard; Bellivier; Perregaux, sénateur; Brière-Surgy, président de la comptabilité générale; Estève, trésorier du gouvernement; Portalis; Verville fils; Villeminot, payeur général de la marine; Berlier; Mallet l'aîné; Guillaume, président de la commission de comptabilité générale; Ad. Duquesnoy; Desprez: Pemartin, législateur; Mollien; Bergou; Brune; Bellerklin; Bibarran.

L'empereur honorait surtout la Comédie-Française de sa protection et de ses libéralités. Le 2 juillet 1802, il dotait la Comédie-Française d'une rente annuelle de cent mille francs.

Paris, le 13 messidor an x de la République française, une et indivisible.

Les consuls de la république, sur le rapport du ministre de l'intérieur,

Arrêtent:

Article premier. — Au 1er vendémiaire prochain, du grand-livre de la dette publique, n° 14,231, volume 21, une somme de cent mille francs sera transférée à la caisse d'amortissement par le ministre de l'intérieur, et le produit en sera versé dans la caisse d'amortissement.

Art. ii. — Au moyen dudit versement, les comédiens français acquitteront:

1o Le loyer de leur salle[1];

2o Les pensions de retraite qui seront accordées avec l'agrément du gouvernement;

3o L'indemnité actuelle qui a été promise à quelques artistes, à l'époque de leur réunion au théâtre de la République, et qui a

1. Messieurs les comédiens français ont été exonérés en 1852, sous le ministère de M. de Morny, par le prince Louis-Napoléon, président de la république, du payement du loyer de leur salle. Il est vrai que messieurs les comédiens français payaient très-inexactement le prix de leur loyer sous Louis-Philippe, et obtenaient même souvent des remises.

été payée jusqu'à ce jour sur les fonds du ministre de l'intérieur.

Art. iii. — La recette journalière de la Comédie sera employée à payer les parts et divisions ou fractions de part des comédiens, conformément à l'état qui existe aujourd'hui.

Il sera pareillement pourvu, sur les mêmes fonds, au traitement de ceux qui ne seront pas reçus à part, et à toutes les autres dépenses.

Aucun comédien ne recevra, à l'avenir, ni supplément, ni indemnité sur les fonds du ministère de l'intérieur ou de la police.

Art. iv. — A compter du 1er vendémiaire an xi, le prix des loges, par quelques personnes qu'elles soient occupées, sera versé dans la caisse du théâtre.

Art. v. — Il sera soumis incessamment aux consuls, par le ministre de l'intérieur, un règlement de police et d'administration pour tout ce qui intéresse la Comédie-Française.

Art. vi. — Le ministre de l'intérieur est chargé de l'exécution du présent arrêté.

Le premier consul,

Signé : Bonaparte.

Le 11 décembre 1802, Molé, grand acteur, mourut à l'âge de soixante-neuf ans, après avoir joué pour la dernière fois, le 24 avril 1802, le rôle de *Dubriage,* du *Vieux Célibataire.* Le général Jubié, au nom du premier consul, assista au convoi composé de plus de trente voitures de deuil ; le corbillard était attelé de six chevaux. Un service eut lieu à Saint-Sulpice ; le curé de cette paroisse y prononça l'éloge de Molé, en s'élevant contre les préjugés qui pèsent sur la classe des comédiens. A Antony, le corps, qui fut inhumé dans une propriété de Molé, fut encore présenté à l'église ; le curé et le maire prononcèrent chacun un discours sur les qualités privées et sur les grands talents de Molé.

Nous verrons sous la restauration se produire des

scènes bien différentes à l'enterrement de mademoiselle Raucourt.

Le 29 octobre 1803, M. de Rémusat, après la représentation d'*Agamemnon,* de Lemercier, vient chercher le manuscrit de cette tragédie pour le premier consul qui voulait la lire.

Le 3 juillet 1804, on n'inscrit plus sur les affiches les *comédiens français sociétaires,* mais bien les *comédiens ordinaires de l'empereur.*

L'empereur s'occupait lui-même des affaires du Théâtre-Français.

Le 10 juin 1807, Joanny et Thénard, l'un tragédien et l'autre premier comique au théâtre de Lyon, reçurent l'ordre de venir débuter au Théâtre-Français à Paris ; c'était là un des plus anciens et des plus importants priviléges de la Comédie-Française, de pouvoir recruter de grands artistes partout où il s'en trouvait. On a laissé tomber en désuétude, sous la restauration, ce privilége qui assurait la supériorité des représentations du Théâtre-Français.

Le 1ᵉʳ novembre 1807, l'empereur Napoléon nomme M. de Rémusat surintendant général, avec pleins pouvoirs administratifs sur les sociétaires du Théâtre-Français, du théâtre Feydeau, du théâtre de l'Impératrice, l'empereur décide aussi la suppression de tous les billets *gratis* et de toutes les entrées de faveur au Théâtre-Français. Chaque sociétaire a deux grandes entrées et trois places dites de *parents* ; les auteurs, pour les six premières représentations de leurs pièces seulement, ont *trente places,* pour un ouvrage en quatre et cinq actes ; *vingt places* pour trois et deux actes ; *quinze places* pour un acte. Chaque débutant ne reçoit que *douze places*. La liste des entrées est soumise à l'approbation du surintendant.

Le 30 avril 1808, l'empereur accorde à Delrieu, l'auteur d'*Artaxerce*, le jour de la première représentation, une pension de deux mille francs.

Le 19 septembre 1808, les comédiens français partent pour Erfurth. Dazincourt remplit les fonctions d'ordonnateur des spectacles de la cour. Talma reçut pour sa part une gratification de dix mille francs.

A Erfurth, Talma portait tous les matins à l'empereur l'affiche de la représentation du soir. Talma me raconta qu'un matin, avant d'arriver à la porte du cabinet de l'empereur, il fut retenu par le pan de son habit : « Prévenez donc l'empereur, lui dit ce visiteur impatient, que je suis là ! » Ce visiteur impatient, c'était le roi de Saxe.

Le 1er février 1809, l'empereur accorde une pension de six mille francs à M. Luce de Lancival, l'auteur d'*Hector*, tragédie en cinq actes.

Le 7 août 1810, l'empereur donne l'ordre de jouer toutes les pièces mentionnées au rapport du jury pour les prix décennaux.

C'est d'octobre 1812 qu'est daté le décret de Moscou, complément et consécration inscrits au *Bulletin des lois* de tous les règlements adoptés depuis 1802.

Le 28 janvier 1813, la Comédie-Française, reconnaissante de tous les bienfaits de l'empereur, votait en assemblée générale le don de trois chevaux pour le service des armées.

Le 12 juin 1813, presque tout le personnel part pour Dresde. Fleury et mademoiselle Mars reçurent chacun une gratification de dix mille francs. Talma, qui avait peu joué, ne reçut que huit mille francs.

Quarante-cinq tragédies et soixante dix-neuf comédies, répertoire ancien et moderne, ont été représentées pendant l'empire, à la cour impériale, dans les résidences de Saint-Cloud, de Fontainebleau, des Tuileries, de la Malmaison, de Compiègne, de Trianon et de l'Elysée.

TRAGÉDIES

Agamemnon,
Andromaque,
Artaxerce,
Athalie,
Bajazet,
Bérénice,
Britannicus,
Brutus,
Cid (le),
Cinna,
Comte d'Essex (le),
Coriolan,
Électre,
Esther,
Etats de Blois (les),
Hector,
Iphigénie en Aulide,
Iphigénie en Tauride,
Mahomet,
Mahomet II,
Manlius,
Mithridate,
Mort de César (la),
Mort de Henri IV (la),
Mort de Pompée (la),
Nicomède,
Ninus II,
OEdipe,
Omasis,
Oreste,
Othello,
Phèdre,
Philoctète,
Polyeucte,
Rhadamiste et Zénobie,
Rodogune,
Rome sauvée,
Sertorius,
Templiers (les),
Tippo-Saëb,
Venceslas,
Vénitiens (les),
Zaïre.

COMÉDIES

Abbé de l'Épée (l'),
Amant bourru (l'),
Amour (l') et la Raison,
Assemblée de famille (l'),
Avare (l'),
Aveugle clairvoyant (l'),
Avocat Patelin (l'),
Babillard (le),
Barbier de Séville (le),
Bourru bienfaisant (le),
Brueis ou Palaprat,
Caroline ou le Tableau,
Cercle (le),
Châteaux en Espagne (les),
Consentement forcé (le),
Conteur (le),
Crispin rival de son maître,
Deux Fêtes (les),
Deux Gendres (les),
Deux Pages (les),
Distrait (le),
École des bourgeois (l'),
Épreuve nouvelle (l'),
Esprit de contradiction (l'),
Ésope à la cour,
Étourdis (les),
Fausse Agnès (la),
Fausses Confidences (les),
Fausses Infidélités (les),
Femmes savantes (les),
Festin de Pierre (le),
Florentin (le),
Folies amoureuses (les),
Gageure imprévue (la),
Héritiers (les),
Heureusement,
Heureuse erreur (l'),
Homme du jour (l'),
Inconstant (l'),
Intrigue épistolaire (l'),

Intrigante (l'),
Jeu de l'amour et du hasard (le),
Jeunesse de Henri V (la),
Joueur (le),
Legs (le),
Mariage de Figaro (le),
Mariage secret (le),
Méchant (le),
Menteur (le),
Mère jalouse (la),
Métromanie (la),
Minuit,
Misanthrope (le),
Molière avec ses amis,
Monsieur de Crac,
Nièce supposée (la),
Optimiste (l'),
Original (l'),
Originaux (les),
Parleur contrarié (le),
Philinte de Molière (le),
Philosophe sans le savoir (le),
Plaideurs (les),
Précepteurs (les),
Procureur arbitre (le),
Projets de mariage (les),
Pupille (la),
Retour imprévu (le),
Revanche (la),
Rivaux d'eux-mêmes (les),
Secret du ménage (le),
Shakspeare,
Somnambule (la),
Sourd (le),
Suite d'un bal masqué (la),
Tartufe (le),
Tartufe de mœurs (le),
Trois sultanes (les),
Tyran domestique (le).

A Sainte-Hélène, pendant les longues soirées d'hiver, l'empereur prenait souvent un de nos grands poëtes dramatiques dans sa bibliothèque ; hésitant entre Corneille et Molière, il disait à sa compagnie bien peu nombreuse : « Irons-nous ce soir à la tragédie, ou à la comédie ? »

Le 3 mars 1806, l'empereur créait au Conservatoire de musique une classe de déclamation, et nommait comme professeurs Dugazon, Monvel, Fleury, Dazincourt, Talma et Lafon.

L'empereur exigeait que tous les membres de la famille impériale et les grands dignitaires de la couronne eussent leur loge au Théâtre-Français ; il donnait l'exemple en payant sa loge par année vingt et un mille francs. Nous avons pu nous assurer, dit M. Laugier, dans ses documents historiques si intéressants et si complets sur le Théâtre-Français, que la moyenne du prix des loges louées à l'année était de douze mille francs par mois, soit cent quarante-quatre mille francs par an.

Plusieurs régiments de la garde étaient souvent passés en revue par l'empereur, le dimanche, dans la cour des Tuileries. L'empereur, à une de ces revues, aperçoit dans la foule mademoiselle Mars, il pousse son cheval, franchit le piquet de gardes qui empêchait le public d'approcher, et dit à mademoiselle Mars, avec la plus gracieuse bienveillance : « Vous nous rendez les visites que nous avons tant de plaisir à vous faire au Théâtre-Français. » Cette scène désigna mademoiselle Mars à l'attention de toute la foule et de l'état-major de l'empereur, et, malgré son assurance de comédienne, elle resta interdite. J'ai recueilli cette anecdote de la bouche même de mademoiselle Mars.

Elle se montra fidèle au culte et à la mémoire de l'empereur. La première fois que joua mademoiselle Mars, après le retour de l'empereur, pendant les cent-jours, elle portait comme signe de joie des bouquets de violettes : elle portait des violettes à sa ceinture, elle en portait comme garniture de robe, elle en portait dans sa coiffure. Cette profession de foi politique en bouquets valut à mademoiselle Mars d'assez tristes représailles. La première fois qu'elle reparut sur la scène, après le retour de Louis XVIII, elle eut à subir de cruels outrages. Mademoiselle Mars jouait avec Fleury le rôle d'Elmire du *Tartufe*; dès que commença la grande scène du troisième acte, des vociférations se firent entendre, elles partaient du parterre et de l'orchestre : « Criez vive le roi ! criez vive le roi ! » Fleury crut que c'était à lui qu'on en voulait, et il s'avança près de la rampe : « Messieurs, dit-il, j'ai été incarcéré pendant la terreur, et mes opinions... » On ne le laissa point continuer : « Ce n'est pas à vous, c'est à cette s..., à cette g... de Mars ; il faut qu'elle crie vive le roi ! » Mademoiselle Mars, dont la physionomie pendant cet orage resta calme et dédaigneuse, profita d'un moment de silence et usa de ruse pour se tirer d'affaire, sans cependant céder à ces cris injurieux : « Mais, messieurs, dit-elle, j'ai crié vive le roi ! » Tout fut dit, et la pièce continua. Mademoiselle Mars, dans le reste de son rôle, obtint d'unanimes applaudissements. Le public, dans la même soirée, se montra tout à la fois juste, poli et violent jusqu'à la grossièreté.

Les flots houleux d'un parterre français s'agitent au moindre vent, et il en sort souvent de menaçantes tempêtes : « Avez-vous souvenance, dit M. Joseph de Mais-
» tre, d'un seul trait sublime de piété filiale qui n'ait
» pas été profondément senti et couvert d'applaudisse-
» ments par un parterre?

» Retournez le lendemain, vous entendrez le même
» bruit pour les couplets de Figaro. »

C'est ici la place de crayonner quelques traits de mademoiselle Mars, de cette grande comédienne qui débuta dès le commencement du siècle à la Comédie-Française. J'eus avec elle de longues relations d'amitié.

Je fus présenté à mademoiselle Mars vers la fin de la restauration, par mon ami Etienne Béquet. Toutes les fois que mademoiselle Mars jouait, nous nous rencontrions après le spectacle cinq ou six dans sa loge, et nous allions souper en sa compagnie, dans son hôtel de la rue de la Rochefoucault.

Arnault, de l'Académie française, Etienne Béquet, Coupigny, célèbre à plus d'un titre, comme grand amateur de pêche et comme auteur de romances, le comte de Mornay, M. Romieu et moi, nous étions les assidus de ces littéraires et gais soupers.

On était alors au plus vif de la discussion, on pourrait dire de la querelle des *classiques* et des *romantiques*. Coupigny défendait les classiques et ses romances. M. Romieu prétendait qu'il n'était plus question de la langue de Racine, de Corneille et de Molière, qu'on allait changer tout cela, *et couler en bronze* une langue nouvelle, et Coupigny de pousser des gémissements, de bondir sur sa chaise en levant les yeux au ciel ! *Voici un épinard pyramidal ! Monsieur Arnault, faites donc couler pour nous le miel de vos vers !* Voilà la langue rajeunie qu'on doit parler, disait M. Romieu à Coupigny. Arnault, quoique classique, se prêtait à cette comédie et à cette trahison apparente. Cette complicité avouée contre la langue de Racine mettait le comble au désespoir et à l'indignation de Coupigny. Il n'en perdait cependant pas une bouchée ; il était moins classique que gourmand.

Ce fut ce même Coupigny qui nous disait un premier jour de l'an : « Voilà vingt ans que je dîne deux ou trois fois par semaine chez mademoiselle Mars, et elle ne m'a jamais rien donné. »

Dans l'intimité, comme au théâtre, mademoiselle Mars était simple, naturelle, d'une gaieté tranquille et aimable ; elle faisait preuve dans ses manières, dans son langage et dans sa conduite, d'une rare pénétration et de toutes les délicatesses d'une femme bien élevée ; elle ne cherchait ni les mots ni les effets d'esprit ; elle pensait et parlait avec tact et bon sens. Voici un de ses aperçus sur l'art du comédien : « Comme nous jouerions mieux la comédie, me disait-elle, si nous tenions moins à être applaudis ! »

Mademoiselle Mars aimait à conter ; elle contait avec agrément. Comme comédienne, elle avait du singulier, elle ne mentait pas.

Mœurs de théâtre assez étranges ! mademoiselle Mars se respectait ; elle prit toujours l'amour très au sérieux, et dans les tendres et durables intimités qui firent événement dans sa vie, elle engageait son cœur et sa liberté.

Dès l'âge de huit ans, mademoiselle Mars jouait des rôles d'enfant au théâtre Montansier; elle joua le rôle travesti du frère de Jocrisse, dans le *Désespoir de Jocrisse*. Baptiste cadet jouait aussi alors la comédie à la Montansier.

Mademoiselle Mars était, comme on sait, la fille de Monvel, comédien et auteur comique de grandes façons et de beaucoup d'esprit.

Ce fut dans les rôles d'ingénues que mademoiselle Mars débuta au Théâtre-Français. Jeune fille et comédienne, elle eut aussi ses mauvais jours. Ses débuts n'eurent point un très-grand éclat; elle fut cependant protégée et conseillée par mademoiselle Contat; elle était même reçue dans le salon de cette reine du théâtre, autour de laquelle se pressaient gens d'esprit, grands artistes, financiers et gens de cour.

A ses débuts, mademoiselle Mars était maigre, montrait des coudes pointus, des bras et des mains un peu rouges; mais elle eut toujours l'œil le plus vif, une bouche au plus gracieux, au plus varié sourire, la voix la plus intelligente, la plus sympathique et d'un timbre musical qui charmait le cœur et l'oreille.

Ce fut surtout vers la fin de l'empire, et lorsque, à la mort de mademoiselle Contat, elle put jouer le grand répertoire, les rôles de grandes coquettes, que mademoiselle Mars fit du bruit et qu'elle conquit l'admiration de la critique et du parterre. Elle prit bientôt l'embonpoint le plus élégant, et cumula toutes les séductions irrésistibles de la beauté, du talent et du succès.

Comme tous les grands artistes, mademoiselle Mars aimait le théâtre avec passion; elle était toujours la première arrivée à l'heure des répétitions. La retraite de mademoiselle Mars fut tardive et lui causa un profond chagrin. Les grands artistes, en quittant la scène, meurent une première fois.

De grandes richesses n'étaient point l'ambition de mademoiselle Mars; elle ne courait point après la fortune; mais toute sa vie il lui arriva les plus heureuses aventures d'argent : des héritages, des présents anonymes. Outre sa part de sociétaire, elle touchait un traitement de trente mille francs par an, et faisait d'amples récoltes pendant ses congés.

Mademoiselle Mars était généreuse et bienfaisante; elle recueillit chez elle, pendant d'assez longues années, la vieillesse et la misère d'un ancien acteur de l'Odéon, du nom de Walville. Se trouvant en représentation à Toulouse, elle offrit une amicale hospitalité à une actrice du nom de Julienne, qui fut longtemps sa dame de compagnie.

Mademoiselle Mars mourut à soixante et onze ans. Elle a sa place marquée dans les annales du théâtre et de notre histoire littéraire; elle donna pour ainsi dire aux œuvres de Marivaux une seconde jeunesse; elle fit surtout revivre avec éclat, pour les jeunes générations de ce demi-siècle, les créations immortelles d'Elmire, d'Henriette, de Célimène, qui sont la gloire de Molière et l'honneur de notre littérature.

Mademoiselle Mars a souvent joué à côté de Talma dans *Misanthropie et Repentir*, et dans l'*Ecole des vieillards*, de Casimir Delavigne.

Nous trouvons dans le livre de l'*Allemagne,* de madame de Staël, ce portrait de Talma tracé de main de maître :

« Quand il paraît un homme de génie en France, dans quelque carrière que ce soit, il atteint presque toujours à un degré de perfection sans exemple ; car il réunit l'audace qui fait sortir de la route commune, au tact du bon goût qu'il importe tant de conserver lorsque l'originalité du talent n'en souffre pas. Il me semble donc que Talma peut être cité comme un modèle de hardiesse et de mesure, de naturel et de dignité. Il possède tous les secrets des arts divers ; ses attitudes rappellent les belles statues de l'antiquité : son vêtement, sans qu'il y pense, est drapé dans tous ses mouvements comme s'il avait eu le temps de l'arranger dans le plus parfait repos. L'expression de son visage, celle de son regard, doivent être l'étude de tous les peintres. Quelquefois il arrive les yeux à demi ouverts, et tout à coup le sentiment en fait jaillir des rayons de lumière qui semblent éclairer toute la scène.

» Le son de sa voix ébranle dès qu'il parle, avant que le sens même des paroles qu'il prononce ait excité l'émotion. Lorsque dans les tragédies il s'est trouvé par hasard quelques vers descriptifs, il a fait sentir les beautés de ce genre de poésie, comme si Pindare avait récité lui-même ses chants. D'autres ont besoin de temps pour émouvoir, et font bien d'en prendre ; mais il y a dans la voix de cet homme je ne sais quelle magie qui, dès les premiers accents, réveille toute la sympathie du cœur. Le charme de la musique, de la peinture, de la sculpture, de la poésie, et par-dessus tout du langage, voilà ses moyens pour développer dans celui qui l'écoute toute la puissance des passions généreuses ou terribles.

» Cet artiste donne autant qu'il est possible à la tragédie française ce qu'à tort ou à raison les Allemands lui reprochent de n'avoir pas, l'originalité et le naturel. Il sait caractériser les mœurs étrangères dans les différents personnages qu'il représente, et nul acteur ne hasarde davantage de grands effets par des moyens simples. Il y a, dans sa manière de déclamer, Shakspeare et Racine artistement combinés. »

Otons maintenant à Talma son rouge, sa couronne ou son bandeau de roi; mettons une robe de chambre sur les épaules d'Hamlet, d'Auguste, de Néron ou d'Oreste; suivons Talma le rideau baissé, après ses désespoirs magnanimes, après ses fureurs. En rentrant dans sa loge, il la trouvait toujours encombrée d'une table de jeu et de plus d'un joueur : Kessner, Mira, le fils de Brunet, Doumerc, le parent d'un munitionnaire, M. Firmin et madame Firmin, et tant d'autres y jouaient d'assez grosses sommes à l'écarté, et les joueurs qui perdaient reprochaient durement à Talma de les gêner.

Sur la scène, Talma était rempli de tolérance, d'attention et de soins pour ses camarades; dans les dénoûments tragiques, il n'a jamais donné un coup de poing, ni *fait un noir* à une héroïne. Il tuait proprement, et, pour l'illusion du public, il tuait mieux que personne.

Dans plus d'un jeu de scène, les artistes doivent s'entendre et s'entr'aider, et souvent, au contraire, ils se jouent de mauvais tours et se tendent des piéges. Ils forcent un camarade ou une camarade à tourner le dos au public pendant un couplet important et de longue haleine; ils remontent le théâtre quand ils n'ont rien à dire, et éloignent ainsi, le plus qu'ils peuvent, de la rampe, leur interlocuteur, que le public n'entendra plus.

Talma ne connaissait ni ces ruses de jalousie, ni ces perfidies de rivalité. Il se préoccupait presque autant des rôles de ses partenaires que du sien propre ; s'il eût pu jouer avec mademoiselle Rachel, il l'eût servie, aidée, utilement conseillée, et cet Oreste eût été heureux de mourir pour cette Hermione.

Talma ne manquait ni d'esprit ni d'instruction. Il savait très-bien l'anglais. Toute sa vie il n'eut que du laisser-aller, de l'obligeance, de la bonté pour tous. Aussi sa mort fut-elle une douleur publique ; il fut pleuré par tous ceux qui le connaissaient. A Brunoy, où était située sa maison de campagne, cette perte désola toute la commune.

Ce fut en 1787 que Talma débuta à la Comédie-Française dans le rôle de Séide du *Mahomet* de Voltaire ; il créa peu de temps après le rôle de Cléry dans l'*Intrigue épistolaire*, de Fabre d'Eglantine. Ses grands succès et sa réputation méritée datent du rôle de *Charles IX*, de Marie-Joseph Chénier. Talma mourut le 19 octobre 1826.

Lorsque Talma mourut, Lafon, ce tragédien gascon, prit tous ses rôles. Jamais Lafon ni ses amis ne prononçaient le nom de Talma ; pour désigner Talma, ils disaient l'*autre*. Lafon, dans *Cinna,* jouait Cinna, lorsque

Talma jouait Auguste. Après la mort de Talma, la première fois que Lafon joua Auguste, ses amis d'accourir dans sa loge et de lui dire qu'il avait *enfoncé l'autre !* « Et cependant, dit Lafon, l'*autre* avait sur moi un grand avantage : il avait un Cinna, et moi je n'en ai pas. »

L'*Opéra national des arts,* qui devint l'*Académie impériale de musique,* jeta peu d'éclat sous l'empire. La première représentation d'*Ossian, ou les Bardes,* paroles de Baour-Lormian, musique de Lesueur, eut lieu le 21 messidor an xii. Le 4 février 1806, un spectacle *gratis* de l'Opéra se composait des *Prétendus* et d'une première représentation de l'intermède Austerlitz. Ce fut le 28 octobre 1807 qu'eut lieu la première représentation du *Triomphe de Trajan;* la onzième représentation du *Triomphe de Trajan* fut donnée comme spectacle *gratis.* La première représentation de la *Vestale,* paroles de Jouy et musique de Spontini, eut lieu le 15 décembre 1807.

Les rôles étaient ainsi distribués :

Personnages :	Acteurs :
Licinius.	MM. Lainez.
Cinna.	Laïs.
Le grand prêtre.	Dérivis.
Le chef des aruspices.	Duparc.
Un consul.	Martin.
Julia.	Mmes Branchu.
La grande vestale.	Maillard.

La première représentation de *Fernand Cortez* eut lieu le 28 novembre 1809. Les rôles étaient ainsi distribués :

Personnages :	Acteurs :
Fernand Cortez.	MM. Lainez.
Télasco.	Laïs.
Alvar.	Laforet.
Le grand prêtre.	Dérivis.
Moralès.	Bertin.
Officier espagnol.	Nourrit.
Idem.	Albert.
Officier mexicain.	Martin.
Coryphée.	Martin.
Idem.	Picard.
Amazili.	Mmes Branchu.
Suivante.	Reine.
Idem.	Lacombe.

Le 1er avril 1814, l'opéra *le Triomphe de Trajan* fut annoncé sur l'affiche jusqu'à sept heures et demie; mais on exécuta l'opéra de la *Vestale*. Les empereurs de Russie et d'Autriche et le roi de Prusse assistaient à cette représentation. Le 17 mai 1814, le roi Louis XVIII vint entendre l'opéra d'*Œdipe*.

L'empereur, connaisseur, même en musique, assistait rarement aux représentations de l'Opéra.

J'aurai souvent, dans ces Mémoires, l'occasion de parler plus longuement de l'Opéra et des grandes révolutions qui se sont produites dans l'art de la musique.

Le théâtre Feydeau, qui s'appela plus tard le théâtre de l'Opéra-Comique, fut mis à la mode, à la fin du directoire, par les concerts où chantait Garat; plus tard, par Elleviou, par Martin et par mademoiselle Alexandrine Saint-Aubin, dont le talent ne fut cependant très-applaudi que dans *Cendrillon*. L'empereur assistait souvent aux représentations de ce théâtre, qui comptait alors beaucoup de loges louées à l'année. Ce théâtre obtint, sous l'empire, de grands succès.

On se rappelle encore *Une heure de mariage*, un acte (20 mars 1804), par Etienne, musique de Dalayrac; *le Bouffe et le Tailleur*, un acte (19 juin 1804), de Gouffé et Villiers, musique de Gaveau; l'*Intrigue aux fenêtres*, un acte (24 février 1805), par Bouilly et Dupaty, musique de Nicolo; *Gulistan, ou le Hulla de Samarcande*, trois actes (30 septembre 1805), d'Etienne et de La Chabeaussière, musique de Dalayrac; *Monsieur Deschalumeaux, ou la Soirée de carnaval*, trois actes (17 février 1806), de Creuzé Delesser, musique de Gaveau; *les Maris garçons*, un acte (15 juillet 1806), de Nanteuil, musique de Berton; *Joseph*, trois actes (17 février 1807), d'Alexandre Duval, musique de Méhul; *l'Auberge de Bagnères*, trois actes (23 avril 1807), de Jalabert et d'Elleviou, musique de Catel; *les Rendez-vous bourgeois*, un acte (9 mai 1807), d'Hoffmann, musique de Nicolo; *Un jour à Paris*, trois actes (24 mai 1808), d'Etienne, musique de Nicolo; *Ninon chez madame de Sévigné*, un acte (26 septembre 1808), de Dupaty, musique de Berton; *Jadis et Aujourd'hui*, un acte (29 octobre 1808), de Sewrin, musique de Kreutzer; *Françoise de Foix*, trois actes (28 janvier 1809), de Bouilli et Dupaty, musique de Berton; *Cendrillon*, trois actes (22 février 1810), d'Etienne, musique de Nicolo; *le Charme de la voix*, un acte (24 janvier 1811), de Nanteuil, musique de Berton; *le Billet de loterie*, un acte (14 septembre 1811), de Roger et Creuzé, musique de Nicolo; *Lulli et Quinault*, un acte (2 février 1812), de Nanteuil, musique de Nicolo; *Jean de Paris*, deux actes (4 avril 1812), de Saint-

Just, musique de Boïeldieu ; *les Aubergistes de qualité,* trois actes (17 juin 1812), de Jouy, musique de Catel ; *la Jeune femme colère,* un acte (12 octobre 1812), d'Etienne, musique de Boïeldieu ; *le Mari de circonstance,* un acte (18 mars 1813), de Planard, musique de Plantade ; *les Deux Jaloux,* un acte (27 mars 1813), de Vial, musique de madame Gail ; *le Nouveau Seigneur du village,* un acte (29 juin 1813), de Creuzé et Favières, musique de Boïeldieu ; *Joconde, ou le Coureur d'aventures,* trois actes (28 février 1814), d'Etienne, musique de Nicolo ; *Jeannot et Colin,* trois actes (17 octobre 1814), d'Etienne, musique de Nicolo ; enfin *la Lettre de change,* un acte (11 décembre 1814), de Planard, musique de Bochsa.

MM. de Piis et Barré, auteurs de vaudevilles joués avec tant de succès à la Comédie-Italienne que quatre de ces pièces seules avaient rapporté au théâtre de la rue Mauconseil plus de cent mille écus, sans valoir aux auteurs plus de douze cents francs, conçurent, en 1790, le projet de consacrer une salle nouvelle à un genre repoussé par la Comédie-Italienne. Ils trouvèrent des fonds et un terrain près de la place du Palais-Royal. Ce terrain était occupé par une salle de bal, appelée *Wauxhall d'hiver,* ou le *Petit Panthéon.* De là le *théâtre du Vaudeville,* situé rue de Chartres, et qui compta sur cet emplacement près de quarante-sept ans d'existence.

Le théâtre du Vaudeville, pendant la révolution et sous l'empire, fut presque un théâtre politique. J'ai pu recueillir quelques faits curieux qui datent de l'origine de ce théâtre.

Barré fut le premier directeur du Vaudeville ; sa direction dura depuis 1792 jusqu'en 1815, époque à laquelle Désaugiers lui succéda.

Barré se retira avec une pension de quatre mille francs, dont il jouit jusqu'au 3 mai 1832. Il mourut à l'âge de quatre-vingt-six ans.

Le Vaudeville est le premier théâtre qui ait rétribué honnêtement les auteurs attachés à sa prospérité. Comme Barré était auteur ; comme Piis, à qui on devait le projet de construction du théâtre, s'était réservé le droit d'y faire jouer des pièces, ils stipulèrent que les droits d'auteur seraient de douze pour cent sur la recette, à partager entre les pièces jouées dans la soirée. Lorsque l'impôt des pauvres fut établi, cet impôt fut défalqué avant le partage. Ce contrat régit encore le Vaudeville aujourd'hui, et il s'est étendu sur les autres théâtres du même genre. Seulement, il se perçoit sur la recette brute, sans tenir compte de l'impôt prélevé au profit des hospices.

Barré prit pour épigraphe de son affiche, en le modifiant pour la circonstance, ce vers connu de Boileau :

Le Français, né malin, *créa* le Vaudeville !

Dans le deuxième chant de l'*Art poétique*, Boileau a dit, parlant de la satire :

D'un trait de ce poëme, en bons mots si fertile,
Le Français, né malin, *forma* le vaudeville,
Agréable indiscret qui, conduit par le chant,
Passe de bouche en bouche, et grandit en marchant.

Le Vaudeville ouvrit le 12 janvier 1792.

Une pièce, *la Chaste Suzanne*, fait époque dans les

annales de ce théâtre. Elle fut jouée le 5 janvier 1793; les auteurs étaient Barré, Radet et Desfontaines, surnommés le *Triumvirat du Vaudeville*. On connaît l'histoire de Suzanne, accusée d'adultère par deux juges qu'elle ne veut pas écouter, et sauvée par Daniel.

La pièce fourmillait d'allusions. On applaudit à outrance un couplet dans lequel les accusateurs disaient :

> Celui qui fait parler la loi,
> Sait bien aussi la faire taire.

L'enthousiasme de la salle fut au comble lorsque Daniel s'écria :

« Vous êtes ses accusateurs, vous ne pouvez être ses juges. »

Ces paroles rappelaient l'exorde du plaidoyer de Desèze, dans le procès de Louis XVI, instruit en ce moment par la Convention.

A la sixième représentation, donnée le 27 janvier 1793, une scène violente se produisit. Elle fut courageusement dénoncée à la Commune de Paris par un acteur du Vaudeville nommé Delpêche et surnommé Bourgeois. Cette lettre fut lue dans la séance de la Commune du surlendemain, 29 janvier.

« Depuis plusieurs jours, on nous menaçait de faire interrompre les représentations de la *Chaste Suzanne*, et nous attendions avec résignation l'effet de cette menace. Mais hier dimanche, plus d'une douzaine de particuliers qui s'étaient trouvés à la fête civique du matin, ayant probablement dîné ensemble, sont venus, dans leur sagesse, juger cette pièce, qu'ils avaient proscrite d'avance; *ils ont commencé par forcer le passage et par entrer sans payer;* ils se sont dits députés par la *Société des Amis de la liberté et de l'égalité;* ils ont demandé à parler au directeur : *il les a fait placer dans la salle.* Ils ont écouté le premier acte, même le second, sans murmurer; mais au second couplet que je chantais, une très-grande partie du public m'ayant interrompu par des applaudissements et l'ayant redemandé, alors ces particuliers s'y sont opposés avec une fureur menaçante; quelques-uns d'entre eux sont descendus des premières loges à l'orchestre. Ils ont tenu les propos les plus injurieux contre le public, les auteurs, les acteurs, les pièces !...

» Le commissaire de police de la section des Tuileries leur a représenté qu'ils devaient respecter les propriétés, que les directeurs de spectacles étaient responsables; et il a cité le décret de la Convention relatif à *l'Ami des lois;* un particulier lui a répondu qu'on ne venait point pour s'opposer à la représentation, mais pour s'opposer aux allusions indécentes que l'aristocratie y trouvait. Voici le couplet qui, selon eux, fournissait aux allusions :

Air *de Culpigi.*

Affecter candeur et tendresse;
Du plus offrant que l'amour presse,
Recevoir argent et présent,
C'est ce que l'on fait à présent.
Refuser plaisir et richesse,
Pour conserver gloire et sagesse,
De la mort braver le tourment,
Ah! c'est de l'Ancien Testament!

» Je vous demande, citoyens, quel homme de bonne

foi peut trouver dans ce couplet quelques rapports aux circonstances actuelles? Je demande que les magistrats du peuple veillent à ce que nous n'ayons rien à craindre des menaces de quelques-uns de ces particuliers qui, après le spectacle, sont montés sur le théâtre, cherchant ceux à qui ils en voulaient, et sont sortis en promettant de faire un hôpital de ce théâtre. Juste ciel! verrions-nous se renouveler les scènes sanglantes des 2 et 3 septembre, et les spectacles seraient-ils sur la liste des proscriptions? J'attends de votre justice que vous voudrez bien, ou charger le département de la police de vérifier l'exemplaire signé que je dépose sur le bureau, ou nommer des commissaires à cet effet. »

Après la lecture de cette lettre, un membre de la Commune déclara qu'il ne voyait, quant aux allusions, aucune analogie entre Antoinette (c'est ainsi qu'on nommait la reine) et la chaste Suzanne; un autre traita de faussetés un grand nombre des faits articulés dans la lettre; d'autres demandèrent que la lettre et la pièce fussent renvoyées à leurs auteurs. Enfin, après une longue discussion, la Commune prit l'arrêté suivant:

« Le conseil général charge le comité de police de surveiller la représentation de cette pièce, afin qu'elle n'occasionne aucun trouble, et d'empêcher qu'elle ne pervertisse l'opinion publique; passe à l'ordre du jour sur l'adresse du citoyen Delpêche, attendu qu'elle ne peut inspirer que le mépris, et cependant ordonne qu'elle restera déposée, ainsi que l'exemplaire de la *Chaste Suzanne*, au secrétariat, pour y avoir recours s'il y a lieu. »

C'était une menace de proscription, et la proscription, alors, c'était l'échafaud. Le théâtre et les auteurs se tinrent pour avertis. La *Chaste Suzanne* ne reparut que le dimanche 17 février, *avec les changements*, disait l'affiche, *demandés par les défenseurs de la république*, et elle fut jouée encore onze fois du 17 février au 27 mars, clôture de l'année théâtrale.

Barré, Radet et Desfontaines furent emprisonnés; ils recouvrèrent difficilement leur liberté. La *Chaste Suzanne* fut représentée encore à la réouverture, qui eut lieu le 31 mars ; mais bientôt un décret de la Convention, des 2-3 août 1793, coupa court à toute velléité d'opposition. Il portait « que tout théâtre sur lequel seraient représentées des pièces tendant à dépraver l'esprit public et à réveiller *la honteuse superstition de la royauté*, serait fermé, et les directeurs arrêtés et punis selon la rigueur des lois. »

Un autre décret, rendu onze jours plus tard, le 14 août, « autorisait les conseils des communes à diriger les spectacles et à y faire représenter les pièces les plus propres à former l'esprit public et à développer l'énergie républicaine. »

Le 2 thermidor an II (20 juillet 1794), huit jours avant la chute de Robespierre, on joua un vaudeville de M. Després, intitulé *l'Alarmiste*. On y applaudit le couplet suivant :

> Tel répand des bruits infidèles,
> Qui bien souvent en est l'auteur :
> Le fabricateur de nouvelles
> Est pareil au faux monnayeur :

> L'un, dans son avarice immonde,
> De l'or corrompt la pureté ;
> L'autre corrompt la vérité,
> Qui vaut tous les trésors du monde.

Quatre jours après le 18 brumaire, le 22 (13 novembre 1799), le Vaudeville célébra les événements, dans un à-propos fait et appris en vingt-quatre heures, et intitulé : *la Girouette de Saint-Cloud*. Le couplet d'annonce était ainsi conçu :

> D'un fait qui vivra dans l'histoire,
> Tout à l'heure on vous parlera ;
> Et si nous manquons de mémoire,
> Aucun de vous n'en manquera.
> Cette pièce, avant d'être prête,
> Fut annoncée aux spectateurs :
> L'ouvrage est mal dans notre tête,
> Mais le sujet est dans vos cœurs.

Les deux couplets suivants eurent les honneurs du *bis* :

> Nous connaissons certain génie,
> Actif autant qu'il est puissant ;
> Qui sait de l'Europe à l'Asie
> Franchir l'espace en un moment.
> Si dans ses courses immortelles,
> Il nous mit à couvert partout,
> Je crois qu'aujourd'hui de ses ailes
> Il pourra bien couvrir Saint-Cloud.

> La fuite en Egypte, jadis,
> Conserva le Sauveur des hommes ;
> Pourtant quelques malins esprits
> En doutent au siècle où nous sommes.
> Mais un fait bien sûr en ce jour,
> Du vieux miracle quoi qu'on pense,
> C'est que de l'Egypte un retour
> Ramène un sauveur à la France.

Le 18 frimaire (9 décembre), première représentation du *Vaudeville au Caire*; nouveau couplet de circonstance, également applaudi :

> Vos faibles chansons d'un héros
> Peuvent-elles vanter la gloire?
> Peut-il entendre vos pipeaux
> Au milieu des chants de victoire?
> A de plus sublimes concerts
> Son oreille est accoutumée :
> Son théâtre, c'est l'univers,
> Et son chantre, la Renommée!

Un grand succès obtenu sous le consulat au Vaudeville, c'est *M. Guillaume, ou le Voyageur inconnu*. Ce petit chef-d'œuvre, qui date de 1800, se maintint au répertoire pendant près de vingt-cinq ans. On faisait toujours répéter les deux couplets suivants : le premier, qui célèbre la gloire de Malesherbes, le défenseur de Louis XVI; l'autre, qui est une leçon de morale :

> Ce magistrat irréprochable,
> L'ennemi constant des abus,
> Ce philosophe respectable,
> L'ami des talents, des vertus,
> Honorant la nature humaine
> Par son austère probité,
> Quelque part que le sort le mène,
> Il marche à l'immortalité.

La chute inattendue de ce couplet (c'est ainsi que les auteurs appellent les deux derniers vers) produisit un mouvement électrique et une sensation profonde.

Voici le second couplet :

> Epoux imprudent, fils rebelle,
> Vous aurez des enfants un jour :
> A l'autorité paternelle
> Vous prétendrez à votre tour.

> Mais, monsieur, ce pouvoir suprême,
> Ce pouvoir, le plus saint de tous,
> De quel droit l'exercerez-vous,
> Quand vous l'aurez bravé vous-même !

Fanchon la vielleuse fut l'immense succès du Vaudeville, pendant l'année 1803. Cette pièce fut jouée le 19 janvier.

Geoffroy disait en rendant compte de cette pièce :

« La foule est au Vaudeville : c'est la rareté ; on y voit une vielleuse riche et vestale : c'est la curiosité. Fanchon est presque aussi courue que mademoiselle Georges. »

Un des couplets qui faisaient pâmer le public d'alors, véritable chef-d'œuvre de *pathos*, était ainsi conçu :

> Au milieu du désordre affreux
> Que le choc a fait naître,
> Cette rose frappe mes yeux :
> Je crois vous reconnaître,
> Je veux vous sauver !...
> Pour vous préserver
> De ce péril extrême,
> Je sais vous saisir,
> Et j'ai le plaisir
> De vous rendre à vous-même.

Mademoiselle Belmont était alors l'actrice à la mode. Elle avait une rare beauté, et ne manquait pas d'un certain talent. Après le succès de *Fanchon*, elle épousa son camarade Henri ; mais cette union ne fut pas heureuse : les deux époux divorcèrent ; madame Belmont quitta le Vaudeville pour l'Opéra-Comique, où elle devint sociétaire. Liée avec Dupaty, elle affectait des allures de bas-bleu. Lors du baptême de M. le duc de Bordeaux en

1821, les théâtres de Paris donnèrent des pièces de circonstance ; Théaulon apporta à l'Opéra-Comique un à-propos intitulé : *le Baptême de Henri IV*. Membre du comité de lecture, madame Belmont, qui se croyait obligée d'être libérale, par suite de sa liaison avec Dupaty, motiva son avis dans le bulletin suivant :

« Je refuse la pièce, attendu que Henri IV, *étant né protestant*, n'a jamais été *baptisé.* » Non-seulement on baptise les protestants, mais madame Belmont oubliait que Henri IV a été deux fois catholique.

Ce bulletin devint l'objet de la risée du théâtre.

Pendant l'année 1804, le Vaudeville joua deux fois *gratis*, comme les autres théâtres : le 25 messidor an XII (14 juillet), en l'honneur de la prise de la Bastille en 1789, et le 10 frimaire an XIII (1er décembre), en l'honneur du couronnement, fixé au lendemain.

En 1805, le Vaudeville fut mandé par Napoléon au camp de Boulogne.

Le 5 frimaire (26 novembre), spectacle *gratis* en l'honneur de l'entrée des Français à Vienne.

Le 30 frimaire (21 décembre), spectacle *gratis* pour célébrer la victoire d'Austerlitz ; on y chanta plusieurs couplets de Barré, Radet et Desfontaines. Voici un de ces couplets :

> Nos guerriers couverts de gloire
> En tous lieux sont triomphants :
> En marchant à la victoire
> Ils vont à pas de géants ;
> Les Autrichiens sont vaincus,
> Et les Russes sont battus.
>   Mes amis, des Français
> Chantons les brillants succès ;
> Bientôt nous chanterons la paix.

Le 22 février 1807, Barré, Radet et Desfontaines célébrèrent la victoire d'Eylau, en ajoutant les couplets suivants au *Rêve, ou la Colonne de Rosbach* :

>Le Russe paraissait content
>   De sa dernière danse,
>   Et nuitamment,
>   Furtivement,
>   Reculait par prudence ;
>Mais voilà qu'en carnaval,
>Il veut revenir au bal :
>   Hélas! tout comme en Prusse,
>   Le Russe repoussé,
>   Rossé,
>   A quitté son pas russe
>   Pour le croisé-chassé.
>
>Ses généraux disaient d'avance :
>« Nous sommes bien sûrs du succès,
>» Car déjà le Russe commence
>» A n'avoir plus peur des Français. »
>Or voici quelle est la recette
>Qui le guérit de sa frayeur :
>Devant nous, pour n'avoir pas peur,
>Tous les jours, il bat en retraite.

A la fin de l'année théâtrale 1807, une scission éclata entre les auteurs du Vaudeville : quelques-uns, fatigués de la lutte impuissante qu'ils soutenaient contre le répertoire de Barré, travaillèrent pour le théâtre Montansier-Variétés, qui, chassé du Palais-Royal par l'influence de la Comédie Française, jouait à la Cité, pendant qu'on achevait de construire la salle des Panoramas. Cette salle des Panoramas fut inaugurée le 25 juin de cette année 1807.

En vertu du décret du 8 juin 1806, qui déclarait, article 5, que le ministre de l'intérieur pourrait assigner à chaque théâtre un genre de spectacle, dans lequel il serait tenu de se renfermer, M. de Champagny prit un arrêté, en date du 25 avril 1807 (*Journal de Paris* du 4 juin).

Le genre du Vaudeville y est ainsi défini :

« Son répertoire ne doit contenir que de petites piè-
» ces, mêlées de couplets sur des airs connus, et des
» parodies. »

L'article 16, applicable à tous les théâtres, porte :

« Les spectacles n'étant point au nombre des jeux publics auxquels assistent les fonctionnaires en leur qualité, mais des amusements préparés et dirigés par des particuliers, qui ont spéculé sur les bénéfices qu'ils doivent en retirer, personne n'a le droit de jouir gratuitement d'un amusement que l'entrepreneur vend à tout le monde. Les autorités n'exigeront donc d'entrées gratuites des entrepreneurs que pour le nombre d'individus jugés indispensables.

Le 6 juin 1807, on ajouta le couplet suivant à la pièce *la Colonne de Rosbach*, pour célébrer la prise de Dantzick :

> Pour nous quel brillant assemblage !
> Après s'être bien défendu,
> Forcé par l'art et le courage,
> A la fin Dantzick s'est rendu.
> Combien ce nouveau trait de gloire
> Doit plaire à tous les bons Français,
> En songeant que cette victoire
> Est un pas de plus vers la paix.

Ce fut le 17 juin 1807 qu'on représenta les *Pages du duc de Vendôme*, de Dieu-la-Foi et Gersain, imitation du *Muletier* de La Fontaine. Grand succès. L'Opéra a mis ce vaudeville en ballet.

Le 26 juin, sur l'annonce de la victoire de Friedland, Barré, Radet et Desfontaines font chanter le couplet suivant dans la *Mégalanthropogénésie* :

> J'ai vu ce peuple industrieux,
> Eclairé, sensible, intrépide,
> Capable de tout sous les yeux
> Du chef immortel qui le guide.
> Son génie à tous les Etats
> Ouvre les sentiers de la gloire ;
> Il fait marcher du même pas
> Les arts, les lois et la victoire.

Le 2 octobre 1809, fut représenté *Lantara, ou le Peintre au cabaret*. — Le premier jour, malgré le succès, on nomma comme auteur de la pièce Jean-Louis-Pierre de Saint-Yon. Plus tard l'anonyme fut levé, et on sut que l'ouvrage était de Barré, Radet, Desfontaines et Picard. Ce vaudeville avait été improvisé après un déjeuner au *Rocher de Cancale*, le restaurant à la mode du temps.

Le 11 juillet 1810, MM. Théaulon et Dartois firent représenter *Partie carrée*, dont le succès fut durable.

Le 20 mars 1811, jour de la naissance du roi de Rome, Barré, Radet et Desfontaines célébrèrent le soir même cet événement dans les couplets suivants, ajoutés à la représentation :

> Dès l' point du jour avec ivresse,
> Nous entendions l' gros bourdon :
> Unis à cett' douce allégresse,

Il manquait le bruit du canon.
Vingt coups auraient pu nous suffire ;
Ça nous aurait égayés tous ;
Et v'là qu' pour nous mettre en délire,
Le canon a fait les cent coups.

Ces cent coups-là dans tout l'empire,
En mêm' temps vont se répéter ;
On écoute, à peine on respire,
On n'était là qu' pour bien compter.
Combien ce bruit-là dans la France
Va faire de plaisir à tous !
Et déjà, je le prédis d'avance,
L'Anglais va craindre les cent coups.

Je déjeunions avec ma femme,
Quand j'avons entendu c' bruit-là ;
J' me dis : « Qu'est-c' que c'est qu'on proclame ?
Puis, en comptant, j' me dis : « C'est ça !
C'est la naissance du roi de Rome ;
Allons, femm', réjouissons-nous !
— T'as raison, qu'all' m'a dit, mon homme,
Faut aujourd'hui faire les cent coups ! »

Le 18 avril 1811, *les Deux Edmond*, deux actes, obtinrent un succès. La pièce resta au répertoire.

Elle était bien jouée par MM. Henri, Joly, madame Hervey et mademoiselle Rivière.

Le 2 septembre 1811, on joua sur le théâtre du Vaudeville *les Dervis*, arlequinade en un acte ; les auteurs demandés gardèrent l'anonyme.

Cette pièce est le début de M. Scribe. Il avait pour collaborateur M. Delavigne (sans doute Germain).

« Les auteurs, dit Geoffroy, sont jeunes (M. Scribe n'avait que vingt ans) : ils ne connaissent pas la scène : quelques traits de leur ouvrage annoncent qu'ils peuvent faire mieux. Ce qui leur fait beaucoup d'honneur, et qui donne de grandes espérances, c'est qu'ils ont voulu, quoique fort applaudis, garder l'anonyme. Cette prudence est la marque d'un bon esprit ; c'est aussi ce qui me fait espérer que, pour être applaudis, ils n'auront pas toujours besoin de la charité des fidèles (allusion au couplet d'annonce qui priait le public d'applaudir par charité). »

Nous étudierons plus loin dans ces Mémoires M. Scribe et son œuvre, qui fit rire *la restauration, la monarchie de Juillet, la république de* 1848, et qui nous fera rire encore longtemps.

Un des théâtres le plus en vogue, sous l'empire, ce fut le théâtre Montansier, qui devint, en 1807, le théâtre des Variétés. L'empereur protégeait la *Comédie-Française*; Cambacérès protégeait le *théâtre des Variétés*.

Cambacérès y prit une loge d'avant-scène à l'année. Il honorait d'une publique protection les acteurs et même une actrice de ce théâtre, mademoiselle Cuizot.

Dorvigny, Aude, Francis, Moreau, Désaugiers, Dumersan, Brazier, Georges Duval, Rougemont, et surtout Merle, défrayaient alors le répertoire du théâtre des Variétés ; la haute société y venait rire des mœurs populaires prises sur le fait. Ce fut à ce théâtre que s'élevèrent et s'éteignirent les dynasties des *Jocrisse* et des *Cadet Roussel*. On se rappelle encore *les Chevilles de maître Adam*, par Francis et Moreau, pièce jouée à la Montansier le 28 décembre 1805 ; *M. Vautour*, par Désaugiers, Tournay et Georges Duval (13 juin 1806) ; *les Trois Etages,* par Désaugiers (4 août 1808) ; *M. Dumolet dans sa famille*, par Désaugiers (14 mai 1810) ; *la Petite Cendrillon* (12 octobre 1810). C'était Brunet qui jouait le rôle de Cendrillon. En partant dans son carrosse pour le bal du prince Mirliflor, Cendrillon disait à sa marraine : « Ma marraine, s'il vous prenait envie de devenir chatte, n'oubliez pas que votre pâtée est sous la fontaine. » *Quinze ans d'absence,* par Merle et Brazier (13 avril 1811); *les Habitants des Landes,* par Sewrin (21 octobre 1811); *Tout pour l'enseigne,* par Lafortelle, Merle et Brazier (26 août 1813); *le Dîner de Madelon,* par Désaugiers (6 septembre 1813).

Nous finirons cette nomenclature en rappelant la pièce du *Ci-devant Jeune homme,* de Merle et Brazier, représentée le 28 mai 1812. Cette comédie peignait un ridicule de tous les temps; on y sentait l'esprit pénétrant et comique de mon vieil ami Merle; ce fut surtout lui qui trouva cette veine heureuse de petits tableaux vrais, neufs et qui vous faisaient crever de rire.

Merle était fort distingué de sa personne, d'une figure numismatique; il se plaça à la tête de la critique littéraire par ses feuilletons dans la *Quotidienne,* après ses nombreux succès de théâtre.

Je le rencontrais souvent dans l'intimité de M. Michaud, de l'Académie française; du plus loin que j'apercevais mon ami Merle, j'en éprouvais une douce gaieté et comme du bien-être; il vous rendait, en mots charmants, en observations fines, en malices bienveillantes, en honnête camaraderie, tous les sentiments affectueux qu'on éprouvait le besoin de lui témoigner.

C'était le plus savant gourmet et le plus spirituel paresseux; il avait des manies chères, des manies de grand seigneur. Il prenait ses mesures pour manger chaque année en primeurs les premières fèves de marais et les premières fraises.

Merle fit la fortune de bien des théâtres qui n'ont pas fait la sienne ; il fut quelque temps directeur de la Porte-Saint-Martin, puis du théâtre de Strasbourg, et se garda bien de s'y enrichir.

Merle est une des physionomies les plus aimables, les plus souriantes de cette galerie d'originaux qu'on coudoyait à chaque pas, dans cette vie de coulisses, de cabarets et de journaux.

Que nous avons souvent, mon ami Merle et moi, les coudes sur la table, portant tous deux de temps en temps sur le bord de nos lèvres un verre *mousseline* coloré par un grand vin, passé de bonnes heures à nous égayer du genre humain, à rire des sottes tristesses de l'opulence, des gais expédients du pauvre diable sans le sou, des *hauts* et des *bas* des gens d'esprit, et des crocs-en-jambe de l'amour !

Merle avait le laisser-aller, je ne dirai pas d'un enfant (l'enfant est l'animal le plus résistant, le plus volontaire, le plus capricieux et le plus criard de la nature entière, j'entends encore les cris des enfants trouvés), Merle avait le laisser-aller d'un cœur sans une seule mauvaise passion et sans le moindre intérêt personnel ; il a fait des vaudevilles pour déjeuner et pour dîner, et parce qu'on lui a dit : « Faites des vaudevilles. » Si on lui eût dit, en l'encourageant : « Faites des comédies, » il eût écrit, du style de Lesage, de grandes comédies qui eussent honoré son nom et la littérature de son temps et de son pays.

Lesage, lui aussi, écrivit beaucoup de vaudevilles pour le théâtre de la Foire; mais ce ne fut qu'à la fin de sa vie, attablé au cabaret et chez les distillateurs du temps, qu'il se gaspilla en vaudevilles; il avait commencé par *Turcaret*.

Par justice autant que par un mouvement de cœur, j'ai tenu à mettre mon ami Merle à sa place, et à le détacher avec relief de tous ceux qui l'entouraient.

M. Alfred Nettement, dans une *Histoire de la littérature française sous la restauration,* résume ainsi la littérature des écrivains sous l'empire : « Le courage des écrivains, dans ce temps, consistait plus dans ce qu'ils ne disaient pas que dans ce qu'ils disaient. »

M. de Chateaubriand prouve autrement que par le silence sa fidélité à ses convictions. Chargé d'affaires dans le Valais, il donne sa démission le lendemain de l'exécution du duc d'Enghien. Il s'embarque volontairement le 14 juillet 1806, et rentre en France le 5 mars 1807. Ses voyages en Orient lui inspirèrent l'*Itinéraire à Jérusalem* et les *Martyrs,* qui furent publiés en 1809. En 1811, M. de Chateaubriand n'en fut pas moins nommé membre de l'Académie française en remplacement de Marie-Joseph Chénier. Le discours de réception de M. de Châteaubriand fut alors tout un événement; dans ce discours, il foudroyait de son éloquence le régicide; ce discours fut repoussé par la commission de l'Académie; l'empereur tint à le lire, et y fit plus d'une rature. Chateaubriand ne consentit à aucun changement, et il ne reprit même la plume que pour écrire, en 1814, cet audacieux et cruel pamphlet intitulé : *Bonaparte et les Bourbons.*

Lemercier, Victorin Fabre et Ducis montrèrent de la noblesse et de l'indépendance jusqu'à des refus de places et d'honneurs.

L'abbé Delille eut le courage de rester fidèle dans ses vers à la maison des Bourbons.

Madame de Staël subit avec dignité, mais non sans douleur, dix années d'exil. Son livre de l'*Allemagne* n'avait peut-être d'autre tort que de venir d'un écrivain suspect.

Louis XIV, qui aimait aussi les lettres, n'hésita pas à bannir l'auteur d'*Andromaque* et d'*Esther* de son intimité et de son palais, pour avoir commis le crime de rappeler devant lui et devant madame de Maintenon les mauvais écrits de Scarron.

Napoléon n'obéit jamais à de si futiles rancunes, et les nécessités de sa politique de dictateur et de conquérant purent seules le pousser à des persécutions et à des rigueurs.

CHAPITRE VI

SOUVENIRS DE LA RESTAURATION.

Les boulevards, la place de la Concorde et les Champs-Élysées. — Un convoi de blessés. — Un convoi de prisonniers. — Entrée des armées étrangères à Paris. — Mouvement royaliste. — Proclamation du prince de Schwartzenberg. — Déclaration de l'empereur Alexandre. — L'imprimerie Michaud. — L'empereur Alexandre loge chez le prince de Talleyrand. — Arrivée des princes en France. — Distribution d'honneurs, de places, d'argent. — L'abbé de Pradt, grand chancelier de la Légion d'honneur. — Compiègne. — Saint-Ouen. — Entrée de la famille royale à Paris. — La constitution du sénat. — La garde impériale. — Paris en délire. — Représentation royale au Théâtre-Français. — Mot de Louis XVIII à Talma. — Une parodie sur les boulevards. — *La Famille Glinet.* — Régner et gouverner. — Le parti bonapartiste. — Fragments historiques de S. M. Napoléon III. — Le duc de Berry à Rouen. — Premier ministère de Louis XVIII.

Le bourgeois de Paris trouve aujourd'hui à chaque pas, dans sa grande ville, des souvenirs de honte ou de gloire pour son pays. La place de la Bastille, où s'élève la colonne commémorative des journées de juillet 1830, la maison *Fieschi* qu'on a remplacée par des constructions nouvelles, le café Turc, les portes Saint-Denis et Saint-Martin, lieux de rendez-vous de fréquents rassemblements et d'émeutes en armes ; ces brillants boulevards, sans pareils en Europe, la place Vendôme, la place de la Concorde et les Champs-Elysées jusqu'à l'arc de triomphe de l'Etoile, forment pour ainsi dire un panorama de nos annales révolutionnaires et historiques.

J'ai assisté sur les boulevards, dans les derniers jours du mois de mars 1814, à des spectacles bien divers et d'une accablante tristesse.

Après les victoires de Montereau, de Troyes, de Bar-sur-Aube, de Chaumont, de Brienne, de Champ-Aubert, de Montmirail, quelques jours avant que Paris ouvrît ses portes aux armées étrangères, un très-nombreux convoi de soldats français blessés, venant de la barrière Fontainebleau et se rendant soit dans les hôpitaux, soit à la première division militaire, parcourut tous les boulevards; c'était un tableau à assombrir l'esprit et à vous serrer le cœur.

Des charrettes garnies de paille et quelquefois conduites par des femmes contenaient six à huit blessés, tous à peine vêtus.

Bientôt se suivaient des cavaliers montés sur des chevaux boiteux ou blessés; quelques-uns de ces cavaliers enveloppés dans leur manteau, d'autres n'ayant conservé que des vestiges de leur uniforme, et un grand nombre portant sous leur casque des linges qui leur cachaient presque toute la figure. Quelques cavaliers traînaient par la bride leurs chevaux épuisés de fatigue. On voyait du sang partout.

Beaucoup de soldats, soit d'infanterie, soit de cavalerie, étaient forcés de marcher, malgré des blessures à la jambe ou au pied, s'appuyant les uns sur leur sabre, d'autres sur leur fusil ou sur un bâton.

De chaque côté du boulevard étaient assis sur des chaises des spectateurs émus, qui eussent été empressés à secourir ces malheureux; mais ces nobles victimes de la guerre ne demandaient et n'acceptaient rien.

Quelques voitures de suite contenaient des armes, des casques, des fourniments, des selles, des brides ; les morts étaient restés sur le champ de bataille.

A la suite de ce convoi de blessés défilèrent aussi sur les boulevards près de mille prisonniers, sans armes, escortés par des soldats français ; ces prisonniers souffrants et mal vêtus appartenaient à toutes les nations ; le long de leur route, quelques-uns demandaient et acceptaient l'obole de la charité.

Le 30 mars, jour de l'entrée des armées étrangères dans Paris, j'étais sur pied dès le matin ; cette entrée des armées étrangères jeta une grande tristesse et une profonde terreur dans ma famille. Mon père possédait une maison située rue de Vaugirard, et tout le *premier* de cette maison était loué au général Brayer, qui portait un nom honoré dans l'armée française. On craignait que cette maison ne fût mise à sac et pillée.

Dès dix heures du matin, je vis dans la rue Caumartin un Cosaque tenant en main le cheval d'un officier russe ; ce Cosaque était arrêté au n° 20 de la rue Caumartin. Ce fut pour moi une bien vive émotion de rencontrer un de ces barbares dans les rues de Paris.

Bientôt je me rendis sur les boulevards ; des régiments de la garde impériale russe défilaient au bruit de la musique et des tambours.

Une manifestation royaliste était préparée à l'avance par les commissaires du roi Louis XVIII, MM. A. de Sémallé et de Polignac ; de beaucoup de fenêtres on agitait des drapeaux blancs et des mouchoirs :

. . . . . Et les mouchoirs
Sont des drapeaux improvisés,

comme le dit alors, dans une pièce de vers, le chansonnier Alissan de Chazet.

Jamais armée ennemie ne fut reçue dans une capitale avec autant de grâce et de galanterie. Le 1er avril, le *Moniteur* publia, et on afficha sur les murs de Paris la proclamation suivante du prince de Schwartzenberg :

HABITANTS DE PARIS !

Les armées alliées se trouvent devant Paris. Le but de leur marche vers la capitale est fondé sur l'espoir d'une réconciliation sincère et durable avec elle. Depuis vingt ans, l'Europe est inondée de sang et de larmes. Les tentatives faites pour mettre un terme à tant de malheurs ont été inutiles, parce qu'il existe dans le pouvoir même du gouvernement qui vous opprime un obstacle insurmontable à la paix. Quel est le Français qui ne soit pas convaincu de cette vérité !

Les souverains alliés cherchent de bonne foi *une autorité salutaire en France*, qui puisse cimenter l'union de toutes les nations et de tous les gouvernements. C'est à la ville de Paris qu'il appartient, dans les circonstances actuelles, d'*accélérer la paix du monde*. Son vœu est attendu avec l'intérêt que doit inspirer un si immense résultat ; qu'elle se prononce, et, dès ce moment, l'armée qui est devant ces murs devient le soutien de ses décisions.

Parisiens, vous connaissez la situation de votre patrie, la conduite de Bordeaux, l'occupation amicale de Lyon, les maux attirés sur la France, et les dispositions véritables de vos concitoyens : vous trouverez dans ces exemples le terme de la guerre étrangère et de la discorde civile ; vous ne sauriez plus le chercher ailleurs.

La conservation et la tranquillité de votre ville seront l'objet des soins et des mesures que les alliés s'offrent de prendre avec les autorités et les notables qui jouissent le plus de l'estime publique : aucun logement militaire ne pèsera sur la capitale.

C'est dans ces sentiments *que l'Europe en armes* devant vos murs s'adresse à vous. Hâtez-vous de répondre à la confiance qu'elle met dans votre amour pour la patrie et dans votre sagesse.

Le commandant en chef des armées alliées,

Signé : Maréchal prince de SCHWARTZENBERG.

Le 2 avril 1814, le *Moniteur* publia la déclaration suivante :

DÉCLARATION.

Les armées des puissances alliées ont occupé la capitale de la France ; les souverains alliés accueillent le vœu de la nation française.

Ils déclarent :

Que si les conditions de la paix devaient renfermer de plus fortes garanties lorsqu'il s'agissait d'enchaîner l'ambition de Bonaparte, elles doivent être plus favorables, lorsque, par un retour vers un gouvernement sage, la France elle-même offrira l'assurance de ce repos.

Les souverains alliés proclament en conséquence :

Qu'ils ne traiteront plus avec Napoléon Bonaparte, ni avec aucun membre de sa famille ;

Qu'ils respectent l'intégrité de l'ancienne France telle qu'elle a existé sous ses rois légitimes ; ils peuvent même faire plus, parce qu'ils professent toujours le principe que, pour le bonheur de l'Europe, il faut que la France soit grande et forte ;

Qu'ils reconnaîtront et garantiront la *constitution que la nation française se donnera*. Ils invitent par conséquent le sénat à *désigner un gouvernement provisoire* qui puisse pourvoir aux besoins de l'administration, et *préparer la constitution qui conviendra au peuple français.*

Les intentions que je viens d'exprimer me sont communes avec toutes les puissances alliées.

Signé : ALEXANDRE.

Cette déclaration fut rédigée le 31 mars, à l'hôtel Talleyrand, en présence de M. de Nesselrode, du duc

Dalberg, du prince de Bénévent, son secrétaire Roux de Laborie tenant la plume.

Cette déclaration rédigée, M. de Dalberg en fit aussitôt une copie pour l'impression, mais toutes les imprimeries étaient fermées; enfin, vers midi, Roux de Laborie entra dans l'atelier d'imprimerie de l'éditeur Michaud, frère de Michaud de l'Académie française; un grand nombre d'ouvriers composaient des proclamations du roi Louis XVIII, de la famille royale, et celle du prince de Schwartzenberg; Roux de Laborie apprit là que toutes ces proclamations s'imprimaient par ordre des commissaires du roi de Sémallé et de Polignac.

Entre la *proclamation* du prince de Schwartzenberg et la *déclaration* de l'empereur Alexandre qui se publièrent à un seul jour de distance, il y avait un grand pas de fait.

Le prince de Schwartzenberg parlait surtout de la conservation et de la tranquillité de Paris.

L'empereur Alexandre parlait des rois légitimes, de la constitution que la nation française *se donnerait*, du sénat chargé de *désigner un gouvernement provisoire et de préparer une constitution.*

M. Michaud porta bientôt l'*épreuve* de la déclaration de l'empereur Alexandre au prince de Talleyrand; ils la relurent ensemble, et cette lecture était à peine commencée, que débouchèrent aux cris de *Vive le roi!* de tous les côtés de la place Louis XV, des groupes nombreux de royalistes portant des cocardes blanches et distribuant des proclamations de la famille royale et du prince de Schwartzenberg.

Ce mouvement royaliste fit vite des progrès. A une fenêtre du boulevard de la Madeleine flottaient deux drapeaux blancs ; au moment où les monarques alliés passèrent devant cette fenêtre, des dames s'écrièrent: *Vive Alexandre! s'il nous rend nos Bourbons.* — *Oui, mesdames,* répondit à haute voix l'empereur Alexandre, *vous le reverrez, vive votre roi Louis XVIII! et les jolies dames de Paris!*

Un des grands événements de ces tristes jours, ce fut cette nouvelle qui se répandit bientôt :

L'empereur Alexandre loge chez le prince de Talleyrand.

Les conseils se tenaient dans le salon du prince ; l'empereur de Russie présidait ces conseils, assis sur un canapé.

Dans la dernière maladie de M. de Talleyrand, ce canapé fut remplacé par le lit sur lequel il rendit le dernier soupir. M. de Talleyrand mourut d'un anthrax situé vers la région cervicale ; il lui fallait tenir la tête droite pour ne point augmenter ses douleurs. Sa tête s'appuyait sur une mentonnière dont les extrémités étaient fixées au ciel de son lit. Le prince, dont la tête, dans ses derniers moments, était à peine soutenue par les muscles de la région postérieure du cou, mourut de cet anthrax, de vieillesse, et peut-être aussi un peu étranglé.

M. de Talleyrand avait accompagné l'empereur à Erfurth. « A Erfurth, dit M. de Menneval, secrétaire particulier de Napoléon, l'empereur employa surtout le prince de Bénévent dans ses communications confidentielles avec l'empereur Alexandre. L'empereur Alexandre, ajoute M. de Menneval, parlait encore à M. de Tallegrand de son ardent désir de visiter Paris, du bonheur qu'il aurait d'assister aux séances du conseil d'Etat présidées par Napoléon, et de s'initier sous un tel maître à la science de l'administration. »

Ces anciennes relations entre l'empereur Alexandre et le prince de Bénévent suffisent à expliquer comment l'empereur de Russie accepta l'hospitalité de l'ancien ministre de Napoléon.

Les princes de la famille royale étaient déjà en France ; le duc d'Angoulême avait fait reconnaître l'autorité royale à Bordeaux. Il y était arrivé dès le 12 mars. MM. de Martignac, Peyronnet, Preissac, Ravez, le comte Lynch, s'étaient mis à Bordeaux à la tête du mouvement royaliste.

Le comte d'Artois se rendit à Nancy avec les pleins pouvoirs de son frère et avec le titre de lieutenant général du royaume.

Une lettre fut écrite, avec l'adhésion de l'empereur Alexandre, à M. le comte d'Artois pour l'inviter à se rendre à Paris. Cette lettre fut portée à Nancy par M. de Vitrolles. A Vitry, un autre messager lui apporta la constitution qui venait d'être décrétée par le sénat.

« Marchons toujours, dit le comte d'Artois à ses amis, nous verrons ensuite. »

Tout le gouvernement provisoire, cinq maréchaux de l'empire, de nombreux détachements de la garde nationale, et une foule immense portant des drapeaux et des rubans, reçurent le comte d'Artois à la barrière, au milieu du plus bruyant enthousiasme. Les maréchaux de l'empire avaient seuls gardé la cocarde tricolore. Le prince portait un chapeau orné de plumes blanches et d'une cocarde blanche que lui avait envoyée comme présent l'empereur d'Autriche.

M. le comte d'Artois, lieutenant général du royaume, s'installe aux Tuileries, et le gouvernement provisoire, pour être plus près du prince, et peut-être pour le surveiller, établit ses bureaux dans les appartements de ce palais.

Lorsque, dans les conseils qui se tenaient chez M. de Talleyrand, on en fut venu au dénoûment de toutes les révolutions, à la distribution des places, des honneurs, et à des partages d'argent ; lorsque tous les membres du gouvernement provisoire eurent été nommés ; lorsque tous les amis de l'hôtel Talleyrand eurent été pourvus, l'abbé de Pradt s'aperçut que lui seul avait été oublié. On lui souffla à l'oreille qu'il restait encore à nommer un grand chancelier de la Légion d'honneur ! l'abbé de Pradt, qui avait assisté à tous les conseils, et qui s'était rendu célèbre par un mauvais bon mot contre l'empereur, *Jupiter-Scapin*, menaçait de se fâcher. On le nomma donc, quoique abbé, grand chancelier de la Légion d'honneur.

L'abbé de Pradt se rendit immédiatement à la chancellerie. Il y trouva un ancien huissier du temps de l'empire qui lui ouvrit les portes, et qui, fidèle à ses habitudes, lui dit : « Mon général, vous n'avez ici qu'à commander. »

Ce fut le 24 avril 1814 que Louis XVIII débarqua à Calais ; mais, avant de quitter l'Angleterre, il dut subir des conditions ; il dut *accepter par lettres patentes, avant de mettre le pied sur le sol français, la constitution proposée par le sénat.* Tels furent à peu près les termes d'un message que le roi reçut du prince de Talleyrand. Il était cependant entendu que quelques modifications pourraient être apportées par le roi Louis XVIII à cette constitution, d'accord avec le sénat.

Le roi hâta son voyage vers Paris ; il arriva le 29 avril au château de Compiègne.

L'abbé de Montesquiou, Becquey, Royer-Collard, y furent reçus par lui. Une députation du corps législatif vint le féciliter de son retour, mais sans parler des conditions imposées, ni de la *constitution* du sénat.

L'empereur de Russie, l'empereur d'Autriche, le roi de Prusse, Bernadotte, prince royal de Suède, se rendirent aussi à Compiègne, auprès du roi de France. Seul, l'empereur de Russie, à qui l'empereur d'Autriche et le roi de Prusse avaient remis tous leurs pouvoirs, entretint de nouveau Louis XVIII de la constitution, des volontés du sénat ; il lui fit entendre qu'il devait accepter le titre de *roi des Français,* qu'il fallait renoncer *au droit divin* et effacer de ses actes officiels ces mots : *par la grâce de Dieu.*

L'exilé d'Hartwel fit alors au czar, le souverain le plus absolu de l'Europe, cette réponse pleine de dignité :

« Le droit divin est une conséquence du dogme religieux, de la loi du pays, et cette loi ne peut qu'ajouter à la soumission, au respect des peuples, et par conséquent à leur repos, à leur bonheur ; c'est par elle que, depuis huit siècles, le droit héréditaire de la monarchie est dans ma famille. Sans elle, je ne suis qu'un vieillard infirme, longtemps proscrit, réduit à mendier un asile; mais par elle, ce proscrit est roi de France!... Je ne flétrirai pas par une lâcheté le nom que je porte et le peu de jours que j'ai à vivre!... Je sais ce que je dois à Votre Majesté pour la délivrance de mon peuple; mais si un aussi grand service devait mettre à votre discrétion l'honneur de ma couronne, j'en appellerais à la France ou je retournerais en exil. »

L'empereur Alexandre n'opposa à ces belles paroles de Louis XVIII qu'un silence respectueux.

Cette journée se termina par un banquet. Le roi de France en fit les honneurs à tous les souverains étrangers. Le prince de Schwartzenberg, Blücher et d'autres généraux de la coalition y furent admis; les cinq maréchaux qui étaient allés au-devant du lieutenant général du royaume y eurent aussi leur place. Ce jour-là, ils portaient la cocarde blanche.

Le lendemain, Louis XVIII se rendit à Saint-Ouen; une députation du sénat lui fut enfin annoncée.

Le président du sénat ne parla guère que de la constitution.

« Vous savez mieux que nous que de telles institutions, si bien éprouvées chez un peuple voisin, donnent des appuis et non des barrières aux monarques amis des lois et pères des peuples. Oui, sire, la nation et le sénat, pleins de confiance dans les hautes lumières et les sentiments magnanimes de Votre Majesté, désirent avec elle que la France soit libre, pour que le roi soit puisssant...»

Louis XVIII se contenta de répondre qu'il était sensible *aux expressions qui lui annonçaient les sentiments du sénat.*

L'entrée à Paris fut irrévocablement fixée au 3 mai. Dans la déclaration de Saint-Ouen, le roi Louis XVIII convoque, pour le 10 juin, le sénat et le corps législatif, *pour remettre sous leurs yeux un travail fait par une commission choisie dans le sein de ces deux corps, et ayant pour base les garanties demandées par le sénat.*

Le 3 mai 1814, Louis XVIII et toute la famille royale firent enfin leur entrée dans Paris par un temps magnifique; la duchesse d'Angoulême était à la gauche du roi, et les deux derniers princes de la maison de Condé sur le devant de la voiture. Le comte d'Artois et le duc de Berry étaient à cheval de chaque côté de la calèche. Le cortége royal se rendit à la cathédrale pour offrir à Dieu des actions de grâces.

Depuis la capitulation du 30 mars et depuis l'entrée du comte d'Artois, c'était le bourgeois de Paris, c'était la garde nationale seule qui avait fait le service militaire de la capitale. Le 3 mai, de nombreuses légions de la garde nationale escortaient la famille royale. Quelques compagnies de la garde impériale, récemment arrivées de Fontainebleau, et auxquelles Napoléon avait fait de si touchants adieux, furent adjointes à la garde nationale; mais ces vieux soldats ne prirent aucune part à la joie publique, et semblaient étrangers à tout ce qui se passait autour d'eux [1].

---

[1]. Nous empruntons ces détails à une notice très-curieuse de Charles-Maurice de Talleyrand, par M. L. G. Michaud, auteur principal, éditeur et propriétaire de la *Biographie universelle*.

Monté sur une borne, près la porte Saint-Martin, j'ai vu l'entrée du cortége royal, et je crois avoir remarqué que ces compagnies de la garde impériale ne portaient même aucune cocarde.

Pendant plusieurs jours, Paris fut en délire ; sous les fenêtres du château des Tuileries s'improvisaient tous les soirs des chants et des danses. Les parterres de fleurs, alors situés sous les fenêtres du château, étaient envahis ; les grilles étaient renversées. Dans tous les théâtres on demandait à l'orchestre les airs de *Vive Henri IV* et de *Charmante Gabrielle*. Chaque révolution, depuis le commencement du siècle, s'accomplit, pour ainsi dire, sur un air plus ou moins ancien et plus ou moins connu, que le gouvernement plus ou moins nouveau remet à la mode.

Le roi et les princes se montraient partout, et partout ils étaient bien accueillis. Toute la famille royale voulut assister en cérémonie à une représentation de chacun de nos grands théâtres.

La première représentation royale, donnée à la Comédie-Française, fut la plus remarquable et la plus curieuse ; elle n'eut lieu que le 16 novembre 1814. J'ai assisté à cette représentation.

Bien avant l'ouverture des bureaux, la rue Richelieu et tous les abords du théâtre étaient encombrés par une foule immense ; l'affluence fut telle à l'entrée du péristyle, que le service du contrôle se trouva un moment en désarroi, et qu'un certain nombre de personnes parvinrent à pénétrer dans la salle sans billets. Les places de parterre se vendaient jusqu'à cent vingt francs.

Le comte Orloff et le duc de La Vauguyon, n'ayant pu

trouver de places à acheter, cherchèrent à s'introduire par la porte des acteurs, située alors au fond d'un long et obscur couloir ; repoussés par le concierge, ils veulent le séduire en lui offrant tous deux simultanément une pleine poignée de pièces d'or ; mais il y avait là des témoins : le portier maintint sa consigne et resta inexorable.

Une partie de la première galerie de face avait été convertie en loges découvertes pour la famille royale.

A sept heures précises, le duc de Duras, premier gentilhomme de service, se présente seul dans la loge royale, et annonce : *Le roi !*

L'entrée du roi et de la famille royale excita dans toute la salle la plus vive émotion ; pendant un quart d'heure, ce n'étaient que des larmes et des cris frénétiques : *Vive le roi ! Vive la famille royale ! Vive la duchesse d'Angoulême !* Les regards et l'intérêt s'attachaient surtout à cette princesse, dont la vue rappelait les souvenirs encore si récents du *Temple*.

Britannicus et les *Héritiers*, comédie de Duval : telle était la composition du spectacle.

La représentation de *Britannicus* fut souvent interrompue par des acclamations qui, sous le moindre prétexte, partaient de tous les points de la salle ; dans les entr'actes, les hommes agitaient leur chapeau, les femmes leur mouchoir.

Il faut renoncer à décrire l'enthousiasme qui éclata à la troisième scène du quatrième acte, au moment où Burrhus cherche à détourner Néron du meurtre de Britannicus :

> Quel plaisir de penser et de dire en soi-même :
> Partout, en ce moment, on me bénit, on m'aime ;
> On ne voit point le peuple à mon nom s'alarmer ;
> Le ciel, dans tous leurs pleurs, ne m'entend point nommer ;
> Leur sombre inimitié ne fuit point mon visage :
> Je vois voler partout les cœurs à mon passage !

A son arrivée au théâtre, le roi avait été reçu par les deux sociétaires semainiers ; selon l'ancienne étiquette, ceux-ci, un flambeau à la main, précédaient Sa Majesté, et la conduisirent jusqu'à l'entrée de la loge royale.

Le même cérémonial fut suivi au départ ; mais l'un des deux semainiers avait obligeamment cédé sa place à Talma. Le roi remarqua cette substitution, et s'adressant avec beaucoup de bienveillance au grand tragédien : « Monsieur Talma, lui dit-il, j'ai été très-content de vous ; et mon opinion n'est pas trop à dédaigner : j'ai beaucoup vu Lekain. »

Tous les gouvernements nouveaux ont leur lune de miel, et ont à remplir les mêmes devoirs et à supporter les mêmes charges.

Pendant plusieurs mois, l'enthousiasme ne se refroidissait pas ; le roi et la famille royale durent se montrer souvent aux grands balcons des Tuileries.

Des secours durent aussi être distribués par le ministère de la maison du roi aux victimes de la révolution, et aux familles dépouillées et aux émigrés pauvres. Une vieille *ci-devant* (c'est le titre que le bourgeois de Paris donnait à l'ancienne noblesse), croyant que tout devait être remis en place comme sous l'ancien régime, écrivit à M. le comte de Pradel, directeur général de la maison du roi sous le comte de Blacas : « Monsieur le ministre, je vous prie de réparer le plus promptement possible mes pertes de fortune : je vous donne ma parole d'honneur que je n'ai plus que vingt-cinq mille livres de rente. »

Cependant toutes les prétentions, toutes les exigences plus ou moins ambitieuses du parti de l'émigration, le costume moitié civil et moitié militaire de ces vieux officiers de l'armée de Condé, éveillèrent l'esprit narquois du bourgeois de Paris, qui n'avait point encore oublié l'air martial, la grande tenue et les victoires des soldats de l'empire.

Ce ne fut bientôt contre les émigrés que pamphlets et caricatures.

Il se joua même sur le boulevard une singulière parodie. Les colonels Duchand, Moncey, Morin, J**********, L*******, s'affublèrent chacun du costume complet d'un de ces *voltigeurs* de l'armée de Condé : ils déjeunèrent ainsi à Tortoni, et se promenèrent sur les boulevards à la grande gaieté de tous les passants.

Ces cinq colonels, jeunes et brillants, furent mis aux arrêts de rigueur. Le colonel L*******, sortant de prison et rencontrant un vieil émigré en costume complet de *voltigeur* : « Vous êtes bien imprudent de porter un pareil costume; pour en avoir porté un semblable, on m'a mis pendant un mois aux arrêts. »

Une comédie représentée à l'Odéon eut, vers cette époque, un succès de circonstance. Cette pièce avait pour titre : *la Famille Glinet*; on y déversait le ridicule sur les hommes d'autrefois, qui voulaient seuls entourer la royauté et rester les hommes du temps présent. On accusa même Louis XVIII d'être un des auteurs de la *Famille Glinet*.

Dès la rentrée de la famille royale, dans les hautes régions du pouvoir comme au sein des populations, et malgré ces transports d'allégresse, malgré ces bruyantes manifestations, surgissaient déjà des dissentiments, des antagonismes, des résistances : tout était difficulté, les personnes et les choses ; les uns voulaient marcher en avant, les autres voulaient marcher en arrière ; à propos de toutes les questions, l'ancien régime et la monarchie constitutionnelle, imposée par la charte du sénat, se trouvaient en présence, et c'était à qui ne céderait pas.

On laissa sans conteste, et avec bonne grâce, la famille royale rétablir autour d'elle l'ancienne étiquette, s'entourer d'un grand maître de la garde-robe, de premiers gentilshommes de la chambre, d'un premier maître d'hôtel, créer une garde royale, créer des gardes du corps du roi, des gardes du corps de Monsieur, des gardes de la porte, des Cent-Suisses, une maison rouge, des mousquetaires. On laissa la famille royale rappeler en France des régiments suisses. Mais les grands meneurs de la politique se réservaient la liberté de la presse, la liberté de la tribune, le suffrage direct pour les élections. Ils laissaient à la royauté toutes les magnificences de la cour, tous les vains prestiges de l'étiquette la plus pompeuse, tous les plumets de la situation ; mais ils gardaient pour eux toutes les forces vives du pouvoir et l'initiative des lois. On voulait bien que Louis XVIII eût le plaisir et la joie de régner; mais dès ce temps-là on avait la haute ambition de gouverner.

Dès les premiers jours de la restauration, la vraie situation était celle-ci : les Bourbons au fond du cœur se défiaient de la France, la France se défiait des Bourbons. Il faut ajouter qu'un parti vaincu mais non résigné, dépouillé mais toujours fidèle, soupçonné, surveillé, mais toujours entreprenant, le parti bonapartiste, inquiétait incessamment la famille royale, et donnait au parti de la cour, au parti de l'émigration et du pavillon Marsan des prétextes et des occasions de persécutions et de rigueurs.

Pour désunir, pour lasser et pour disséminer le parti bonapartiste, pour s'emparer de la confiance du pays, pour tempérer ce parti si ardent de l'émigration, pour éteindre tous les souvenirs menaçants, ceux de la révolution et ceux de la gloire, il fallait du temps, une politique ferme, mais libérale et modérée, et de continuels ménagements; on ne refait point en un jour les croyances, les idées, la philosophie et les mœurs d'un siècle et d'une nation. C'est ce que finit par comprendre le roi Louis XVIII; aussi fut-il le seul roi de France qui, depuis le mouvement des idées nouvelles, mourut sur le trône.

S. M. l'empereur Napoléon III, dans des fragments historiques, dit avec une haute sagesse :

« L'appui étranger est toujours impuissant à sauver les gouvernements que la nation n'adopte pas. »

Puis il ajoute :

« *Marchez à la tête des idées de votre siècle, ces idées*
» *vous suivent et vous soutiennent.*

» *Marchez à la suite, elles vous entraînent.*

» *Marchez contre elles, elles vous renversent.* »

Je ne me suis point imposé une tâche au-dessus de mes forces, celle d'écrire l'histoire ; mais seulement la tâche de dire la vérité sur quelques faits significatifs, dans des récits familiers.

Dans les premiers jours de la restauration, il se produisit une circonstance où l'un des princes de la famille royale, le duc de Berry, sembla montrer personnellement cet esprit de défiance, ce désir d'isolement que j'ai signalé, et qu'on voulait inspirer à Louis XVIII. Le duc de Berry descend à la préfecture de Rouen, encore confiée à M. de Girardin. Le prince, par l'ensemble de son costume, ressemblait tout à fait à un officier anglais. Le préfet lui proposa de passer le lendemain une revue : un régiment de la garde impériale faisait partie de la garnison. Le duc de Berry donna l'ordre que, dans la nuit, ce régiment quittât Rouen.

Le préfet conseilla plus de confiance au duc de Berry : « Prince, lui dit-il, si vous voulez me faire l'honneur de m'écouter, le régiment de la garde impériale ne quittera pas Rouen, et tout ira bien ; seulement, prince, vous consentirez à changer de costume. » Pendant la nuit, on compléta un uniforme d'officier supérieur français pour le duc de Berry ; toutes les autorités de la ville escortèrent le prince, et il n'eut qu'à se féliciter des conseils qu'il avait suivis. La revue fut très-belle, il ne s'y produisit rien d'extraordinaire ni de fâcheux.

Dès que le roi Louis XVIII fut installé aux Tuileries, il composa son premier ministère ; l'ancien régime, les idées absolutistes, le parti de l'émigration y étaient représentés par le comte de Blacas ; la charte, le sénat, la monarchie constitutionnelle, y étaient représentés par l'abbé de Montesquiou, par le prince de Talleyrand et par M. Guizot, nommé secrétaire général du ministère de l'intérieur. Je me fais un devoir de commencer dans le prochain chapitre une étude consciencieuse et approfondie de M. Guizot, et de le suivre pas à pas dans cette première étape politique. Chemin faisant, je serai peut-être assez heureux pour jeter aussi quelque clarté sur la vie politique de M. de Talleyrand et sur celle de M. de Montesquiou en les rapprochant tous deux, sur les événements de 1814, sur le retour de l'île d'Elbe, et sur l'exil de la famille royale à Gand.

CHAPITRE VII

**PREMIER MOUVEMENT LITTÉRAIRE DE LA RESTAURATION.
MŒURS NOUVELLES.**

Fulton. — Joseph de Maistre. — De Bonald. — Chateaubriand. — Laharpe. — 1814. — Un dîner littéraire en 1815 avec MM. Abel Hugo, Eugène Hugo et Victor Hugo. — *Le Conservateur littéraire.* — La Société des Bonnes-Lettres. — M. Lacretelle jeune. — M. Michaud. — *La Quotidienne.* — M. Audibert. — J. B. Soulié. — M. de Marcellus. — M. Malitourne. — Concours académiques. — MM. Saint-Marc Girardin, Magnin, Patin, de Sacy, Mérimée, Loève-Weimar Cuvillier Fleury, Sainte-Beuve, Jules Janin, Delatouche, Rabbe, Léon Gozlan, J. Sandeau, Alphonse Karr. — LAMARTINE. — Les femmes frêles. — Un nouveau régime. — Les salons littéraires. — Madame Ancelot; son portrait par Malitourne. — Un tableau de madame Ancelot. — Parceval de Grandmaison, Soumet, Guiraud, le comte Alfred de Vigny. — Pichat, de La Ville, Campenon, Lemontey. — Madame Sophie Gay. — M. Victor Hugo, dictateur littéraire. — *La Muse française.* — Les mœurs nouvelles de la restauration.

Les idées philosophiques ont souvent la même destinée que certaines découvertes industrielles ; on sait ce qui advint à Fulton pour sa découverte de l'emploi de la vapeur.

Dans les dernières années du dix-huitième siècle et au commencement du dix-neuvième, trois hommes éminents, Joseph de Maistre, de Bonald et Chateaubriand, développèrent dans des livres, où le talent du style le dispute à l'élévation des idées, une philosophie toute nouvelle. Cette philosophie religieuse, littéraire et politique, qui ne se révéla point sans exciter la curiosité et la controverse, sommeilla cependant tant que dura l'empire ; il fallut que la guerre européenne cessât, que la restauration vînt, l'olivier à la main, nous faire acheter la paix par de rudes épreuves et par de douloureux sacrifices, pour que cette philosophie nouvelle se popularisât, pour qu'elle inspirât les poëtes, les législateurs, les historiens, pour qu'elle pénétrât jusque dans nos mœurs.

Dès 1796, Joseph de Maistre publia des *Considérations sur la France*.

De Bonald livra à la publicité plusieurs *Traités* de 1795 à 1802, et la *Législation primitive*.

Chateaubriand fit paraître aussi, dès 1802, le *Génie du christianisme*.

Le livre du comte Joseph de Maistre fut écrit pour tout rapporter à Dieu, pour battre en brèche, à force d'idées pleines d'audace et de nouveauté, l'Encyclopédie, toute la philosophie du dix-huitième siècle, et pour accabler du plus haut mépris la révolution et les révolutionnaires.

Dans un ouvrage que j'ai déjà cité, M. Nettement définit d'un mot la *Législation primitive* de M. de Bonald : *C'était*, dit M. Nettement, *une tentative de restauration universelle*.

De Bonald reconstruisait dans son livre toute la société avec le seul levier de la logique : « La révolution, disait-il, qui a commencé par la déclaration des droits de l'homme, ne finira que par la déclaration des droits de Dieu. »

Le *Génie du christianisme* fut une réponse pleine de poésie et de sentiment à toutes les impiétés du dix-huitième siècle; le *Génie du christianisme* avait eu pour préface toutes les scènes ensanglantées de la Terreur. Le poëte religieux et l'écrivain novateur semblaient s'être entendus pour le succès du livre. Fontanes protégea de son amitié, Laharpe de son âpre critique contre les philosophes, les premiers fragments du *Génie du christianisme* qui furent publiés dans le *Mercure*. Laharpe dut dire à M. de Chateaubriand : *Laissez-moi faire! je les ferai crier ; je serre dur*.

Les philosophes livrèrent en effet une bataille rangée au livre et à l'écrivain, et après beaucoup de bruit et beaucoup de phrases, malgré les *Philippiques* de M. Joseph de Maistre et de M. de Bonald, malgré toute cette poésie humaine du *Génie du christianisme*, la littérature de l'empire n'en continua pas moins à rester l'écho affaibli des témérités sociales de Rousseau et des spirituelles impiétés de Voltaire.

Toutes ces idées nouvelles en religion et en politique ne sortirent pas du cercle étroit des philosophes, des lettrés et des libres penseurs ; elles furent plutôt combattues qu'oubliées ; mais elles ne firent explosion qu'en 1814, lorsque des guerres inouïes dans l'histoire, suivies d'une épouvantable catastrophe, eurent ému cette société impie, bravant le ciel comme don Juan, et lorsque les Bourbons, reprenant la couronne de leurs ancêtres, eurent par des faits donné crédit à ces théories prophétiques d'une *restauration universelle*.

Toute l'Europe avait mis bas les armes : aussitôt une

fièvre religieuse et littéraire s'empara des esprits et des cœurs.

Ce ne furent alors que *cénacles* et *agapes*.

Je retrouve dans mes souvenirs les plus lointains, vers 1815 ou 1816, un premier dîner littéraire auquel j'assistai, chez Edon, restaurateur, rue de l'Ancienne-Comédie, faubourg Saint-Germain. M. Amédée de Bast, auteur de plusieurs romans très-lus, M. A. Malitourne, dont nous aurons bientôt à parler plus longuement, M. Ader, que je retrouvai rédacteur au *Constitutionnel* en 1838, et qui ce jour-là me proposa d'écrire avec lui une comédie (cette comédie commençait par le monologue d'un personnage caché dans une malle); les trois fils Hugo : MM. Victor Hugo, Eugène Hugo, Abel Hugo; tels étaient les convives. M. Ader et moi, nous chantâmes chacun une chanson, taillée sur le patron de toutes les chansons du temps. M. Malitourne lut de la prose, et M. Victor Hugo, alors dans sa première jeunesse, nous récita la traduction en vers d'un des chants de l'Enéide.

M. Abel Hugo, aimable homme, spirituel et obligeant, entraîné par le courant, fonda bientôt le *Conservateur littéraire*, où M. A. Malitourne écrivit ses premières phrases, MM. Victor et Eugène Hugo leurs premiers vers. Je fus chargé d'y rendre compte de quelques séances publiques de l'Académie des beaux-arts et de l'Académie française.

Sous l'influence de la réaction religieuse et politique, commencée avec le siècle par Joseph de Maistre, de Bonald et Chateaubriand, se fonda, dans les premières années de la restauration, la *Société des Bonnes-Lettres*.

Chateaubriand en fut même président honoraire. La direction de cette société littéraire et scientifique fut confiée au baron Trouvé, ancien préfet de l'Aude sous l'empire, et qui, en 1814, s'était pris de passion pour la famille des Bourbons. Cette *Société des Bonnes-Lettres*, d'abord logée à l'étroit dans un *premier* de la rue de Grammont, puis bientôt installée rue de Choiseul dans les vastes appartements occupés aujourd'hui par les magasins de la maison Delisle, était le rendez-vous de tous ceux qui, selon le langage du temps, *pensaient bien et défendaient le trône et l'autel.*

Trois fois par semaine, on y faisait des cours et des lectures. M. Nicollet, de l'Observatoire, plus tard réfugié en Amérique, faisait un cours d'astronomie; M. Pariset, un cours de psychologie. M. Auger, de l'Académie française, lisait des notices littéraires; M. Malitourne, des esquisses de mœurs ; M. Mennechet, des contes en vers; MM. Soumet et Alexandre Guiraud, de petits poëmes et des élégies; M. Duviquet, alors rédacteur du feuilleton du *Journal des Débats*, des morceaux de critique littéraire; M. Patin, aujourd'hui de l'Académie française, des études sur le théâtre grec.

M. Lacretelle le jeune, né le 27 août 1763, âgé conséquemment aujourd'hui de plus de quatre-vingt-dix ans, et qui écrivait récemment un des plus jolis vers de ce temps-ci dans une épître à la jeunesse :

Donnez-moi vos vingt ans, si vous n'en faites rien [1],

M. Lacretelle le jeune montait souvent à la tribune; il

---

[1]. M. Ancelot fit à ce vers cette familière réponse :

Mais quand vous les aviez, vous en serviez-vous bien?

y improvisait. Lorsqu'un professeur était empêché de son cours, on s'adressait à M. Lacretelle, et on le priait d'improviser quelque chose ; les idées, l'expression heureuse, le mot juste, lui venaient, et alors on ne lui ménageait pas les applaudissements.

J'adressai, par M. le baron Trouvé, à la commission littéraire et scientifique de la *Société des Bonnes-Lettres*, un projet de cours de physiologie, limité à des études sur les fonctions des organes des sens. Je fus admis comme professeur, et je continuai ce cours pendant deux années.

Chaque leçon, chaque lecture étaient payées cent francs. Cette société comptait un grand nombre d'abonnés.

L'auditoire était composé de plusieurs femmes élégantes et de gens du monde.

Madame Roger, madame Auger, madame Michaud, toutes trois femmes d'académiciens, y brillaient de l'éclat de la jeunesse et de la beauté. Le baron Trouvé avait aussi deux filles charmantes, bonnes musiciennes, et qui ne sont plus de ce monde. La *Société des Bonnes-Lettres* était un lieu de réunion où des habitudes de politesse, de bonnes manières et une certaine communauté d'opinions et de sentiments politiques attiraient souvent une foule de célébrités et de grands personnages.

Ce fut à la *Société des Bonnes-Lettres* que je fis connaissance avec M. Michaud, de l'Académie française ; il m'invita à dîner chez Véry, et il voulut bien me demander quelques articles pour la *Quotidienne*. M. Michaud, dont la toux était continuelle, ne buvait que du vin de

Champagne frappé. C'était bien le causeur le plus gai et le plus égayant ; il ne tarissait point en anecdotes politiques et littéraires, en idées fines et originales.

Ecrivain inexpérimenté, je portai quelques articles à M. Michaud. Il passait ses journées à la *Quotidienne*; il aimait la *Quotidienne*; il aimait l'esprit, il aimait les gens d'esprit. C'était un censeur politique, un juge littéraire d'un goût délicat et sûr ; ses jugements sévères se trahissaient par du malaise et par des accidents nerveux. Lorsque, dans un article, on quittait la bonne route, il saisissait sa tabatière ; il y plongeait ses doigts convulsivement. Si l'on ne rentrait pas dans le bon chemin, si enfin l'article se brouillait avec l'esprit et le bon sens, une toux sèche prenait M. Michaud ; les accès se succédaient sans interruption, il fallait cesser de lire. L'article était jugé et refusé ; on se le tenait pour dit. M. Michaud cessait alors de tousser.

J'ai connu à la *Quotidienne* M. Audibert, qui a publié deux volumes de *Mélanges* pleins de souvenirs curieux et d'intérêt, et Jean-Baptiste Soulié, qui mourut bibliothécaire de l'Arsenal. On l'avait surnommé le *Saule pleureur* ; il avait traduit en vers le *Cimetière* de Gray. C'était une élégie ambulante, c'était une contrefaçon de Charles Nodier, dont il était le séide et l'ami. Soulié ne manquait ni d'esprit ni d'instruction. J'ai connu aussi à la *Quotidienne* Mely-Janin, auteur d'un drame de *Louis XI* qui fit sensation au milieu de cette fièvre de nouveautés littéraires. Il était chargé du feuilleton de la *Quotidienne*.

M. de Marcellus venait souvent au journal. « Vous devez être content de nous, lui dit un jour M. Michaud, nous avons de l'esprit. — Je n'aime pas l'esprit, répondit sèchement M. de Marcellus : l'esprit a toujours quelque chose de satanique. »

Il se produisit, dès les premières années de la restauration, plus d'un prosateur au style jeune et vif, plein d'idées, nourri des orateurs, des poëtes de l'antiquité et des grands écrivains du dix-septième siècle.

Citons d'abord, par ordre de date, M. Malitourne. Il se jeta, dès 1820, dans les concours de l'Académie française. Il ne craignit pas d'aborder ce grand sujet *de l'Eloquence de la tribune et du barreau*; il disputa le prix à un noble vieillard, ancien rival de Gerbier au barreau de Paris, conseiller d'Etat sous l'empire et sous la restauration, à M. Delamalle, qui avait composé sur cette matière tout un traité *ex professo*. M. Malitourne n'obtint que l'accessit. L'Académie avait également mentionné dans ce concours un autre nom jusque-là inconnu, celui de M. Charles Magnin, l'ingénieux critique et le savant bibliothécaire.

Au concours suivant, le prix d'*éloquence* pour l'*Eloge de Lesage* fut partagé entre M. Patin et M. Malitourne. Dans ce concours académique, M. Saint-Marc Girardin obtint l'accessit, et M. Anays Bazin, l'historien de Louis XIII, que les lettres ont perdu récemment, obtint la première mention.

Les journaux s'emparèrent de la plume de M. Malitourne, et le monde et les affaires ne l'ont plus dès lors prêtée que rarement à la littérature.

M. Malitourne est surtout un séduisant causeur; il devine les impressions de ceux qui l'écoutent, leurs pensées de la minute, et il vivifie en se jouant ces pensées, ces impressions, par un de ces mots justes et piquants qu'il prend à tâche de trouver.

Il disait de M. de Chateaubriand : « C'est le républicain le plus dévoué à la monarchie. »

Il répétait sous la restauration : « Je serai tranquille sur l'avenir de nos princes légitimes, lorsqu'ils croiront être rentrés chez nous, et non chez eux. »

Au milieu du grand mouvement commercial et industriel qui signala les dernières années du règne de Louis-Philippe, M. Malitourne prétendait que Louis-Philippe avait plus succédé à M. de Villèle qu'à Charles X.

Je demandais à M. Malitourne de se souvenir de quelques-uns de ces traits qu'il jette si souvent au milieu de familières causeries : « Il en est, me répondit-il, de mon esprit comme de mon argent : je n'ai jamais pu prendre sur moi d'écrire ma dépense. »

A M. A. Malitourne se joignirent bientôt une foule d'autres écrivains, qui montrèrent, surtout dans leur vie littéraire, cette marque d'un grand talent, la fécondité : MM. Saint-Marc Girardin, de Sacy, Mérimée, Loëwe-Weimar, Cuvillier Fleury, Sainte-Beuve, Jules Janin, forcé, depuis bien des années, d'avoir de l'esprit et du talent à jour et à heure fixes, et dont le talent et l'esprit, aussi exacts que les aiguilles d'une bonne montre, ne retardent jamais; Henri Delatouche, Rabbe, Léon Gozlan, Jules Sandeau, Alphonse Karr, et tant d'autres.

Dans le second volume de ces Mémoires, en me rappelant mes jeunes années de la *Revue de Paris*, je rassemblerai mes souvenirs intimes sur tous ces écrivains et sur tous ceux qui se sont produits depuis, soit dans les journaux, soit par des livres, soit comme professeurs dans des cours savants et très-suivis. Que de fortunes diverses ont été réservées à tous ces jeunes gens studieux, aimant les lettres dès les ennuis et les luttes du collége; ils ne sont pas tous parvenus aux honneurs académiques, à une vie heureuse et de doux loisirs; l'expérience des affaires et des hommes apprend que c'est moins encore peut-être par les grandes qualités de l'esprit, que par la persévérance, par la droiture et la sûreté de caractère, par des habitudes du monde, par des choix de relations, qu'on se crée une réputation populaire et honorée, qu'on se fait ouvrir les portes de l'Université, des académies, ou que l'on conquiert ces hautes positions sociales qui vous font intervenir dans les grandes affaires du pays.

Vers 1820, sur les ruines de l'empire, dont l'Europe en armes avait décidé la perte, mais n'avait pu faire oublier la gloire, aux premiers rayons du soleil de la paix, la poésie eut un nouvel avenir à prophétiser; elle eut à chanter les tristesses des cœurs émus du spectacle de tant de crimes, de tant de victoires et de tant de sang humain répandu pendant vingt ans. Lamartine fut instinctivement alors le poëte de la patrie et de l'humanité; ses chants n'excitèrent que de l'admiration et de la reconnaissance. Dans une langue nouvelle et divine, il purifia l'air de la France chargé de miasmes impies; il nous apprit à nous écouter penser, à interroger souvent notre esprit et notre âme; il nous jeta dans une philosophie moins stoïque et plus chrétienne, qui changea du tout au tout nos mœurs et jusqu'à nos familières habitudes.

Lamartine n'enseigna ni le dégoût de la vie, ni le suicide comme René et comme Werther. Il chanta les malheurs et les désespoirs de ce monde pour nous inspirer la foi. Les passions et les mœurs presque païennes de l'empire semblèrent être les passions et les mœurs d'un ancien peuple, dispersé sur la terre et puni par Dieu. Le règne de la force était fini, et l'on vit mourir dans des orgies, qui excitaient plutôt le dégoût que la curiosité, les derniers épicuriens.

M. Lamartine a mis à la mode la femme frêle, les organisations délicates, les fronts et les cœurs mélancoliques.

Les grandes révolutions ne se contiennent pas toujours dans les limites d'heureuses et utiles pensées, elles affrontent le rire, et sont souvent poussées jusqu'au ridicule. Le sentiment alla jusqu'à la sensiblerie : on ne mangea plus, on se mit à l'eau ; les femmes du bel air prétendirent ne plus se nourrir que de feuilles de roses. Elles créèrent cet usage, à table, de ne remplir et de ne parfumer leur verre qu'avec leurs gants, comme pour bien constater leur sobriété. Certaines gens pensèrent et dirent avec Philaminte des *Femmes savantes* :

> Le corps, cette guenille, est-il d'une importance,
> D'un prix à mériter seulement qu'on y pense ?
> Et ne devons-nous pas laisser cela bien loin ?

Cette philosophie nouvelle, la passion des lettres, et surtout de la poésie, envahirent tous les salons. On fai-

sait de la littérature chez madame la comtesse Bara-
guey d'Hilliers, chez madame la comtesse de Lacretelle,
chez madame Auger, femme du secrétaire perpétuel de
l'Académie française, chez M. Campenon et surtout chez
madame Ancelot. On disait des vers, on lisait des tragédies, voire même des fragments historiques.

Le salon de madame Ancelot était une succursale, et
fut, pour quelques-uns, une porte d'entrée de l'Académie française. Dans un tableau, *Une lecture du poême de
Philippe-Auguste,* par M. Parceval de Grandmaison,
madame Ancelot a peint avec esprit et ressemblance la
physionomie vieille ou jeune de tous ceux que l'amour
des lettres réunissait autour d'elle. C'est presque faire
connaître le personnel littéraire de ce temps-là, que de
dire les noms de tous ceux qu'elle a groupés autour de
M. Parceval de Grandmaison, comme président d'âge.

Parmi les femmes, on remarque madame de Bawr,
madame Sophie Gay, mademoiselle Delphine Gay, aujourd'hui madame Emile de Girardin, couronnée par
l'Académie française pour prix de poésie, madame Ancelot.

Les autres personnages du tableau sont : MM. Parceval de Grandmaison, Soumet, Guiraud, le comte Alfred
de Vigny, Pichat, auteur d'un *Léonidas* et d'un *Guillaume Tell* (tragédies), de Laville de Miremont, auteur
de plusieurs comédies en vers, Saintine, Emile Des-
champs, Mennechet, le comte Jules de Resseguier,
Mely-Janin, Michel Beer (frère de Meyerbeer), auteur
de tragédies allemandes, Victor Hugo, Ancelot, Lacretelle, Campenon, Lemontey, Baour-Lormian, Casimir
Bonjour.

J'ai souvent assisté à ces brillantes et curieuses réunions chez madame Ancelot; on y rencontrait aussi MM. Malitourne, Audibert, des peintres et des musiciens.

M. A. Malitourne a écrit en 1828 un portrait de madame Virginie Ancelot, où l'éloge ne dépasse jamais la vérité : « Très-peu de femmes, dit M. Malitourne, méritent une attention spéciale, parce que l'éducation, la mode et la futilité mettent beaucoup d'uniformité dans leur manière d'être ; aussi quand il s'en offre une à l'observateur avec quelques traits originaux, il n'est guère possible que celui-ci garde son désintéressement littéraire et son flegme philosophique. Le plaisir d'avoir rencontré une physionomie nouvelle et un caractère piquant l'entraînera nécessairement à l'examiner avec une complaisance active et curieuse qui sera bien près de la passion, quand il voudra la reproduire. C'est la joie du botaniste qui vient de faire la conquête d'une fleur inconnue; elle est divine, car il l'a trouvée.

» Au moral comme au physique, Virginie Ancelot n'a pas un mérite visible pour tout le monde, et il en faut beaucoup avoir pour sentir tout ce qu'elle en a. Cela vient d'un certain abandon répandu dans toute sa personne; elle a l'air si désintéressé sur elle-même, qu'elle n'appelle pas tout de suite l'intérêt, et jugée par la distraction, elle ne recueille que l'indulgence. Je doute qu'on l'ait jamais trouvée ni très-jolie, ni très-spirituelle au premier abord ; une sorte de mystère enveloppe tout son être.

» Regardez bien tous les détails de ce portrait, et dites-moi si vous devinez.

» Virginie a la tête admirablement bien posée, ses mouvements sont pleins de nonchalance et de grâce. Brune de cheveux, blanche de teint, elle abandonne à ses yeux tout l'honneur de sa figure, et ils suffiraient à sa beauté. Modeste et timide, elle laisse quelquefois tomber sur vous ses beaux yeux, dont l'expression est sérieuse et mélancolique, d'une manière si directe et si prolongée, qu'une pareille attention vous inquiète et vous charme ; elle ne se doute pas de l'effet de ses longs regards si expressifs à son insu ; ils sont, pour ainsi dire, absents de la personne qui les reçoit ; ce sont des éclairs de ce feu sacré qu'il faut lui reconnaître, et des préoccupations de sa pensée.

» Un vif instinct d'observation cultivé par l'étude, une grande élévation d'idées fortifiées par l'épreuve de diverses fortunes, une certaine indifférence de cœur qui certainement n'est pas l'égoïsme, voilà les saillies bien prononcées de son caractère.

» Elle peint, et pourrait écrire ; ses ouvrages auraient, je crois, le mérite de ses tableaux, celui de l'imagination et de la vérité.

» La culture d'un art brillant, les souvenirs d'une lecture variée, l'usage et le plaisir de la réflexion, ont tellement agrandi les ressources de son esprit, les dispositions de son caractère et la sphère de ses idées, qu'elle comprend toutes les supériorités, sourit à toutes les gloires, s'identifie à toutes les choses élevées, apprécie tous les mérites et jouit de tous les arts.

» Je crains bien qu'elle ne connaisse trop le genre humain pour être heureuse ; elle a encore la bonne foi de l'indignation ; elle encourra souvent le reproche de malice, parce qu'elle voit trop juste et qu'elle s'exprime d'une façon trop ingénieuse. Elle excelle à démêler l'intérêt des actions, le jeu des caractères, enfin la probabilité de toutes choses; elle est charmante dans l'intimité, pleine de douceur, d'abandon, de bon sens et de gaieté; elle trouvera des ennemis parmi les sottes gens, et des amis parmi les hommes distingués. »

Madame Ancelot a écrit, et l'auteur de *Marie* compte des succès populaires et durables, qu'un théâtre ingrat cherche en vain à faire oublier.

Plusieurs assidus du salon de madame Ancelot ont disparu de ce monde et méritent une place dans ces souvenirs du temps passé.

Parceval de Grandmaison appartenait à cette société lettrée, élégante et polie, de la fin du dernier siècle. Dans la guerre des classiques et des romantiques, il soutint le choc comme classique, sans céder d'un hémistiche.

Moins oublié, Soumet tenait en poésie, par son âge et par son talent, une assez grande place entre la vieillesse classique du bon Parceval et la jeunesse turbulente et pleine d'audace du jeune Victor Hugo. D'une nature élevée, Soumet avait la justesse de l'expression, la pureté de la forme, et cette mélancolie tendre et rêveuse qui faisait alors adorer Chénier; étranger à toute intrigue, oublieux de tous ses intérêts, il vivait dans la retraite.

Soumet était de l'Académie. Sa voix fut plus d'une fois sollicitée par plusieurs candidats pour une seule place vacante : souvent il comptait des candidats pour amis; mais souvent aussi les titres de ses amis étaient

primés par des titres plus sérieux. Sa conscience et son
cœur avaient des délicatesses infinies, et, pour tranquilliser son cœur et sa conscience, voici ce qu'il imagina
pour une élection académique très-disputée.

Pour cette élection à une seule place vacante, trois
candidats lui semblaient avoir des droits égaux devant
sa justice comme devant son affection; il écrivit sur trois
petits papiers semblables le nom de chaque candidat, il
roula ces papiers pour qu'il lui fût impossible de reconnaître aucun des noms.

Au moment de déposer son vote, Soumet saisit au hasard un des petits papiers, priant le ciel qui voit tout de
mettre en sa main le nom du plus digne. Dès que ce vote
inconnu eût été déposé dans l'urne, il brûla, sans les
regarder, les deux autres papiers qui contenaient les
deux autres noms, voulant éviter ainsi les reproches de
sa conscience ou les regrets de son cœur. Il ne sut jamais qui avait obtenu l'appoint de sa voix.

Alexandre Soumet ne méprisait pas l'esprit. Il disait
à son camarade de collége, le poëte Guiraud, qui pérorait, discutait, criait et bredouillait : « Guiraud, tu parles
si haut qu'on ne t'entend pas. »

Il lui disait encore : « Guiraud, prends garde ! tu vis
comme les dieux; tu te nourris d'ambroisie: tu manges
la moitié de tes vers ! »

Soumet à propos de son gendre, savant qui parlait
peu, disait aussi : « C'est un homme de mérite; il se
tait en sept langues. »

Le baron Guiraud n'était qu'un pâle reflet de Soumet;
il ne copiait que le poëte. Tous deux étaient nés sur les
bords de la Gironde; mais Guiraud seul était *Gascon*.

Soumet avait une passion instinctive pour le bien et pour le beau; Guiraud aimait aussi le bien et le beau, mais il se montrait homme d'affaires; il savait tirer parti de tout, de ses relations, de ses amitiés, de ses vers, de ses élégies, de ses tragédies, de ses sentiments religieux, de sa tendresse poétique pour les petits ramoneurs.

Un petit sou *leur* rend la vie.

Inconnu, et sans aucune des séductions sympathiques qui attirent, Alexandre Guiraud tombe un jour au milieu de Paris; en moins de deux années, il fait représenter deux tragédies à l'Odéon, publie un volume de poésies, se fait nommer chevalier de la Légion d'honneur, membre de l'Académie française et baron; puis il retourne dans sa province, titré, pensionné, pour y conclure un mariage riche et honorable. Le baron Guiraud mourut encore jeune; il faisait tout vite; il travaillait vite; en littérature, il fit son chemin vite; il vécut vite; il mourut vite.

Nous avons nommé Pichat, dont le véritable nom était Pichald; c'était le poëte antique, frappé par les dieux qui ne lui accordaient le talent de la lyre qu'aux dépens de la vie; c'était un poëte d'une mélancolie vraie, plein d'exaltation et qui trouvait de beaux vers.

Il faut encore citer, parmi les morts, dont peut-être bientôt on ne se souviendra plus, de Laville de Miremont, auteur du *Folliculaire* et du *Roman*; Mely-Janin, auteur du drame de *Louis XI*; Michel Beer, qui appartenait à la littérature allemande; Campenon, de l'Académie française, homme aimable, mais qui fit tout juste autant de petits vers qu'il en fallait de son temps pour entrer à l'Académie, et ce bon Mennechet, homme aimable, obligeant, poëte de salon, lecteur du roi Louis XVIII et du roi Charles X.

Lemontey aussi ne vit plus que dans le tableau de madame Ancelot. Il fut reçu comme prosateur à l'Académie française; il a publié *Raison et Folie,* deux volumes, et quelques bonnes études sur le règne de Louis XIV et sur la régence. Lemontey était d'une avarice qu'on citait. Il demeurait sur la rive droite de la Seine : toutes les fois qu'il y avait séance à l'Académie, il se plaçait à l'entrée du pont des Arts, quelques instants avant l'heure de la séance, sûr de rencontrer là un de ses collègues et de le faire payer pour lui. Je m'empresse de dire que l'avarice de Lemontey n'était que de l'économie. On eut après sa mort la preuve qu'il répandait de grosses aumônes, et qu'il employait une grande partie de ses revenus à secourir et à soulager des malheureux.

Il me faut aussi rappeler avec tristesse la fin récente de madame Sophie Gay, morte dans un âge assez avancé. J'aimais assez madame Sophie Gay ; j'aimais son esprit, ses causeries, pleines de cœur pour ses amis, pleines de spirituelles cruautés pour les sottes gens, brillantes de souvenirs, de verve et d'entrain ; j'aimais ses souriants pardons pour toutes les faiblesses humaines ; j'aimais ses gaies colères contre la vieillesse ; j'aimais ses entraînements pour toutes les fêtes si courtes de la vie, son ardente passion pour les arts ; j'aimais ses besoins de nombreuse et bonne compagnie, son amour pour les lettres, qui lui valut plus d'un grand succès. Elle prenaît un incessant et fiévreux plaisir à toutes les comédies de ce monde : elle avait la rage de vivre.

Passionnée pour les émotions du jeu dans les dernières années de sa vie, elle passait à jouer des nuits entières. A la fin d'une de ces nuits, elle appelle un domestique pour renouveler les bougies, qui s'éteignaient. Le domestique, qui avait trouvé la nuit longue, exécute ainsi les ordres qu'il avait reçus : en un instant, les fenêtres sont toutes grandes ouvertes : « En voilà, dit-il, des bougies ! » Il faisait grand soleil ; il était plus de midi.

Madame Sophie Gay a publié des romans de mœurs qui sont souvent cités comme modèles du genre.

A côté des feuilletons si remarqués de madame Emile de Girardin, sa fille, à côté de ces peintures du *Vicomte de Launay*, qui, par la finesse d'observation et par le style, rappelaient souvent Labruyère et madame de Sévigné, madame Sophie Gay écrivait de Versailles, dans le journal *la Presse*, d'intéressants et piquants souvenirs sur les salons qu'elle avait vus. Bien peu de temps avant de mourir, elle écrivit pour le *Constitutionnel* quelques lignes de regrets sur la mort d'une de ses anciennes amies, la baronne Hamelin.

Plus d'un théâtre représenta des ouvrages de madame Sophie Gay longtemps applaudis.

Par son charmant esprit, par ses romans, pleins de talent et de fines indiscrétions sur le cœur humain, par toutes ses qualités intimes, par les agréments de sa personne, par ses dévouements de cœur, madame Sophie Gay fut une des femmes les plus recherchées sous le directoire, sous l'empire, sous la restauration, et, jusqu'aux derniers jours de sa vieillesse, elle trouva autour d'elle beaucoup de gens qui l'aimaient.

Les lettres et les arts ont aussi leurs émeutes et leurs révolutions; mais, dans les arts et dans les lettres, les révolutions ne s'accomplissent point en un jour. On ne livra d'abord à la littérature de l'empire, à la littérature classique que des escarmouches; on chercha à se rapprocher de la nature et de la vérité : ce fut un nouveau besoin de sonder plus profondément les secrètes douleurs du cœur humain. André Chénier et surtout Lamartine firent école.

Mais bientôt l'*enfant sublime,* Victor Hugo, avec un insatiable désir de bruit, de domination et de gloire, ne se contenta plus d'un second rôle. Par ses premières poésies, dont on admira l'élévation et la forme nouvelle, par ses relations d'amitié, il se trouvait rangé dans le camp des royalistes, et peut-être même des classiques, armées inoffensives qui recevaient tous les coups sans les rendre.

M. Victor Hugo comprit bien vite cette mauvaise situation. Il résolut d'en sortir, et ne voulut pas rester désarmé au milieu d'une société en guerre. Une de ses préfaces fut une proclamation. Il sut enflammer des groupes assez nombreux de jeunes enthousiastes, qui combattirent en son nom et pour sa propre gloire. Il fit passer le romantisme, jusque-là tout rêveur, à l'état militant; il cria : Aux armes!

Dans les parterres de nos théâtres, les émeutes se succédèrent; Victor Hugo se fit enfin le chef et le dictateur d'une révolution qui devait rajeunir le sang de notre vieille langue française, renverser les autels des faux dieux, réformer la poétique d'Aristote, de Racine et de Corneille, et peindre l'humanité telle qu'elle est, avec ses beautés et ses vertus, mais surtout aussi avec ses vices et ses laideurs.

Un journal tout littéraire, la *Muse française*, avait été fondé par les classiques inquiets et menacés; mais la *Muse française* déserta et passa à l'ennemi. La *Muse française*, inspirée par M. Victor Hugo, prit des allures guerrières et accabla de traits meurtriers ceux même à qui elle devait la vie : ce fut comme ces canons pris à l'ennemi, qui jettent le désordre et la mort dans les rangs de ceux qu'ils devaient défendre. Les classiques cessèrent bientôt de faire les frais d'un journal qui avait juré leur perte.

Entre ces premières années de la restauration qui virent commencer les premiers coups de feu des romantiques contre les classiques, et l'année 1829, pendant laquelle je fondai la *Revue de Paris*, il se livra de grandes batailles littéraires; chacun chercha dans la mêlée la célébrité ou la gloire, mais en 1829 on n'entendit plus le bruit du canon, le combat avait cessé faute de combattants.

Pendant cette période de temps, madame de Girardin (Delphine Gay), Madame Ancelot, MM. Guizot, Cousin, Villemain, Béranger, Casimir Delavigne, Charles de Rémusat, le physiologiste Broussais, Victor Hugo, Sainte-Beuve, Alexandre Dumas, Alfred de Vigny, Alfred de Musset, Scribe, Mazère, Empis, Léon Gozlan, J. Sandeau, et tant d'autres, avaient, sinon achevé, du moins poussé bien loin leur œuvre; ce ne sera donc qu'en parlant de la *Revue de Paris* que nous publierons les bulletins des victoires gagnées, et que nous pourrons peser et calculer les forces et les efforts de chacun dans ce grand mouvement littéraire qui marque et honore les quinze années de la restauration.

Lorsque les idées prennent le dessus dans une société, les mœurs en sont changées et adoucies. On retrouva le temps et on reprit le goût de la lecture et de la conversation. Une existence honnête et studieuse, l'esprit et le savoir furent comptés pour quelque chose dans le monde, et trouvèrent à faire leur chemin. La culture de l'esprit fit refleurir en France la politesse, cette habitude et cet ensemble d'égards pour autrui, dont témoignent le langage, la physionomie, et toute notre façon d'être.

Mais dans une société polie, on devient bientôt chatouilleux sur le point d'honneur; ces jeunes officiers qui composaient la maison militaire du roi, et dont on cherchait à blesser le cœur par d'incessants parallèles avec les soldats de l'empire, ne souffraient pas le moindre dédain. De là des duels de tous les jours et toute une petite population de duellistes. On se battait le matin; on se battait le soir sous les réverbères. J'ai pendant quelques mois fait le service de chirurgien à la maison militaire du roi et j'y ai soigné plus d'un coup d'épée; j'y ai vu pratiquer plus d'une amputation à la suite de blessures reçues dans des rencontres. Un duelliste entrait au café Français situé sur le boulevard, au coin de la rue Laffitte, et jetant un regard dédaigneux sur tous ceux qui se trouvaient dans le café : « Je ne trouverais pas ici, disait-il, à qui donner le moindre coup d'épée ce matin. » Il arriva qu'un monsieur à lunettes lui répliqua ainsi : « Vous vous trompez, monsieur ! donnez-moi votre carte. » On lisait sur cette carte : Le comte de*****. Le monsieur à lunettes donna la sienne, c'était le marquis de*****. « Monsieur le comte, lui dit le marquis, avec la plus railleuse tranquillité, je ne me gêne jamais; je ne me dérange pour rien au monde de mes habitudes; je me lève tard; nous ne nous battrons donc demain qu'à midi. » Puis le marquis appela le garçon : « Tenez, lui dit-il en lui remettant la carte du comte, voici deux mille francs; allez aux pompes funèbres commander un enterrement de première classe pour monsieur dont voici le nom et le titre. L'enterrement sera pour après-demain. Je veux que M. le comte soit enterré comme un marquis. » Le duelliste intimidateur fut à son tour intimidé, et l'affaire s'arrangea.

Un officier français dit à un officier suisse : « Je ne voudrais pas servir comme vous pour de l'argent. Nous, Français, nous servons pour l'honneur. — C'est vrai, monsieur, répliqua l'officier suisse, nous servons tous les deux pour ce qui nous manque. » Et de là un duel à mort.

Dans cette société polie, chevaleresque, on vit surtout des questions d'art passionner les écoles, les parterres de nos théâtres, les académies et les salons. La paix avait renversé toutes les barrières élevées par la guerre entre toutes les grandes nations, dont la langue et la littérature offrent tant de dissemblances et de contrastes;

on explora toutes les littératures étrangères, un traduisit tous les chefs-d'œuvre étrangers : notre langue et notre littérature firent aussi leur tour du monde. L'intelligence humaine respirait.

Descendrons-nous à des détails plus minutieux et plus vulgaires dans l'étude de ce soudain changement à vue qui s'accomplit presque le lendemain de l'entrée à Paris des armées étrangères, le lendemain du retour des Bourbons ?

On n'eut pas seulement à constater une variation nouvelle dans les modes françaises, mais bien une révolution dans le costume français ; nous empruntâmes surtout aux uniformes russes et prussiens une heureuse innovation. La taille des habits, les corsages de robes s'allongèrent ; on s'habilla enfin avec une intelligence profitable des nécessités physiologiques. En coupant en deux la poitrine par la taille serrée de nos vêtements, on gêne les mouvements de tout l'appareil extérieur de la respiration ; en plaçant la taille de nos vêtements au-dessous de l'appendice *sternal,* le jeu des *côtes,* du *sternum*[1] et du *diaphragme*[2] n'est point entravé. On réforma, par la logique et par la science, jusqu'à l'art des couturières et des tailleurs.

Nous empruntâmes aux Anglais, en 1814, un art nouveau en France, plus nouveau qu'on ne le pense peut-être : l'art de la propreté. On était soigné, parfumé, sous l'ancien régime, mais pendant les plus mauvais jours

1. Le sternum est un os avec les cartilages duquel vient s'unir l'extrémité antérieure des côtes, et qui se termine en bas par un appendice.
2. Le diaphragme est un muscle très-large, cloison mobile entre la poitrine et l'abdomen.

de la révolution et de 93, des mains propres faisaient de vous un suspect.

Le cheval anglais doit à l'origine de sa race, mais beaucoup aussi aux soins de propreté qu'on lui prodigue, toutes ses brillantes qualités, sa distinction, sa légèreté, les reflets de sa robe, et je dirai presque la dignité de son caractère. Les soins de propreté, qu'on ne saurait pousser trop loin, et renouveler trop souvent, ont encore une action plus profonde sur la sensibilité physique et aussi sur la sensibilité morale de l'homme. La propreté a quelque chose d'honnête : c'est le respect de soi-même. Dès les premiers jours de la restauration, on comprit, on pratiqua la propreté. On se mit à respecter, à honorer la nature humaine ; l'homme ne fut plus, comme on le disait alors, de la *chair à canon*.

Je ne prétends point que, en un jour, les mœurs publiques passèrent du vice à la vertu ; mais les scandales de la licence firent place à une décence exigée, et aux sévérités de la pruderie ; on passa même à la recherche, à l'élégance ; les *gants jaunes* devinrent pour les hommes une mode et un luxe de rigueur dans les salons, dans les loges et dans les avant-scène de nos théâtres.

La chance quotidienne d'être emporté par un boulet de canon ne pouvait plus servir d'excuse à une vie déréglée, à tous les délires de la débauche. La gloire des champs de bataille ne fut plus l'espérance des générations nouvelles. Les succès, la célébrité, la gloire littéraires, tentèrent donc les esprits élevés et les cœurs ardents. On n'adorait point encore le veau d'or. Les âmes ne s'étaient point encore amollies et courbées sous la dictature de l'argent.

CHAPITRE VIII

LA PEINTURE ET LA MUSIQUE SOUS LA RESTAURATION.

David. — L'école de peinture du dix-huitième siècle. — Gros. — Gérard. — *Mémoires* en quelques pages d'Eugène Delacroix. — Géricault. — Le salon de Gérard. — Cherubini. — Aubert. — Halévy. — Meyerbeer. — M. Sosthène de La Rochefoucauld. — M. de Beauchêne. — M. Maréchal. — L'Opéra ouvert à Rossini. — Rossini à Paris et à Florence. — Une lettre de Rossini.

Action et réaction, c'est la vie de l'homme, c'est la vie des lettres et des arts.

Eveillées par ce premier mouvement littéraire de la restauration, la peinture et la musique furent entraînées par des courants nouveaux.

La peinture, sous l'empire, avait subi le despotisme et avait plié sous un dictateur. Le républicain David prétendit réformer l'école française de son temps par un véritable 93. Toute l'école française du dix-huitième siècle fut proscrite : les Vanloo, Fragonard, Pater, Lancret, Boucher, Chardin, Greuze, et surtout le grand peintre de l'école française, ce grand coloriste, ce fantaisiste charmant, ce maître fin, coquet et naïf, Watteau enfin, furent chassés du temple, et reçurent presque sur la face les plus cruelles et les plus injustes humiliations. Comme la noblesse de France, les tableaux de tous ces maîtres émigrèrent, et ne trouvèrent asile qu'à Londres dans les galeries de collecteurs éclairés ; ce qui resta à Paris des tableaux du dix-huitième siècle se vendit à vil prix, et fut voué au mépris public.

L'école du dix-huitième siècle avait surtout fait de la couleur ; David, le révolutionnaire, fit du dessin ; il revint à l'anatomie ; on ne vit plus que du nu, et il alla chercher ses modèles, non dans Rome impériale trop drapée, mais dans Rome républicaine. La peinture de David était de la peinture *officielle*, c'est-à-dire sans contradicteur et sans critique. Gros, quoique élève de David, à force de talent et de fécondité, dans ses *Pestiférés de Jaffa* et dans sa *Bataille d'Eylau*; Girodet dans son *Endymion*, purent seuls lutter contre la dictature du temps. Aux yeux de David, Gros et Girodet étaient plus que des suspects. L'*Entrée de Henri IV à Paris*, de Gérard, fut aussi une protestation modérée contre l'école de David ; ce tableau fit événement dans les premiers temps du règne de Louis XVIII ; on en loua surtout la composition et l'ordonnance.

Bientôt il se fit des coalitions et des émeutes contre le *dessin* et pour la *couleur*.

Gros excita l'admiration publique par sa grande page de la coupole de Sainte-Geneviève. Gérard vint rendre visite à ces peintures. « Que pensez-vous, lui dit Gros, de mon histoire en quatre livres ? — En quatre chants, » répliqua Gérard.

Gérard s'éloigna, et s'adressant à un de ses amis : « Malgré tous les éloges qu'on fait de ces peintures, lui dit-il, c'est plus *Gros* que nature. »

Dans les ateliers, dans les musées, dans les galeries particulières, on conspira contre David ; plusieurs journaux prirent les armes ; il se forma presque des sociétés secrètes qui, le verre à la main, jurèrent la perte de l'ennemi commun : Gros, Prudhon, Géricault, Eugène Delacroix, puis plus tard Decamps, Camille Roqueplan et beaucoup d'autres apportèrent dans la lutte le décisif appui de leur palette. Les coloristes furent vainqueurs, à ce point que l'école de David fut à son tour méprisée et souffletée, et que toute l'école du dix-huitième siècle reprit faveur jusqu'à l'engouement.

Les coloristes affichèrent des airs de conquérants. Les Vanloo, Fragonard, Pater, Lancret, Boucher, Chardin, Greuse, Watteau, eurent une rentrée triomphale. L'enivrement de la victoire alla même jusqu'à l'orgie, et ce fut alors que se rencontra un homme passionné, exclusif, plein de conviction, plein d'admiration pour soi-même, ne manquant ni d'étude, ni d'élévation, ni de grandeur, assez épris de l'antiquité, un chef d'école enfin qui vint, comme un gendarme, mettre le holà et rétablir la discipline dans les ateliers en goguette. Ce gendarme, ce fut M. Ingres. Par son talent et par cette réaction inattendue contre les excès de la couleur, M. Ingres se fit une grande renommée ; il n'eut pas d'élèves, il eut des apôtres.

Le public lui-même a fait de grands progrès en peinture : le temps est bien loin où il se pressait autour d'un tableau de bataille du général Lejeune, et admirait ces petits bonshommes de bois, qui étaient censés se battre les uns contre les autres. La foule s'arrête aujourd'hui devant les *Chevaux* et devant le *Naufrage* de Géricault, devant la *Bataille des Cimbres*, devant la *Ronde de nuit*, devant le *Supplice des crochets*, devant tous les tableaux du grand peintre qui honore notre temps et notre pays, devant les tableaux de Decamps, devant le *Massacre de Scio* d'Eugène Delacroix, devant les peintures chatoyantes, pleines d'imagination et de coquetterie de Camille Roqueplan, devant la *Françoise de Rimini* de Scheffer, et aussi devant *Œdipe et le Sphinx*, devant *Stratonice* et devant les *Odalisques*.

Le feu des enchères est le jugement dernier pour bien des célébrités qui ont un instant connu les enivrements du succès et de la vogue. Combien de tableaux, qui ont brillé sous l'empire, contraignent le marteau du commissaire-priseur à retomber vite et à prononcer une adjudication à vil prix !

Comme tous les arts de la paix, la peinture passionne aujourd'hui une population plus nombreuse. On compte à Paris beaucoup de riches galeries particulières. Tous les souverains se disputent les chefs-d'œuvre des maîtres. On rencontre dans les ventes de tableaux une foule d'amateurs se ruinant qui pour Prudhon, qui pour Géricault, qui pour Decamps, qui pour Ingres, qui pour Paul Delaroche, en un mot pour tous les maîtres et pour toutes les écoles.

Les amateurs de tableaux représentent aussi une population curieuse à étudier : l'un est fier d'un tableau quand il l'a payé très-cher ; l'autre ne s'enorgueillit d'un tableau que quand il l'a payé très-bon marché ; l'orgueil de l'un, c'est de s'y connaître assez pour avoir su mettre beaucoup d'argent sur une toile ; l'orgueil de l'autre, c'est d'être assez fort en peinture pour avoir découvert dans ce qu'on croyait une croûte un chef-d'œuvre de maître. Les amateurs, dans leur galerie ou dans leurs appartements, aiment surtout à changer les tableaux de place. Les toiles de maître ont, en effet, les aspects les plus variés et les plus inattendus. La lumière projetée à diverses doses sur une toile en fait autant de tableaux différents et nouveaux.

Si des amateurs nous passons aux peintres, nous trouverons encore parmi eux des physionomies plus diverses, plus accentuées, plus singulières, plus individuelles; chaque peintre a sa manière de *voir* et de sentir, et lorsqu'on parcourt nos grands musées, on rencontre peut-être plus d'individualités en peinture, qu'on n'en rencontre dans les lettres, en parcourant les catalogues et les classifications de nos bibliothèques.

Pour me renseigner sur quelques grands peintres de l'empire, sur quelques grands peintres de la restauration, sur le salon de Gérard, sur Géricault, je m'adressai à un des plus charmants causeurs de ce temps-ci, grand peintre lui-même, à un camarade de collége, à Eugène Delacroix.

Eugène Delacroix et moi, nous fîmes notre troisième ensemble au Lycée impérial, sous M. Quénon, auteur d'un dictionnaire grec. M. Quénon dédia son dictionnaire à Cambacérès, qui n'était pourtant que peu célèbre pour son amour du grec. Tout en causant des jours du collége, déjà bien loin de nous, de cet excellent M. Quénon, et aussi de M. Raoul Rochette, nouvel Alcibiade à la barbe bleue, en bottes à la Souwaroff, en robe noire, que nous voyions traverser notre cour tous les matins pour aller faire sa classe de cinquième ou de sixième, Eugène Delacroix me parla, d'entraînement et de verve, des commencements de sa vie, de la mort de Géricault et du salon de Gérard. J'écris ici cette improvisation amicale d'Eugène Delacroix. C'est lui qui parle :

« J'ai eu de très-bonne heure un très-grand goût pour le dessin et pour la musique. Un vieux musicien, organiste de la cathédrale de Bordeaux (mon père y est mort préfet), donnait des leçons à ma sœur. Pendant que je faisais des gambades, ce brave homme, qui d'ailleurs avait beaucoup de mérite, et qui avait été l'ami de Mozart, remarquait que j'accompagnais le chant avec des basses et des agréments de ma façon dont il admirait la justesse ; il tourmenta même ma mère pour qu'elle fît de moi un musicien.

» Mon père, vers l'époque de la paix d'Amiens, et avant d'être appelé à la préfecture de Bordeaux, avait été préfet de Marseille : son nom y est encore honoré. Dans moins d'une année, il m'arriva là une suite d'épreuves singulières : je fus successivement brûlé dans mon lit, noyé à moitié en tombant dans la mer, empoisonné avec du vert-de-gris, pendu par le cou à une vraie corde, et presque étranglé par une grappe de raisin, c'est-à-dire par le bois de la grappe. »

Ici j'interrompis mon ami Eugène Delacroix : « Vous voyez bien, lui dis-je, que la Providence avait des vues sur vous : elle tenait à ce que vous fissiez le *Massacre de Scio*, le beau plafond de la grande galerie du Louvre et bien d'autres tableaux ; elle tient même, sans doute, à ce que vous soyez un jour élu membre de la quatrième classe de l'Institut. »

Mon ancien condisciple, souriant à ma prédiction, continua ainsi :

« Je dois à une assez bonne éducation la connaissance des anciens : je m'en applaudis d'autant plus que les modernes, enchantés sans doute d'eux-mêmes, négligent peut-être trop aujourd'hui ces augustes exemples de toute intelligence et de toute vertu.

» Vers la fin de 1815, j'entrai chez Guérin pour étudier la peinture. Je ne sais s'il découvrit en moi quelques promesses de talent; mais il ne m'a jamais encouragé. Lorsqu'en 1822, je fis mon premier tableau, le *Dante et Virgile*, je priai M. Guérin, par déférence, de venir chez moi pour me donner ses avis. Il ne m'adressa guère que des critiques; je ne pus jamais tirer de lui son assentiment au désir que j'éprouvais de présenter à l'exposition mon premier tableau. Toutefois, M. Guérin, me rencontrant à l'Académie où j'allais étudier en élève, voulut bien me dire que ces *Messieurs* avaient remarqué mon œuvre à l'exposition; c'était de messieurs les professeurs qu'il voulait parler. Le succès capital de ma carrière date de cette époque déjà lointaine, et je n'entends point par là celui que j'eus dans le public, je veux parler des éloges de Gros, qui furent vraiment extraordinaires, malgré mon obscurité, ou peut-être à cause d'elle. « C'est, me dit-il, du *Rubens châtié*. » Bien qu'élevé à l'école sévère de David, Gros adorait Rubens; j'idolâtrais moi-même le talent de Gros, et, à l'heure où je vous parle, après tout ce que j'ai vu, Gros tient encore, je pense, une des plus belles places dans l'histoire de la peinture.

» Gros me demanda ce qu'il pouvait faire pour moi. « Que je puisse voir, lui répondis-je avec joie, vos » grands tableaux de l'empire! » Ces tableaux étaient dans l'ombre de son atelier; ils ne pouvaient être exposés au grand jour, à cause de l'époque et des sujets. Je restai quatre heures dans son atelier, seul ou avec lui, au milieu de ses préparations et de ses esquisses; il me donna les marques de la plus grande confiance, et Gros était un homme très-inquiet et très-soupçonneux. Je crus entrevoir qu'il songeait à me prendre près de lui, pour me faire obtenir le prix de Rome dans son école. Ma route était tracée d'un autre côté, et je déclinai cette protection. Gros changea de ton envers moi, et lorsque plus tard ses élèves, peut-être pour le flatter, critiquaient devant lui mes tableaux, il les arrêtait, non pas en prenant le parti du peintre, mais en leur disant que j'étais un jeune homme parfaitement honnête et bien élevé.

» Géricault ressentait de l'adoration pour Gros; il n'en parlait qu'avec enthousiasme et respect. Leurs deux talents étaient cependant dissemblables; mais Géricault devait beaucoup aux exemples de Gros. C'est surtout dans la représentation des chevaux que Gros a été son maître. Géricault, dans ses chevaux, exprime peut-être mieux la force; mais il n'a jamais su faire le cheval arabe. Le mouvement, l'âme, l'œil du cheval, sa robe, le brillant de ses reflets : voilà ce que Gros savait rendre comme personne. La science dans les chevaux de Géricault est pourtant loin d'exclure la verve; mais il n'a pas su trouver l'impétuosité et la légèreté. Au salon de 1812, le *Chasseur à cheval* de Géricault fut placé comme pendant à côté du portrait équestre de Murat, par le baron Gros. Cet ouvrage d'un homme de vingt ans nuisit un peu au succès du grand maître, soit à cause de cet intérêt qui s'attache toujours à un inconnu, soit à cause du plaisir secret de l'envie à opposer un talent naissant qui n'inquiète encore personne à un talent consacré qui a donné des fruits en abondance, et qui désespère l'envie par sa persistance à se tenir toujours debout. Gros ne put, à la fin de sa vie, se consoler de cet abandon du public qui attend tôt ou tard les artistes; il ne l'a que trop prouvé par sa fin tragique, horrible événement qui ne causa pas une très-grande impression : nouvelle preuve qu'il était déjà mort pour cet ingrat public.

» L'histoire de notre temps est remplie de tristes exemples de la fin malheureuse de grands artistes. Gros se jeta à l'eau; Robert se coupa la gorge. Prudhon, qui n'a peut-être plu à une partie du public que grâce à une certaine afféterie, le côté faible de son talent, Prudhon, qui n'avait jamais été accepté par les artistes de son temps, est mort misérable et peu regretté. Ce n'est que depuis sa mort que ses tableaux sont d'un grand prix. Greuze, dont le succès avait été jusqu'à l'engouement, est mort dans la misère et a été jeté dans la fosse commune.

» Au nombre des plus grands malheurs que les arts aient eu à subir dans notre temps, il faut citer la mort prématurée de Géricault. Il gaspilla sa jeunesse; il était extrême et passionné en tout.

» Il ne montait que des chevaux entiers, et choisissait les plus fougueux; il ne pouvait les enfourcher que par surprise, et à peine en selle, il était emporté par sa monture. Je dînais un jour avec Géricault et son père : il nous quitte brusquement, monte à cheval et part comme un éclair, sans avoir le temps de se retourner pour nous dire bonsoir. Le bon vieillard et moi, nous nous remettons à table. Au bout de dix minutes, un grand bruit se fait entendre : Géricault revenait au galop ; il lui manquait une des basques de son habit. Un jour, dans une promenade à Montmartre, son cheval s'emporta et le désarçonna ; il fut jeté à terre : dans sa chute, la boucle de son pantalon, heurtant violemment contre une pierre, produisit une déviation d'une des vertèbres dorsales. Dupuytren reconnut le mal lorsqu'il était déjà sans remède : Géricault fut condamné à rester couché, et moins d'un an après cet accident, le 28 janvier 1824, Géricault mourait encore jeune. La vente de ses tableaux, qui eut lieu après sa mort, ne s'éleva pas à quarante mille francs. Le *Naufrage de la Méduse* fut adjugé au prix de six mille francs au peintre Dorcy, qui s'en rendit acquéreur par respect et par dévouement pour le talent et la mémoire de Géricault. Il fallut plusieurs années de négociations pour décider le gouvernement à acheter cette grande œuvre au prix de l'adjudication, c'est-à-dire six mille francs. C'est grâce à la persistance de Forbin qu'on admire au Louvre l'œuvre principale de Géricault, dont le nom est impérissable dans l'histoire de la peinture de notre pays et de notre temps.

» Géricault était né avec de la fortune, et de là les distractions et les plaisirs nuisibles à ses travaux, et surtout à sa santé. Il perdit la plus grande partie de ce qu'il possédait alors qu'il était déjà cloué sur son lit de douleur. Son ami M***, l'agent de change, dont la déconfiture a été si célèbre, fut cause de ce désastre ; il s'était emparé de la confiance et de l'argent de Géricault, pour lui donner, disait-il, de gros intérêts. J'ai vu Géricault, dans les derniers temps de sa vie, poussé par la nécessité, vendre à des prix plus que médiocres de précieux tableaux et d'admirables esquisses.

» Bien que Géricault m'admit dans son intimité et dans sa famille, la différence d'âge et mon admiration pour son talent me plaçaient près de lui dans la situation d'un élève respectueux ; il avait travaillé chez le même maître que moi, et, au moment où je commençais, j'avais vu Géricault, déjà lancé et célèbre, venir faire à l'atelier quelques études. Il me permit de voir sa *Méduse*, pendant qu'il l'exécutait, dans un atelier bizarre, près des Ternes. L'impression que j'en reçus fut si vive, qu'en sortant de chez lui je revins toujours courant et comme un fou jusque dans la rue de la Planche, où je demeurais, au fond du faubourg Saint-Germain.

» Géricault vivait encore quand j'exposai mon premier tableau : il me parut en être frappé. Prudhon, alors mourant, en fit, à ce que j'appris, de grands éloges. M. Thiers rédigeait, dans ce temps-là, dans le *Constitutionnel*, des articles sur les expositions de peinture, et il fit, sur l'obscur débutant, un article par-dessus les toits. Il y avait été encouragé par Gérard, qui, lui aussi, voyait dans mon premier tableau beaucoup d'avenir. M. Thiers est le seul, placé pour être utile, qui m'ait tendu la main dans ma carrière. Après ce premier article, il en fit un second tout aussi pompeux au salon suivant, à l'occasion du *Massacre de Scio*. J'ignorais même à qui j'étais redevable de tant de bienveillance : Gérard m'invite à Auteuil, et je vois enfin cet ami inconnu, qui ne me parut pas du tout surpris de mon peu d'empressement à le rechercher après tout ce qu'il avait fait pour moi. M. Thiers put m'être encore plus d'une fois utile, et il le fit toujours avec la même simplicité. M. Thiers, ministre de l'intérieur, me donna à peindre le *Salon du Roi*, au palais Bourbon.

» Le salon de Gérard, que vous désirez connaître, poursuivit Eugène Delacroix, était une des choses curieuses du temps. L'homme lui-même était un type rare ; j'ai entendu dire tant de sottises sur les hommes connus, que je me défie beaucoup des réputations qu'on fait aux gens. On traitait Gérard de courtisan, de diplomate raffiné. J'avoue que, toutes les fois que je lui demandai quelques petits services, je le trouvai assez entortillé dans ses réponses. Voici cependant une anecdote qui le peint dans une de ces explosions de caractère que ne peuvent maîtriser quelquefois les plus circonspects. Jacquemont le voyageur m'a conté que, demandant un jour à voir Gérard, on lui répondit qu'il était à Saint-Cloud, pour un portrait de Charles X. Quelques instants après, Gérard est de retour : il passe devant Jacquemont sans le voir ; il entre dans la cuisine, qui était sous la porte cochère, et prend place avec une fureur concentrée à une table où étaient assis ses domestiques. « Qu'on me donne du pain et du fromage, dit-il d'une voix de tonnerre, et au diable le reste ! » Il revenait, ce jour-là, blessé de quelques-unes de ces paroles que, sous la restauration, on n'épargnait guère aux hommes de la révolution et aux hommes de l'empire.

» On arrivait chez Gérard à l'italienne, c'est-à-dire à minuit ; on y rencontrait, comme assidus, Talma, mademoiselle Mars, le comte Lowœnhielm, Mérimée, Jacquemont, madame Ancelot, mademoiselle Delphine Gay ; entre autres, le pauvre Beyle (Stendhal), mort subitement en 1842. Beyle avait beaucoup de cachet ; personne ne racontait comme lui. Mérimée avait beaucoup de goût pour Beyle. Un des grands charmes de ces réunions, c'est que tout ce monde se rencontrait, presque tous les jours de la semaine, dans diverses maisons qui recevaient à jour fixe. C'était chez Gérard, chez madame Ancelot, chez Cuvier, au jardin des Plantes, etc.

» Malgré cette vie mondaine, je travaillais tout le jour ; mon organisation, d'ailleurs assez frêle, suffisait à tout ce mouvement. La jeunesse permet les excès, parce qu'elle tend toujours à les réparer.

» C'est après 1830 que l'amitié de M. Thiers me valut le *Salon du Roi*. Cette œuvre, qui eut assez de succès, même auprès des puristes, décida d'autres ministres à me confier de nouveaux travaux. Je n'avais pas la faveur du roi Louis-Philippe, qui n'entendait rien à ma peinture ; les deux ou trois tableaux qu'on me demanda pour Versailles me furent donnés parce qu'on en donnait à tout le monde.

» On m'a enrégimenté, bon gré mal gré, dans la coterie romantique ; ce qui a pu ajouter les sottises de quelques-uns à la liste des sottises que j'ai pu faire. Je me suis tiré de tout cela par une très-grande modération dans mes désirs, dans tout ce qui touche à l'argent, et par cette extrême confiance que donne la jeunesse et que l'âge tend à affaiblir. Dans mes tableaux, j'ai toujours vu les défauts avant les juges les plus sévères ; mais mes juges y voyaient-ils le bien qui s'y trouvait ?

» Les salons de peinture, sous la restauration, n'étaient point annuels. Pour un homme militant et ardent, c'était un grand malheur dans l'âge de la séve et de l'audace. A la fin de l'un de ces salons, en 1827 (on renouvelait alors les tableaux à mesure que l'exposition se prolongeait), j'exposai un tableau de *Sardanapale*. S'il est permis de comparer les petites choses aux grandes, ce fut mon Waterloo. J'avais eu quelques succès à ce salon, qui avait duré presque six mois : cette œuvre nouvelle, qui arrivait la dernière, souleva l'indignation feinte ou réelle de mes amis et de mes ennemis. Je devenais l'abomination de la peinture ; il fallait me refuser l'eau et le sel. M. Sosthène de La Rochefoucauld, alors chargé des beaux-arts, me fait venir. Je rêve déjà quelques grandes commandes, quelques vastes tableaux à exécuter. M. Sosthène fut poli, empressé et aimable ; il s'y prit avec douceur et comme il put pour me faire entendre que je ne pouvais décidément avoir raison contre tout le monde, et que, si je voulais avoir part aux faveurs du gouvernement, il fallait changer de manière. « Je ne pourrais, lui répondis-je, m'empêcher d'être de mon opinion, quand la terre et les étoiles seraient d'une opinion toute contraire. » Et comme il s'apprêtait à m'attaquer par le raisonnement, je lui fis un grand salut et je sortis de son cabinet. J'étais enchanté de moi-même, et, à partir de ce moment, mon *Sardanapale* me parut une œuvre supérieure, plus remarquable que je ne l'avais pensé. Les suites de cette conférence furent déplorables : pendant cinq ans, plus de commandes reçues, plus de tableaux achetés. Vous jugerez ce que fut pour moi ce chômage, alors que je me sentais capable de couvrir de peintures une ville entière. »

De la peinture passons à la musique. La peinture et la musique parlent toutes deux à l'esprit, au cœur, à l'imagination, et se laissent toutes deux entraîner à des révolutions, par le mouvement et par la fièvre des idées qui agitent toute une nation et toute une époque.

L'Opéra avait exécuté deux chefs-d'œuvre de musique sous l'empire, la *Vestale* et *Fernand Cortez*. La scène de la révolte de *Fernand Cortez*, le final du second acte de la *Vestale*, bien exécutés, dans tous les temps exciteront l'enthousiasme. Mais sous la restauration, les grandes compositions ne manquèrent pas, et la renommée eut à proclamer le nom de plus d'un maître.

Sous la restauration, la musique s'inspira des élans religieux qui se produisirent au sein de la nouvelle société. La chapelle du roi, sous la direction de Cherubini et de Lesueur, comptait un grand nombre d'exécutants; on y avait appelé l'élite des instrumentistes, les plus grands talents et les plus belles voix. Tous les dimanches, aux offices divins, et surtout à certains jours d'anniversaires, on y exécutait de nouvelles compositions de Cherubini pleines de sentiment et d'onction; l'exécution était toujours excellente. On s'arrachait les billets de chapelle.

Sous la restauration, Cherubini fut membre de l'Institut, surintendant de la musique du roi, directeur du Conservatoire, chevalier de la Légion d'honneur et chevalier de l'ordre de Saint-Michel.

Pendant ma direction de l'Opéra, j'ai fait représenter *Ali Baba,* opéra en trois actes, de Cherubini; ce fut le dernier ouvrage qu'il écrivit pour le théâtre.

La maison de Cherubini était ouverte aux artistes,

aux amateurs, aux gens du monde, et tous les lundis, une réunion nombreuse se pressait dans ses salons. Tous les artistes étrangers désiraient être présentés à Cherubini.

Pendant ces dernières années, on rencontrait souvent chez Cherubini, Hummel, Liszt, Chopin, Moschelès, madame Grassini et mademoiselle Falcon, alors jeune et brillante de talent et de beauté; Auber et Halévy, les deux élèves préférés du maître; Meyerbeer et Rossini.

Cherubini reçut avec la plus grande cordialité Rossini, dont il reconnaissait le génie, et Rossini fut touché de l'accueil que lui fit ce maître sévère. Il y a loin du style de Cherubini à celui de Rossini, cependant ces deux hommes d'un génie si différent se comprenaient et s'appréciaient. On eût dit que leurs vieux souvenirs des anciennes écoles d'Italie étaient entre eux un lien sympathique; ils étaient presque des amis de collége. On a vu Cherubini, peu prodigue de manifestations, applaudir le chef-d'œuvre de *Guillaume Tell*.

Cherubini approuvait quelquefois, blâmait plus souvent, et se taisait d'ordinaire. On venait d'exécuter au Conservatoire une de ses ouvertures; on vint lui demander ce qu'il pensait de l'exécution : « Puisque je n'ai rien dit, répondit-il, c'est que je suis content. »

On entendit Rossini chanter chez Cherubini l'air du *Barbier* avec cette grâce inimitable, avec cette voix pleine de jeunesse et de vie, avec ce *brio* d'accompagnement qu'aucun orchestre ne pouvait égaler.

Lorsque la réunion n'était pas trop nombreuse, Cherubini permettait d'exécuter quelques-unes de ses compositions, soit inédites, soit publiées. MM. Ponchard, Bordogni, Levasseur, madame Damoreau entouraient le piano. On passait en revue d'anciens ouvrages, on déchiffrait quelques partitions manuscrites. On chantait le quatuor des *Viaggiatori felici*, le trio d'*Ifigenia*, un quatuor d'un *Don Giovanni*, plein d'intérêt, composé sur les paroles mêmes du quatuor de *Don Giovanni*, de Mozart. On y chantait de charmants morceaux de *Koukourgi*, opéra inédit et inachevé, dont Cherubini mit les meilleures pages dans *Ali Baba*.

Souvent aussi, c'étaient des morceaux de musique sacrée qui faisaient les frais de la soirée. On chantait le *Pater noster* composé pour la chapelle du roi, ou l'*Ave verum*, avec solo de hautbois; ou de magnifiques litanies de la Vierge inédites, et dont M. Auber possède le manuscrit. M. Halévy possède aussi plusieurs manuscrits de Cherubini, avec cette dédicace de la main du maître : *Al suo caro Halévy.*

La plus tendre amitié unissait Cherubini et M. Ingres. M. Ingres peignit pour son ami le beau portrait qu'on admire au Luxembourg. Peu de temps avant sa mort, Cherubini composa un *canon* pour M. Ingres. Lorsque M. Ingres devait passer la soirée chez son ami Cherubini, Baillot était prévenu et invité, et l'on exécutait de charmants quatuors d'instruments. M. Ingres ne manque pas de talent sur le violon.

Cherubini était un homme d'un esprit naïf; il lui échappait souvent des paroles dures, mais sans qu'il eût l'intention de blesser personne; s'il disait des choses plaisantes, il était le seul à n'en pas rire, il ne se doutait pas qu'il eût été plaisant. Cherubini exprimait sa pensée, et voilà tout ; il était peu soucieux et ne s'apercevait même pas de l'effet qu'il pouvait produire.

Un jeune homme se présente au Conservatoire pour être admis au pensionnat. Il venait de faire cent lieues à pied ; il chante : il a de la voix, et sa voix n'est pas mauvaise. Mais ce pauvre garçon est petit, gros, trapu ; sa figure grimace. On vote ; il n'est pas admis. Il lui faut donc faire encore cent lieues pour retourner dans sa ville natale ! Le comité, tout en le refusant, voudrait adoucir l'amertume du refus : « Laissez-moi faire, je vais arranger cela, » dit Cherubini qui présidait. On appelle le candidat : « Monsieur, dit Cherubini, le comité ne peut pas vous recevoir, parce que vous êtes trop laid. »

Après la mort d'Hérold, que je trouvai maître de chant à l'Opéra et dont je parlerai plus tard, Adolphe Nourrit et plusieurs artistes de l'Opéra se rendent auprès de Cherubini pour le prier de laisser chanter aux funérailles d'Hérold une messe de *Requiem* que le maître venait de composer. Le maître refuse ; on insiste : « Non, dit Cherubini, je ne puis vous donner cette messe, je la garde pour Paër. » Rien n'annonçait alors la fin prochaine de Paër, qui vécut encore cinq ou six ans.

Un graveur avait composé et fait frapper une médaille de Cherubini ; il lui en apporta huit ou dix exemplaires, en le priant de les acheter. Cherubini était dans un de ses accès de misanthropie : « Qu'ai-je à faire de ces médailles ? — Vous les donnerez à vos parents, à vos amis. — Je n'ai point d'amis, et je ne donne rien à mes parents. »

Malgré ces boutades, Cherubini se montrait souvent

très-sensible, très-attaché à ses amis; il suffisait de le bien connaître pour l'aimer.

De 1800 à 1813, un homme du monde, très-jeune encore, très-recherché dans les salons, composait et publiait un recueil de romances, un trio pour piano, violon et violoncelle, un concerto de violon; sa réputation ne dépassait guère le cercle des artistes. Le 27 février 1813, ce jeune compositeur faisait représenter un opéra-comique en un acte, le *Séjour militaire*, et le 18 septembre 1819, un second opéra-comique en un acte, le *Testament et les Billets doux*. Ce jeune musicien, c'était M. Auber.

Ce fut le 27 janvier 1820 que M. Auber, dans un opéra-comique en trois actes, la *Bergère châtelaine*, obtint pour la première fois de vifs et légitimes applaudissements. Citer ici le titre de toutes les partitions de M. Auber qui suivirent la *Bergère châtelaine*, c'est rappeler aux bourgeois de Paris autant de succès populaires.

Voici la liste exacte des œuvres musicales de l'auteur de la *Muette* par ordre de date :

PIÈCES.	GENRE.	ACTES.	DATES.
Emma	opéra-comique	3 actes.	7 juillet 1821.
Leicester	idem.	idem.	25 janvier 1823.
La Neige	idem.	4 actes.	8 octobre 1823.
Concert a la cour	idem.	1 acte.	3 juin 1824.
Léocadie	idem.	3 actes.	24 novem. 1824.
Le Maçon	idem.	idem.	3 mai 1825.
Le Timide	idem.	1 acte.	30 mai 1826.
Fiorella	idem.	3 actes.	28 novem. 1826.
La Muette de Portici	grand opéra	5 actes.	29 février 1828.

PIÈCES.	GENRE.	ACTES.	DATES.
La Fiancée	opéra-comique	3 actes.	10 janvier 1829.
Fra Diavolo	idem.	idem.	28 janvier 1830.
Le Dieu et la Bayadère	grand opéra	2 actes.	13 octobre 1830.
Le Philtre	idem.	idem.	20 juin 1831.
Le Serment	idem.	3 actes.	1er octobre 1832.
Gustave III	idem.	5 actes.	27 février 1833.
Lestocq	opéra-comique	4 actes.	24 mai 1834.
Le Cheval de bronze	idem.	3 actes.	23 mars 1835.
Actéon	idem.	1 acte.	23 janvier 1836.
Les Chaperons blancs	idem.	3 actes.	9 avril 1836.
L'Ambassadrice	idem.	idem.	21 décem. 1836.
Le Domino noir	idem.	idem.	2 décem. 1837.
Le Lac des Fées	grand opéra	5 actes.	1er avril 1839.
Zanetta	opéra-comique	3 actes.	18 mai 1840.
Les diamants de la Couronne	idem.	idem.	6 mars 1841.
Le Duc d'Olonne	idem.	idem.	4 février 1842.
La Part du Diable	idem.	idem.	16 janvier 1843.
La Syrène	idem.	idem.	26 mars 1844.
La Barcarolle	idem.	idem.	22 avril 1845.
Haydée	idem.	idem.	28 décem. 1847.
L'Enfant prodigue	grand opéra	5 actes.	6 décem. 1850.
La Corbeille d'oranges	idem.	3 actes.	16 mai 1851.
Marco Spada	opéra-comique	idem.	21 décem. 1852.

Le jour de la première représentation du *Séjour militaire*, M. Auber s'était placé dans la salle ; mais, après l'ouverture et dès la seconde ou troisième scène, il souffrait tant à entendre sa musique, qu'il sortit découragé. Depuis ce jour-là, M. Auber n'a jamais pu écouter une de ses partitions que, pour ainsi dire, caché au fond du théâtre.

Depuis 1830, j'ai vécu dans l'intimité des grands compositeurs de notre temps, et j'ai pu constater que tous les compositeurs dont le nom s'est illustré par de nombreux succès sont surtout gens de beaucoup d'esprit. Je connais peu d'hommes plus spirituels qu'Auber, qu'Halévy, qu'Adam, que Meyerbeer, que Rossini. Chacun a son cachet ; mais ils ont dans l'esprit de la netteté, de la soudaineté, de l'imprévu, de la finesse, un certain charme, une sensibilité exquise, de la pénétration et, ce que j'estime au plus haut degré, du naturel. Tous sont très-gens d'affaires ; il leur faut en effet plus de ressources d'intelligence, plus de profondes combinaisons, plus d'habileté, plus de savoir et de savoir-faire, pour obtenir un premier poëme, pour le faire recevoir et pour faire exécuter leur première partition, qu'il n'en fallut à Beaumarchais pour faire jouer le *Mariage de Figaro*.

Sous les dehors réservés et sous les façons discrètes de la meilleure compagnie, M. Auber cache tant qu'il peut l'esprit le plus attique et le plus charmant ; sa prétention, c'est d'être paresseux. Les femmes, les chevaux, les boulevards, le bois de Boulogne et la musique : c'est tout ce qu'il aime. Il se rappelle avoir traversé la Manche dès sa première jeunesse, pour se rendre en Angleterre ; mais il n'a jamais fait d'autre infidélité à son Paris, ni pour le midi, ni pour le nord de l'Italie. J'ai assisté à la répétition générale de la *Muette*, dans les derniers jours de février 1828 : j'aurais parié que M. Auber avait été chercher ses inspirations et ses pittoresques mélodies sous le beau ciel de Naples ; il les avait trouvées, soit au trot dans une allée du bois de Boulogne, soit dans des causeries intimes avec les beautés, aux séductions engageantes, de nos théâtres lyriques.

Il y a de la verve, de la fécondité, du brillant, de la

grâce, une foule de ces mélodies trouvées qui surprennent et charment l'oreille pour la première fois, et dont on se souvient toujours, dans le talent inépuisable de M. Auber. Le dernier opéra qu'il a fait représenter, *Marco Spada*, semble être une œuvre de sa plus brillante jeunesse.

M. Auber a en portefeuille des œuvres inédites dont voici la liste :

Trois quatuors pour deux violons, alto et violoncelle ;
Un opéra en un acte ;
Un opéra en trois actes ;
Une messe ;
Des litanies ;
Un acte d'un opéra de circonstance.

Ce fut l'ouverture du *Calife de Bagdad*, exécutée sur le piano avec accompagnement de violon et de flûte, à une distribution de prix, qui nous valut les grandes et nombreuses partitions d'Halévy. Encore au collége, il fut charmé par ce concert d'instruments. Le fils du maître de pension, M. Cazot, très-bon musicien et répétiteur au Conservatoire, encouragea et seconda les dispositions du jeune Halévy. A douze ans, Halévy obtenait, au Conservatoire, un prix d'harmonie.

La classe de Cherubini, au Conservatoire, était tout à la fois la plus enviée et la plus redoutée : enviée, à cause de l'éclatante renommée du maître ; redoutée, à cause de ses *rebuffades*. Halévy passa bientôt de la classe de Berton dans celle de Cherubini ; au bout de quelques mois de rudes épreuves, il sut mériter l'intérêt et l'attachement du maître, intérêt et attachement qui devinrent entre ces deux savants compositeurs une amitié durable.

Cherubini annonça un matin à ses élèves qu'il partait pour l'Angleterre, et que, pendant son absence, Halévy le remplacerait pour les leçons. A cette nouvelle inattendue, le cœur d'Halévy, qui n'avait alors que quinze ans, se gonfla d'une joie immense, peut-être mêlée d'un peu d'orgueil. Cherubini en partant pensait aussi aux progrès de son élève, et il le confiait aux soins et aux conseils de Méhul.

L'année suivante, Halévy obtenait le second prix de composition au concours de l'Institut. En 1819, il remportait le premier prix et partait pour Rome.

De jeunes professeurs de l'Université, sortis de l'Ecole normale, se réunissaient tous les jeudis dans un banquet d'amis chez le père de l'un d'eux, homme riche qui aimait la philosophie, les arts et les bons dîners.

Supposons qu'à Athènes des philosophes, des poëtes, un jeune musicien encore imberbe, dans un festin modeste et délicat, parlent des dieux, des arts et du théâtre ; les philosophes se montrent aimables quoique savants ; les poëtes s'inspirent de la riante imagination de la jeunesse ; le jeune musicien cherche des chants nouveaux sur sa lyre ; la coupe, couronnée de roses, passe de main en main. Le plus renommé des jeunes philosophes (je le nommerais Platon, si Platon eût aimé la musique) se lève et dit : « Je veux faire un drame, j'en inventerai l'action, j'en écrirai le plan. S'adressant à un des poëtes, toi, dit-il, tu l'écriras dans la langue des dieux ; s'adressant au jeune musicien, toi, dit-il, tu en composeras la mélopée, tu dicteras les chants des chœurs, des strophes, des antistrophes, et, quand notre œuvre sera achevée, nous la ferons représenter aux fêtes prochaines. »

Cette scène de l'antiquité est une scène de l'histoire moderne : le philosophe célèbre, c'était M. Cousin ; le musicien imberbe, c'était Halévy ; le jeune poëte, c'était Loyson, dont la mort inattendue vint renverser tous ces charmants projets faits à table devant les dieux.

Je puis même dire quel était le sujet choisi par M. Cousin ; c'était un sujet musical rempli d'opposition de couleurs diverses ; ce sujet, c'était le conte de Marmontel, *les Trois flacons*.

Un autre poëte, aujourd'hui membre de l'Académie française, et qui sait sur le bout du doigt son théâtre grec, M. Patin, écrivit pour Halévy un poëme d'opéra en un acte, *Pygmalion*.

Tout cela se passait avant qu'Halévy fût parti pour Rome ; il composa la musique de *Pygmalion* à la villa Médicis, devant ces monuments de la ville éternelle, errant dans le Vatican et demandant des inspirations à ces chefs-d'œuvre, à ces témoins sacrés de l'art antique qui peuplent les musées de Rome.

L'opéra de *Pygmalion* fut même exécuté à grand orchestre ; madame Damoreau chantait le rôle de Galathée, Adolphe Nourrit celui de Pygmalion ; Dabadie s'était chargé du rôle d'un troisième personnage. Halévy avait fait répéter les chœurs, Habeneck conduisait l'orchestre ; cette exécution ne se faisait que devant un jury, ce n'était qu'une audition. La direction, représentée par MM. Habeneck et Dubois, vint annoncer au jeune compositeur que sa partition était reçue. Elle fut portée à la copie et les répétitions commencèrent.

Un fantôme semble sortir de son tombeau pour renverser encore les espérances d'Halévy ; ce fantôme, c'était le sculpteur Phidias, jaloux du sculpteur Pygmalion. M. Jouy avait, en effet, de son côté, mis Phidias en opéra, la musique était de M. Fétis ; cet opéra avait été reçu, Phidias devait avoir, par ancienneté, le pas sur Pygmalion ; on devait d'ailleurs des égards à M. Jouy et à M. Fétis.

Il arriva de ce conflit que ni Pygmalion, ni Phidias, ne virent le feu de la rampe de l'Opéra, et que poëtes et musiciens furent forcés d'ensevelir dans le même tombeau les deux grands sculpteurs, leurs vers et leurs partitions.

Halévy put enfin faire exécuter une première partition à l'Opéra-Comique ; il obtint un poëme en un acte intitulé : *l'Artisan*.

C'était en été, Boïeldieu donnait une soirée ; il demeurait boulevard Montmartre, dans une maison qu'habita aussi Rossini. Les fenêtres étaient ouvertes ; Halévy, accoudé sur le balcon, voit se diriger vers la maison de Boïeldieu le directeur de l'Opéra-Comique, Guilbert Pixérécourt ; il n'avait pu être admis auprès de lui qu'une seule fois et à grand'peine.

Pixérécourt fait son entrée dans le salon, il est bientôt entouré. Boïeldieu et Cherubini jouaient en ce moment une partie d'écarté ; Pixérécourt s'approche de la table de jeu, il parie pour Cherubini ; il perd. Cherubini se lève, et plusieurs joueurs se succèdent à cette place malheureuse. Pixérécourt perd toujours! Enfin, il prend les cartes, il gagne; une *veine* se déclare, il passe six fois, huit fois. Se tournant alors tout à coup vers Halévy, son voisin, assis là depuis plus d'une demi-heure. « J'ai votre affaire, lui dit-il, venez me voir demain matin. » Le bonheur au jeu rend affectueux; si Pixérécourt eût continué à perdre, les débuts d'Halévy eussent peut-être été retardés de quelques années.

L'*Artisan* réussit; les principaux rôles étaient confiés à M. Chollet et à madame Casimir. Deux morceaux furent bissés, et la partition se vendit le soir même à l'éditeur Schlesinger. Le lendemain, les auteurs, rayonnants de gloire, vont remercier Pixérécourt, qui les reçoit à merveille. « C'est très-bien, leur dit-il, votre ouvrage me plaît beaucoup; je le jouerai quatorze fois. » Et il le joua tout juste quatorze fois. Pourquoi quatorze fois?

En 1828, Halévy fit représenter à l'Opéra-Comique le *Dilettante d'Avignon*, en un acte, le succès fut populaire, et *Clari*, en trois actes, à l'Opéra-Italien. Il écrivit aussi la musique d'un ballet de M. Scribe, *Manon Lescaut*.

Nous retrouverons, en 1832, à l'Opéra, Halévy, chef de chant. Ce fut sous ma direction qu'Halévy fit exécuter la grande et belle partition de la *Juive*, suivie bientôt à l'Opéra de *Guido et Ginevra*, de la *Reine de Chypre*, de *Charles VI*, du *Juif errant*, et à l'Opéra-Comique de l'*Eclair*, des *Mousquetaires*, du *Val d'Andorre*, de la *Fée aux Roses*, de la *Dame de pique* et du *Nabab*, dont la partition est riche de mélodies neuves, spirituelles et osées.

Halévy est un penseur, un curieux de toutes les choses de l'esprit, un chercheur ; il cherche en musique des formules nouvelles, il satisfait ses fantaisies et se divertit en composant. Halévy est un savant musicien, mais il a aussi ce qui ne s'acquiert pas, du style, des chants pleins de nouveauté, de grâce et de distinction, et surtout, au besoin, de la sensibilité, de la tendresse et de l'amour. Halévy n'inspire à tous ceux qui le connaissent qu'un sentiment, l'amitié ; s'il n'eût pas obéi à sa vocation de musicien, c'eût été un écrivain plein d'idées d'esprit, plein de respect pour la langue française, qu'il manie avec art et avec originalité.

M. Meyerbeer débuta en France presque à la même époque qu'Halévy ; mais il avait déjà fait représenter, en Italie, six opéras avec succès :

Romilda e Costanza, Semiramide riconosciuta, Emma di Rosburgo, Margherita d'Anjou, l'Esule di Granata, il Crociato.

Le style de Meyerbeer était-il alors le style de l'école italienne, ou bien trouvait-on déjà dans le compositeur allemand la puissance et l'originalité qui ont donné en France à tous ses ouvrages un si grand éclat ?

M. Meyerbeer apprend à Milan par les journaux français que le *Crociato* allait être exécuté à Paris ; le rôle principal était destiné à mademoiselle Schiasetti, contralto de second ordre ; le rôle de soprano aigu était destiné à madame Pasta, qui n'aurait pu le chanter qu'en le transposant d'un bout à l'autre ; le rôle de ténor était destiné à Curioni, ténor baryton tout à fait usé. Ceux qui connaissent M. Meyerbeer pourront seuls comprendre combien il fut ému et troublé de si inquiétantes nouvelles. Il quitte Milan, arrive à Paris, exige une autre distribution de rôles et l'obtient ; madame Pasta remplace mademoiselle Schiasetti ; madame Monbelli se chargera du rôle destiné à madame Pasta, et le ténor Donzelli prendra le rôle de Curioni ; mais M. Meyerbeer n'était point au bout de ses transes et de ses tourments ; on laissa le *Crociato* et M. Meyerbeer pester et se morfondre pendant onze mois dans des répétitions sans cesse interrompues et reprises ; le compositeur tint bon, et le *Crociato* obtint auprès des connaisseurs un grand et légitime succès, bien qu'il n'ait été exécuté qu'un petit nombre de fois.

Le théâtre de l'Odéon, en 1826, était un théâtre lyrique qui dut même une espèce de fortune à la partition de *Robin des Bois* ; le chœur des chasseurs était en France peu connu. Tout Paris écorcha pendant longtemps les mélodies à effet de ce chœur si original, et on put lire à cette époque, dans les *Petites Affiches*, l'annonce suivante : « On désire trouver un domestique qui ne chante pas le chœur de *Robin des Bois*. » Le théâtre de l'Odéon fit traduire l'opéra de M. Meyerbeer, *Marguerite d'Anjou* ; le libretto de *Marguerite* était imité d'un mélodrame de Guilbert Pixérécourt ; ce dernier eût pu mettre obstacle à la représentation de l'opéra ; sa collaboration fut sollicitée par le traducteur du libretto. Pixérécourt était alors directeur de l'Opéra-Comique, il se prit d'amitié pour M. Meyerbeer, avec qui *Marguerite d'Anjou* l'avait mis en relation, et il lui offrit d'écrire une partition pour le théâtre de l'Opéra-Comique.

On avait conseillé à M. Meyerbeer, dès le premier temps de son séjour à Paris, de choisir et de préférer comme sujet des opéras qu'il composerait à l'avenir pour l'Italie les mélodrames de Pixérécourt, toujours riches en situations émouvantes et en dénoûments dramatiques. M. Meyerbeer se mit donc à lire tout ce qu'il avait pu trouver de mélodrames de Pixérécourt.

Un jour, dans un dîner chez madame la comtesse de Bruce, il put citer de mémoire les titres de toutes les pièces de Pixérécourt, dont le nombre dépassait la centaine : Pixérécourt, qui était un des convives, s'écria émerveillé : « Comme ce gaillard-là connaît la littérature française, quoique Prussien. »

A compter de ce jour, M. Meyerbeer devint pour Pixérécourt un grand compositeur que devait accaparer le théâtre de l'Opéra-Comique. Mais l'ami intime de Pixérécourt, même pour un opéra-comique, alla demander un poëme à M. Scribe. Le directeur de l'Opéra-Comique ne s'en fâcha point, seulement il affirma à M. Meyerbeer que M. Scribe n'écrivait jamais de poëme que pour des compositeurs comptant déjà quelques succès sur la scène française, et il s'engagea même à découvrir un bon poëme signé d'un auteur en renom ! Pixérécourt présenta d'abord à M. Meyerbeer un libretto d'Alexandre Duval, *Haine et Amour*, puis un autre libretto de Dupaty. Meyerbeer n'accepta pour collaborateur ni Dupaty ni Alexandre Duval.

Le frère cadet de M. Meyerbeer était lié d'amitié avec MM. Casimir et Germain Delavigne. Il obtint de ce dernier la promesse d'entrer en collaboration avec M. Scribe pour un libretto d'opéra-comique destiné à M. Meyerbeer. *Robert le Diable*, opéra-comique en trois actes, fut le fruit de cette collaboration ; la pièce est lue au printemps de l'année 1829 et reçue à l'unanimité moins une voix. La voix dissidente était celle de Pixérécourt, qui, malgré son amitié pour M. Meyerbeer, refusait à son tour le poëme de M. Scribe. On pense bien que le *Robert le Diable* de l'Opéra-Comique ne ressemblait guère au *Robert le Diable* du grand Opéra ; cette œuvre, dans sa forme première, n'était pas non plus de la famille de *Cendrillon*, de *Joconde*, de *Jeannot et Colin*. La distribution des rôles imposée par Pixérécourt aux auteurs et acceptée par eux est trop curieuse pour ne pas la rappeler ici. Le rôle de Robert était confié à M. Ponchard, celui de Bertram à M. Huet, celui d'Alice à madame Boulanger, celui d'Isabelle à madame Rigaud.

Très-épris de son poëme, M. Meyerbeer repart pour Berlin ; en peu de temps son premier acte est écrit ; il ne se préoccupe guère, dans son enthousiasme, de l'individualité des chanteurs qui devaient interpréter son ouvrage et des habitudes musicales du public qui devait le juger. Mais en relisant sa partition, il comprit que l'exécution en était tout simplement impossible avec les acteurs qu'on lui avait imposés ; il se découragea, renonça au poëme de MM. Scribe et Germain Delavigne, et s'éloigna même de l'Opéra-Comique, dont M. Pixérécourt venait d'ailleurs de quitter la direction. M. Meyerbeer ne pensa plus à écrire que pour l'Académie royale de musique.

Le vicomte Sosthène de La Rochefoucauld montrait de la bienveillance et donnait des marques d'estime à tous les gens d'esprit et de talent. Il avait d'ailleurs près de lui deux hommes distingués : comme chef de cabinet, M. de Beauchêne, écrivain et poëte qui compte plus d'un succès littéraire ; et comme secrétaire général, M. Maréchal, administrateur éclairé, modeste, d'une loyauté rare et d'un commerce plein de douceur et d'agrément. Depuis les représentations du *Crociato* au Théâtre-Italien, placé alors dans ses attributions, le directeur général des Beaux-Arts était tout disposé à ouvrir les portes du grand Opéra français à M. Meyerbeer. Ce dernier demanda deux choses à M. de La Rochefoucauld : 1º de lui lire un scenario que lui, Meyerbeer, aurait composé ; 2º la promesse de faire traduire ce scenario en libretto par M. Scribe. Mais voici ce qui arriva : Meyerbeer lit son scenario au vicomte ; celui-ci cherchait alors un sujet de ballet, dont le principal rôle pût faire briller le talent gracieux et décent de mademoiselle Taglioni, et il trouve avec joie, dans le sujet d'opéra qui lui est lu, le sujet de ballet qu'il cherchait ; tout alors s'arrange pour le mieux : M. Meyerbeer abandonne son scenario à M. de La Rochefoucauld, et celui-ci s'engage d'abord à décider les auteurs de *Robert le Diable*, alors opéra-comique, à transformer leur libretto en grand opéra, et, de plus, à faire représenter l'ouvrage aussitôt que poëme et partition pourraient être livrés. Tous ces arrangements eurent vite l'agrément de M. Meyerbeer, mais MM. Scribe et Germain Delavigne hésitèrent longtemps à se mettre à l'œuvre ; dans les premiers jours de mai 1830, la partition du nouveau *Robert le Diable* fut enfin livrée à M. Lubbert, directeur de l'Académie royale de musique. Trois mois plus tard éclate la révolution de Juillet : la direction des Beaux-

Arts disparaît avec la branche aînée des Bourbons, et *Robert le Diable* ne fut représenté qu'après un délai de dix-huit mois, le 21 novembre 1831, sous ma direction.

Robert le Diable, avant de venir au monde, eut encore à subir bien des péripéties, bien des émotions, que je raconterai en écrivant mes souvenirs de directeur de l'Opéra.

Je pourrai alors étudier la physionomie si curieuse, si intéressante de M. Meyerbeer, de ce grand maître poursuivi par le génie et par le démon de la musique. Faites, tête à tête avec un inconnu, deux ou trois cents lieues, et vous pénétrerez tous les secrets de son esprit et de son cœur. Faites répéter un opéra en cinq actes pendant trois ou quatre mois côte à côte avec l'auteur de la partition, et vous aurez vu clair dans toutes les pensées, dans tous les sentiments de ce compositeur, ballotté sans cesse par des mouvements de joie, de crainte et de désespoir.

Boïeldieu, qui composa et fit exécuter ses premières partitions sous l'empire, donna au théâtre de l'Opéra-Comique son chef-d'œuvre, *la Dame blanche*, sous la restauration.

Ce fut le génie de Rossini qui accomplit la grande révolution musicale en Europe.

En France, soyez un instant armé d'un certain pouvoir, renversez d'anciens abus, faites des choses nouvelles et utiles, et les sots vous dénigreront. M. le vicomte Sosthène de La Rochefoucauld, chargé de la direction des Beaux-Arts, comprit le génie de Rossini, et lui ouvrit la caisse et les portes de l'Opéra à deux battants;

cela fit que tous les petits journaux du temps tirèrent à la cible sur le vicomte de La Rochefoucauld, et le raillèrent à qui mieux mieux ; heureusement, les flèches de la sottise et de l'envie n'ont jamais tué ni blessé personne.

M. de La Rochefoucauld lia Rossini avec la France par un traité en règle. Pour chacun des opéras que ferait Rossini, et il s'engageait à en écrire au moins un par an, le maestro touchait une prime de dix mille francs, plus des droits d'auteur assez modiques ; mais ce que M. de La Rochefoucauld fit de plus important dans les intérêts de Rossini, le voici : il lui donna des chanteurs. Nourrit fils eut un nouvel engagement à l'Opéra, Levasseur et madame Damoreau quittèrent pour l'Opéra le Théâtre-Italien. L'Académie royale de musique eut un ténor, une basse et une grande première chanteuse ; on put alors, dans les dernières années de la restauration, 1828 et 1829, y faire exécuter une traduction de *Moïse,* une traduction du *Siège de Corinthe,* l'opéra en deux actes *le Comte Ory,* et le grand opéra entièrement inédit, *Guillaume Tell.*

La gloire de l'Opéra français date de là ; la gloire d'un théâtre en fait bientôt la fortune ; on se pressait aux représentations des belles œuvres de Rossini ; mais l'Académie royale de musique était alors placée sous l'administration de la maison du roi, et il était établi dans le beau monde surtout qu'on ne devait payer ni ses places, ni ses loges, et qu'il suffisait d'en demander à qui de droit. Les grosses recettes de l'Opéra n'ont commencé que sous ma direction ; mais, pour rendre à César ce qui appartient à César, je dois dire que j'ai surtout moissonné ce qu'un homme de génie et ce qu'un grand seigneur intelligent avaient semé dans ce riche terrain de l'Opéra.

Par malheur, à compter de la révolution de Juillet, les chants de Rossini avaient cessé. Je dirai tout ce que je fis d'efforts pour amener Rossini à écrire un nouvel opéra ; malgré la cordiale bienveillance dont il m'honorait, Rossini me résista ; il fit liquider une pension de six mille francs qu'il touche encore, et après un voyage en Espagne, il se retira en Italie.

Ce voyage en Espagne nous valut le *Stabat Mater* qui fut exécuté au Théâtre-Italien. Son Excellence don Emmanuel Fernandez Varela, commissaire de la Crusada [1], grand dignitaire de l'Eglise espagnole, alors célèbre à Madrid par son goût pour les arts et par le luxe de son palais, donna un jour la plus brillante fête toute en l'honneur de Rossini. Dans la salle à manger, les titres de toutes les partitions de Rossini étaient écrits avec des fleurs. La piété et la passion musicale de Son Excellence don Emmanuel n'hésitèrent pas à demander à Rossini un morceau de musique religieuse ; le maître s'engagea, tint parole, et dédia son *Stabat Mater* au seigneur Varela.

Le *Stabat Mater* fut d'abord exécuté dans l'église de San-Felipo el Real, le jeudi saint de l'année 1833, en présence de la cour, de toute la noblesse et de tout ce que Madrid renfermait de plus distingué. Les mœurs espagnoles ne permettent pas que des femmes chantent dans les églises ; on fut donc forcé d'adapter à des voi

---

[1]. Ces fonctions laissent à celui qui les exerce la libre disposition des bulles et des sommes d'argent qu'elles rapportent.

d'hommes ce que Rossini avait écrit pour des voix de femmes.

Le *Stabat Mater* fut, depuis, exécuté au Théâtre-Italien de Paris avec le plus éclatant succès. La lettre suivante de Rossini à son ami Valdès, aimable et spirituel Espagnol qui s'est fait Parisien, témoigne de tout l'intérêt et de toute l'importance que Rossini attachait à cette composition.

« Mon cher ami,

» . . . . J'ai reçu votre dernière lettre et celle de ces messieurs de la municipalité; mais Tressini étant parti pour Madrid, rien n'a pu se conclure. Je suis très-fâché que l'engagement de Rubini n'ait pas pu s'arranger, certain que je suis que cet artiste aurait fait fureur dans la belle Madrid.

» Le nouvel ambassadeur de France s'est chargé de remettre le *Stabat Mater* au commissaire de la Crusada. J'aimerais à être informé par votre prompte réponse si on l'a exécuté et si on l'a trouvé bon ou mauvais. Enfin, donnez-m'en des nouvelles; à vrai dire, il m'a coûté beaucoup de peines, surtout pour l'accompagnement, qui est en dehors de mes habitudes. J'attends de vos lettres; dites à ces messieurs de la mairie que je ne leur réponds pas, n'ayant rien d'important à leur communiquer, mais qu'ils peuvent, comme vous, disposer de moi.

» Rossini.

» Bordeaux, ce 18 août 1852. »

Depuis le *Stabat Mater*, Rossini a été perdu pour l'art et pour les jouissances musicales du monde entier.

Rossini vit aujourd'hui comme un bon bourgeois retiré; il a quitté Bologne pour Florence; il a épousé, comme on le sait, depuis plusieurs années, mademoiselle Olympe Pélissier, qui n'appelle jamais son mari que mon immortel. Rossini vit très-honorablement à Florence. Sa maison se compose de onze domestiques et de trois femmes au service de madame. Il y a voiture du matin, voiture du soir et voiture découverte, toutes trois destinées au service de madame Rossini. Le maestro fait ses affaires et ses visites à pied, le parapluie sous le bras. Chaque année, Rossini va prendre les eaux à *Monte-Catini,* moins pour lui, dit-il, que pour son chien; le reste de l'été, il le passe dans sa *villa del Dante,* qui se trouve située au milieu d'un des plus beaux panoramas des environs de Florence.

Le maestro entoure d'une affection pleine de complaisance l'archevêque de Florence, Minucci, mélomane qui chante aussi bien le *buffa* que le *seria;* ce mélomane mitré ne se met jamais à son piano sans avoir près de lui une tasse de bouillon froid; il prétend que le bouillon froid lui rend la voix plus haute. Rossini l'accompagne et lui prodigue ses conseils. L'archevêque de Florence a quatre-vingt-sept ans. On voit que Rossini aime toujours à faire des élèves.

Rossini vient d'acheter un palais magnifique, le palais Pucci, qui lui coûtera quatre cent mille francs; il alloue en outre une somme de cinquante mille francs pour meubler l'appartement particulier de *sa pauvre femme;* c'est ainsi qu'il l'appelle.

Rossini aime toujours la musique, et ceux qui vivent dans son intimité (le nombre en est petit) sont convaincus qu'après lui *on trouvera peut-être encore quelque chose de bon dans sa vieille défroque;* ce sont les propres paroles de Rossini.

Cette année, le maestro présente sa femme à la cour, et à cette occasion, il vient de donner à sa femme des diamants magnifiques.

Je n'ai point ici la prétention d'écrire une histoire de l'art musical; mais j'aurai à parler beaucoup musique, lorsque mes souvenirs me transporteront encore une fois dans les coulisses de l'Opéra, au milieu de tant d'artistes aimés, au milieu de tous les plaisirs de l'esprit, de toutes les joies du succès, de toutes les caresses prodiguées au pouvoir; caresses, joies et plaisirs de tous les jours, qui auraient dû me rendre fou.

CHAPITRE IX

**PREMIER MINISTÈRE DU ROI LOUIS XVIII.
ÉTUDES SUR M. GUIZOT.**

Le père de M. Guizot. — Mademoiselle Bonicel. — M. Bonicel, syndic du département du Gard, procureur général. — 89. — Les Jacobins de Nîmes. — MM. Guizot père et Chabaud-Latour. — Leur fuite. — Deux gendarmes. — Le 9 avril 1794. — Madame Guizot mère. — Education de M. Guizot. — Des études refaites. — Le salon de M. Suard. — Le mathématicien Lagrange. — Royer-Collard. — M. de Fontanes. — Nouveau cours d'histoire moderne. — La *table de whist* de M. de Talleyrand. — Le gouvernement provisoire. — M. Guizot, secrétaire général. — Le catholique et le protestant. — Premier ministère du roi Louis XVIII. — L'abbé de Montesquiou et M. de Talleyrand. — Le congrès de Vienne. — Nouvelles alliances européennes. — M. de Metternich. — Départ de Napoléon de l'île d'Elbe. — Départ du roi Louis XVIII. — M. Odilon-Barrot aux Tuileries dans la nuit de ce départ. — M. Guizot confondu avec son frère à propos de l'acte additionnel. — Le *Moniteur*. — La cour de Gand. — M. Guizot à Gand. — Le *Moniteur de Gand*. — Les lois de la restauration.

Lorsqu'une terre longtemps abandonnée a été défrichée et labourée, elle devient active et ardente à féconder les semailles nouvelles qu'elle reçoit dans son sein. La France, elle aussi, labourée par de profondes révolutions, et souvent mise sens dessus dessous par des mensonges sur les choses et sur les hommes, la France, elle aussi, est ardente aujourd'hui à recevoir et à féconder de nouvelles semailles de justice et de vérité.

Avant d'étudier et de juger un homme d'Etat dont le caractère, la politique et le talent ont excité l'admiration chez les uns, et provoqué chez les autres les haines les plus violentes, j'ai regardé comme un impérieux devoir d'être envers lui vrai et juste ; j'ai interrogé çà et là, j'ai puisé aux sources, j'ai recherché toutes les preuves, pour ne produire ici que des documents à l'abri de toutes controverses et de toutes discussions ; j'ai suivi le grand exemple qui m'a été donné dans ces biographies si consciencieuses, fruits de tant d'investigations, dont la plume spirituelle et savante de mon ami Sainte-Beuve enrichit chaque jour l'histoire et la littérature.

J'ai pour ainsi dire voulu observer et surprendre M. Guizot dès l'enfance, et pour arriver à bien connaître le fils, j'ai voulu faire connaissance avec le père ; j'ai voulu pénétrer au milieu de cette famille, étudier le climat moral sous lequel grandit et s'éleva l'historien, l'homme d'Etat.

Je vais donc d'abord parler ici de la famille de M. Guizot.

Le père de M. Guizot était avocat ; il se distingua par son talent dans sa profession. Dans les barreaux de province, aussi bien que dans celui de Paris, l'usage voulait alors que les avocats écrivissent leurs plaidoyers ; on n'improvisait point. M. Guizot père écrivait donc ses plaidoyers, comme ses confrères ; ceux qu'on a conservés de lui témoignent d'une raison ferme, d'un esprit juste et pénétrant, d'une logique pressante ; c'était l'œuvre d'un habile écrivain et d'un lettré.

La mère de M. Guizot, une demoiselle Bonicel, ne se faisait pas moins remarquer par son esprit, par sa haute intelligence, que par l'énergie de son caractère. C'était une jeune personne d'une beauté charmante, d'un grand goût pour la bonne compagnie ; elle aimait les arts et pratiquait toutes les vertus. La mère de M. Guizot était le vingt-deuxième enfant d'un père et d'une mère qui avaient vu mourir successivement en bas âge toute leur progéniture, et qui ne conservèrent que leur plus jeune fille.

Le père et la mère de M. Guizot, protestants, appartenaient l'un et l'autre à des familles bourgeoises anciennes et honorées, qui adoptèrent les principes de la réforme dès le commencement du seizième siècle.

Une portion de la famille paternelle de M. Guizot, restée catholique, avait quitté la ville de Nîmes ; elle s'était transportée vers Toulouse, et même plus tard dans le Limousin. On trouve dans une collection, espèce de biographie des *capitouls* de Toulouse pendant le cours du seizième siècle, plusieurs *capitouls* du nom de Guizot, et qui tous portent ces mêmes prénoms de Pierre et de François qui semblent s'être religieusement perpétués dans cette famille.

M. Guizot, l'ancien ministre (François-Pierre-Guillaume), est né à Nîmes, le 4 octobre 1787, et par conséquent peu de jours avant l'édit du roi Louis XVI qui restituait aux protestants leur état civil et leur qualité d'ascendants ou de descendants légitimes. M. Guizot fut, sans aucun doute, l'un des derniers protestants frappés par la législation exceptionnelle et barbare infligée aux réformés à la suite de la révocation de l'édit de Nantes.

M. Guizot ne comptait que peu d'années lors de la convocation de l'Assemblée constituante de 1789. Sa famille ressentit la plus ardente sympathie pour les principes que cette assemblée se hâta de proclamer.

Ces principes étaient depuis longtemps ceux des Guizot et des Bonicel.

M. Bonicel, grand-père de M. Guizot, du côté de sa mère, nommé procureur général, syndic du département du Gard, remplit les fonctions de cette charge de façon à mériter l'estime et la reconnaissance de ses compatriotes. Montrer dans ses devoirs de magistrat la justice la plus ferme et la plus courageuse, c'est certainement gagner l'affection du plus grand nombre; mais c'est en même temps faire éclore et cultiver bien des inimitiés. M. Guizot père, gendre de M. Bonicel, hérita des haines qui poursuivaient le procureur général.

Jeune et ardent, M. Guizot père recherchait toutes les occasions de s'expliquer sur la révolution de 89, d'en signaler le but et les bienfaits, d'en justifier les moyens, et de la défendre tout à la fois contre les absolutistes et contre les jacobins.

C'étaient les jacobins qu'il ménageait le moins: il comprenait que les violences de ce parti, s'il parvenait jamais à s'emparer du pouvoir, compromettraient les résultats légitimes du mouvement de 89, et remplaceraient le régime régulier de la liberté légale par la tyrannie sanglante de la *Terreur*. Les jacobins de Nîmes ne s'y trompaient point; ils voyaient dans M. Guizot père leur plus redoutable adversaire, celui dont ils devaient se débarrasser le jour où ils deviendraient maîtres.

Les événements se succédaient avec rapidité. Les catastrophes et les crimes fondaient le pouvoir des jacobins, et les amis de M. Guizot père ne tardèrent pas à s'inquiéter pour lui du triomphe des septembriseurs.

Ce triomphe fut assuré par la chute des girondins, après la journée du 31 mai 1793. Les craintes des amis de M. Guizot père et celles de sa famille ne furent que trop justifiées. Dénoncé dans les premiers mois de l'année 1794, il fut poursuivi par les autorités révolutionnaires de Nîmes, en même temps que son ami M. Chabaud-Latour, que nous avons vu questeur de la Chambre des députés, le père du général Ernest Chabaud-Latour.

M. Guizot père et M. Chabaud se dérobèrent par la fuite au danger dont ils étaient menacés; ils trouvèrent l'un et l'autre un asile chez de bons et honnêtes paysans de Rémoulin, petit village du département du Gard, enclavé dans un site pittoresque sur les bords du Gardon. Au bout de quelques jours, MM. Guizot père et Chabaud ne voulurent pas que leurs hôtes s'exposassent plus longtemps, par une hospitalité courageuse, à la colère et à la vengeance de leurs ennemis; ils quittèrent donc leur asile; mais tandis que M. Chabaud se dirigeait vers la Suisse, où il parvint à se réfugier, M. Guizot père se rapprochait de Nîmes dans l'espérance de rejoindre sa femme et ses enfants. Il n'y réussit point, il fut bientôt reconnu et arrêté par deux gendarmes.

Ici se produisit une situation singulière et une de ces scènes qu'il faut sauver de l'oubli, pour l'honneur du cœur humain. L'un des gendarmes avait, dans d'autres temps, reçu un service important de M. Guizot père; sous l'impression de ce souvenir, il voulut rendre la liberté à son prisonnier. Une lutte touchante s'engagea entre celui qui avait rendu le service et celui qui en était resté reconnaissant.

« Il n'est pas possible, disait le gendarme, que je vous ramène à Nîmes et que je vous mette en prison ; ils vous couperont la tête. — Et moi, répondait M. Guizot père, je ne peux pas profiter de votre bonne volonté. Si je me sauvais, ils vous tueraient à ma place ! et je ne le veux pas. »

On parcourut à pied la distance de quelques lieues qui sépare Rémoulin de Nîmes. M. Guizot père ne se faisait point d'illusions sur le sort qui l'attendait ; il n'était troublé que par le souvenir de sa femme et de ses enfants ; le gendarme redoublait d'instances, de prières ; mais M. Guizot contraignit ce cœur généreux et reconnaissant à ne se préoccuper que de son devoir.

Le 9 avril 1794, la tête de M. Guizot père tombait sur l'échafaud.

Quelques jours avant l'exécution, son fils put pénétrer dans le cachot. L'enfant reçut, avec les derniers adieux de son père, de nobles conseils.

Madame Guizot, restée veuve, se retira en Suisse avec ses enfants, vivant dans la solitude et dans la pratique des devoirs les plus austères ; elle se dévoua exclusivement à leur éducation, et s'appliqua à former leur caractère, leur esprit et leur cœur.

M. Guizot, qui, comme écrivain et comme homme politique, devait occuper une si haute place dans notre littérature et dans les grandes affaires de la France, fut ainsi élevé à Genève, sous les yeux de sa mère, et ce n'est que lorsque son éducation est terminée qu'il se rend à Paris ; il n'avait pas encore vingt ans. Dès cet âge, il se faisait distinguer par la gravité de son caractère, de son langage, de son maintien, par la modestie et la simplicité de ses habitudes, par l'honnêteté et la rectitude de sa conduite ; c'était déjà un homme sérieux et un sage.

Peu de temps après son arrivée à Paris, il reconnut que ses études classiques avaient été mal dirigées et ne sauraient suffire au mouvement des idées nouvelles ; il recommença ses études classiques et littéraires, s'efforçant d'oublier tout ce qu'il savait, afin de mieux retenir ce qu'il voulait savoir ; il apprit les langues grecque et latine, l'allemand, l'italien et l'anglais ; il parvint à parler toutes ces langues avec facilité. Ces études de linguiste marchaient de pair avec des études historiques et philosophiques. On sent dans M. Guizot jeune étudiant la puissance de volonté de M. Guizot homme d'Etat.

M. Guizot se lia bientôt avec plusieurs personnages déjà importants et dont quelques-uns prirent plus tard divers rôles dans la direction des affaires publiques. M. Guizot fréquentait assidûment le salon de M. Suard.

M. Suard, qui fut membre de l'Académie française, et qui en devint bientôt le secrétaire perpétuel, habitait alors le *premier* étage de l'hôtel Pastoret, sur la place de la Concorde; on y rencontrait tout ce qu'il restait d'esprits distingués du siècle précédent ; M. Guizot y fut bientôt remarqué et recherché. Il venait de terminer ses études de droit, poursuivies avec ardeur ; il trouvait un vif intérêt à les rattacher à ses études historiques, éclairant tour à tour l'histoire par le droit et le droit par l'histoire.

Par les liaisons littéraires qu'il put former dans le salon de M. Suard, M. Guizot s'établit sans peine dans des recueils périodiques, où il consigna ses premiers travaux; ce fut aussi à ces relations littéraires qu'il dut de connaître mademoiselle Pauline de Meulan, qu'il épousa peu de temps après.

Le célèbre mathématicien Lagrange, sénateur, et dont la gloire scientifique dépasse même celle des plus grands mathématiciens du dix-septième et du dix-huitième siècle, Lagrange, qui n'était plus jeune, aimait les jeunes gens; il avait pris du goût pour M. Guizot, dont la conversation l'intéressait toujours et l'instruisait souvent. Lagrange avait un grand entraînement pour les études et pour les discussions philosophiques, et lorsqu'il trouvait à qui parler, il se passionnait à chercher avec son interlocuteur la solution des questions les plus élevées.

Un jour que le savant mathématicien s'était laissé aller avec M. Guizot, dans le salon de M. Suard, à un entretien de plusieurs heures, Lagrange prit la main de M. Guizot et lui dit en le quittant : « Jeune homme, si vous persévérez dans toutes vos études, vous tiendrez certainement un jour une grande place dans votre pays. »

La bonne étoile de M. Guizot lui fit encore rencontrer un homme éminent, M. Royer-Collard. Malgré la différence d'âge, ces deux grands esprits se comprirent et se convinrent. Il y a des affinités intellectuelles qui entraînent tout d'abord les esprits les uns vers les autres; puis une certaine sympathie de pensées, de vues, de sentiments, crée des liens étroits et durables. M. Royer-Collard conçut de l'estime pour le caractère, pour les travaux, pour le savoir et le talent de M. Guizot; il le présenta à M. de Fontanes, qui jouissait auprès de l'empereur du crédit le plus honorable, et qui n'hésita pas à créer à la Faculté des lettres de Paris une chaire d'histoire moderne, dont l'enseignement fut confié à M. Guizot. On était en 1811.

Une difficulté assez sérieuse se produisit avant l'ouverture de ce cours d'histoire moderne. Un professeur qui montait dans sa chaire pour un enseignement nouveau devait alors, dans un premier discours, glorifier l'homme de génie qui gouvernait la France. M. Guizot comprenait et admirait les grands côtés de l'empereur Napoléon; mais il voulait rester libre dans ses appréciations et dans ses jugements; il voulait qu'une critique juste et modérée lui fût permise et pût se mêler à l'éloge. M. de Fontanes insistait pour que M. Guizot se soumît sans conditions à la règle et à l'usage. M. Guizot tenait bon; les négociations durèrent longtemps. Enfin, après beaucoup de pourparlers, il fut convenu que le professeur d'histoire moderne ouvrirait son cours sans dire un mot de l'empereur ni de l'empire. Ce discours d'ouverture a été publié en tête de l'*Histoire du gouvernement représentatif,* dont M. Guizot a donné tout récemment et pour la première fois une édition complète. Le professeur d'histoire traversa les dernières années de l'empire en se livrant exclusivement à ses recherches et à ses études.

L'empereur abdiqua en avril 1814.

L'occupation de la France par les armées étrangères

inquiéta M. Guizot pour la sûreté de sa mère, qui s'était fixée à Nîmes. Il tenait à se rapprocher d'elle pour la protéger de toute sa tendresse filiale; il avait quitté Paris le 19 mars 1814. L'armée française et les armées alliés étaient défiantes et soupçonneuses. Il arriva enfin sain et sauf à Nîmes, et ce fut là qu'il attendit le dénoûment d'une invasion qui menaçait et mettait en péril tous les grands intérêts du pays.

A Paris, les événements marchent vite.

La restauration succéda à l'empire.

Un gouvernement provisoire se forma d'abord, qu'on appela *la Table de whist* du prince de Talleyrand. Ce gouvernement provisoire fut bientôt remplacé par le roi Louis XVIII, installé aux Tuileries, et par un ministère de son choix.

Le prince de Talleyrand resta ministre des affaires étrangères, l'abbé de Montesquiou ministre de l'intérieur; l'abbé Louis devint ministre des finances. Le général Dupont, dont les ressentiments implacables contre Napoléon donnaient des garanties, fut ministre de la guerre; M. d'Ambray, ministre de la justice; M. Malouet, ministre de la marine; et M. de Blacas, qui n'était encore que le comte de Blacas d'Aulps, fut nommé grand maître de la garde-robe et ministre de la maison du roi. M. le comte de Pradel, homme aimable, élégant, très-lettré, et qui avait, pendant l'émigration, vécu en Angleterre de traductions de journaux étrangers, remplit sous M. de Blacas les fonctions de directeur général de la maison du roi.

Une charte constitutionnelle fut proposée par le sénat au roi Louis XVIII. Il l'accepta, mais il tint à l'oc-

troyer, comme nous l'avons déjà dit, après qu'elle eut été revisée par une commission, qui n'y fit que bien peu de changements.

Cette charte constitutionnelle était principalement l'œuvre de M. Royer-Collard et de l'abbé de Montesquiou; elle n'avait fait que reproduire et consacrer les principes de 89 et déterminer l'organisation d'une monarchie constitutionnelle et modérée.

M. Royer-Collard n'ignorait point que M. Guizot partageait tous les principes consacrés par la charte; il regardait M. Guizot comme plus apte que personne à les féconder par une législation bien conçue, et à les appliquer avec intelligence et fermeté. Ce fut M. Royer-Collard qui eut la pensée de proposer à M. *l'abbé de Montesquiou,* ministre de l'intérieur, de s'adjoindre M. Guizot, *protestant,* en qualité de secrétaire général.

Cette proposition étonna d'abord l'abbé de Montesquiou. « C'est pourtant bien simple, lui dit M. Royer-Collard, et je suis convaincu que si vous acceptez ma proposition, vous vous en applaudirez. Vous êtes un ecclésiastique, et un ecclésiastique ministre de l'intérieur, c'est chose nouvelle en France; le choix que le roi a fait de votre personne sera bien mieux accueilli si l'on voit un protestant auprès de vous. Quant à M. Guizot, je le connais; je sais ce qu'il vaut, et je vous en réponds. » M. Guizot fut nommé secrétaire général du ministère de l'intérieur.

C'est ainsi que le jeune professeur d'histoire à la Faculté des lettres, élevé à Genève dans les principes du calvinisme le plus pur et le plus sévère, devint, au ministère de l'intérieur, le collaborateur d'un ecclésiastique qui, après avoir rempli avec une grande distinction la charge importante d'agent général du clergé français, avait défendu à l'Assemblée constituante, avec autant d'habileté que de modération, les priviléges de ce clergé, et s'était opposé à la confiscation et à la vente de ses biens.

Il fallut sans doute que M. Royer-Collard exerçât une grande autorité sur l'esprit de l'abbé de Montesquiou, qu'il pesât d'un grand poids sur sa volonté, pour opérer et pour conclure un pareil rapprochement. On sait que, pendant toute la durée de l'empire, M. Royer-Collard avait été, avec M. de Montesquiou, l'un des correspondants, l'un des agents en France, l'un des conseillers intimes du roi Louis XVIII. Ces correspondances de M. Royer-Collard et de M. de Montesquiou avec Louis XVIII dans son exil avaient été réunies dans un carton. Louis XVIII, en quittant les Tuileries dans la nuit du 20 mars, l'oublia. L'empereur Napoléon trouva donc, dans le cabinet du roi, ces correspondances. Il les fit porter, sans vouloir les lire, aux archives du ministère des affaires étrangères. Toutes ces lettres n'ont été lues que vers 1843. Elles sont très-curieuses, piquantes et d'une scrupuleuse loyauté.

Le premier ministère du roi Louis XVIII ne comptait, à vrai dire, que trois hommes politiques : le prince de Talleyrand, l'abbé de Montesquiou et M. Guizot.

La vie de l'abbé de Montesquiou et celle du prince de Talleyrand, ancien évêque d'Autun, offraient de singuliers contrastes ; et cependant les événements politiques les avaient réunis en 1814, d'abord dans le gouvernement provisoire qui se forma au mois d'avril après l'invasion, puis dans le premier ministère de la monarchie constitutionnelle. M. de Montesquiou et M. de Talleyrand étaient divisés sur tous les points; antécédents, mœurs, conduite, convictions, tout contribuait à entretenir un antagonisme déclaré entre ces deux prêtres de la même Eglise.

M. de Talleyrand comptait trois années de plus que l'abbé de Montesquiou ; tous deux ils appartenaient à d'anciennes et illustres familles ; l'un et l'autre pouvaient prétendre aux plus éminentes dignités de leur ordre. Ils se suivaient toujours de très-près dans leur élévation aux charges publiques; seulement M. de Talleyrand était un aîné, et il ne prit les ordres qu'à cause de sa claudication : l'abbé de Montesquiou était un cadet.

M. de Talleyrand avait été nommé agent général du clergé en 1780; l'abbé de Montesquiou lui succéda en 1785. Ils furent tous deux élus, par le clergé, députés aux états généraux de 89, qui devinrent bientôt l'*Assemblée constituante*; mais ils ne siégeaient pas sur les mêmes bancs. M. de Talleyrand adopta les opinions du côté gauche; M. de Montesquiou se plaça dans la partie modérée du côté droit. M. de Talleyrand prit part souvent à des votes empreints d'un esprit révolutionnaire très-avancé ; M. de Montesquiou resta toujours dévoué à tous les principes monarchiques. M. de Talleyrand avait servi toutes les causes : la république d'abord, l'empire après; M. de Montesquiou fut toujours un des serviteurs les plus fidèles de la maison de Bourbon, tout en reconnaissant que les anciens principes du gouvernement monarchique devaient être au moins modifiés, et que d'importantes réformes étaient nécessaires.

Au lendemain de l'entrée à Paris des armées étrangères, M. de Talleyrand ne fut accepté par la monarchie restaurée des Bourbons que comme un ancien ennemi, mais auquel on pardonnait ses trahisons en considération des importants services qu'il venait de rendre. M. de Montesquiou, ami sûr, éclairé, offrait, au contraire, de nobles et utiles garanties à la monarchie contre le débordement des idées révolutionnaires, et promettait aux partisans de la nouvelle monarchie constitutionnelle de maîtriser les emportements, les envahissements du parti de l'émigration.

Tous ceux qui ont connu M. de Talleyrand et M. de Montesquiou, et qui les ont vus à l'œuvre dans des circonstances si difficiles et déjà si loin de nous, s'accordent à dire que ces deux hommes d'Etat n'avaient aucune sympathie l'un pour l'autre. M. de Talleyrand trouvait dans les principes et dans la conduite de M. de Montesquiou la satire vivante, la condamnation de sa propre conduite et de son dédain pour tout principe.

Chateaubriand, dans ses *Mémoires d'outre-tombe*, a flétri d'un jugement cruel et plein de mépris la mémoire de Talleyrand.

« Supposez, a-t-il dit, M. de Talleyrand plébéien, pauvre et obscur, n'ayant avec son immoralité que son esprit incontestable de salon : l'on n'aurait certes jamais entendu parler de lui. Otez de M. de Talleyrand le grand seigneur avili, le prêtre marié, l'évêque dégradé : que lui reste-t-il? Sa réputation et ses succès ont tenu à ces trois dépravations. La comédie par laquelle le prélat a couronné ses quatre-vingt-deux années est une chose pitoyable. D'abord, pour faire preuve de force, il est allé prononcer à l'Institut l'éloge commun d'une mâchoire allemande dont il se moquait. Malgré tant de spectacles dont nos yeux ont été rassasiés, on a fait la haie pour voir passer le grand homme ; ensuite il est venu mourir chez lui comme Dioclétien, en se montrant à l'univers. La foule a bayé à l'heure suprême de ce prince, aux trois quarts pourri, une ouverture gangréneuse au côté, la tête retombant sur sa poitrine en dépit du bandeau qui la soutenait, disputant minute à minute sa réconciliation avec le ciel, sa nièce jouant autour de lui un rôle préparé de loin entre un prêtre abusé et une petite fille trompée. Il a signé de guerre lasse (ou peut-être n'a-t-il pas même signé), quand sa parole allait s'éteindre, le désaveu de sa première adhésion à l'Eglise constitutionnelle, mais sans donner aucun signe de repentir, sans remplir les derniers devoirs du chrétien, sans rétracter les immoralités et les scandales de sa vie. Jamais l'orgueil ne s'est montré si misérable, l'admiration si bête, la piété si dupe. Rome, toujours prudente, n'a pas rendu publique, et pour cause, la rétractation. M. de Talleyrand, appelé de longue date au tribunal d'en haut, était contumax; la mort le cherchait de la part de Dieu, et elle l'a enfin trouvé. Pour analyser minutieusement une vie aussi gâtée *que celle de M. de La Fayette a été saine*, il faudrait affronter des dégoûts que je suis incapable de surmonter. Les hommes de plaies ressemblent aux carcasses de prostituées : les ulcères les ont tellement rongés qu'ils ne peuvent plus servir à la dissection.

» La révolution française est une vaste destruction

politique placée au milieu de l'ancien monde : craignons qu'il ne s'établisse une destruction beaucoup plus funeste, craignons une destruction morale par le côté mauvais de cette révolution. Que deviendrait l'espèce humaine, si l'on s'évertuait à réhabiliter des mœurs justement flétries ; si l'on s'efforçait d'offrir à notre enthousiasme d'odieux exemples, de nous présenter les progrès du siècle, l'établissement de la liberté, la profondeur du génie dans des natures abjectes ou des natures atroces ? N'osant préconiser le mal sous son propre nom, on le sophistique : donnez-vous garde de prendre cette brute pour un esprit de ténèbres, c'est un ange de lumière ! Toute laideur est belle, tout opprobre honorable, toute énormité sublime ; tout vice a son admiration qui l'attend. Nous sommes revenus à cette société matérielle du paganisme, où chaque dépravation avait ses autels. Arrière ces éloges lâches, menteurs, criminels, qui faussent la conscience publique, qui débauchent la jeunesse, qui découragent les gens de bien, qui sont un outrage à la vertu et le crachement du soldat romain au visage du Christ !... »

Ce fut à Nîmes que M. Guizot apprit sa nomination aux fonctions de secrétaire général du ministère de l'intérieur ; une lettre amicale de M. Royer-Collard l'en informait. M. Royer-Collard l'invitait à partir immédiatement pour Paris, et à venir se mettre au plus vite à la disposition de l'abbé de Montesquiou. M. Guizot fut nommé en même temps maître des requêtes au conseil d'Etat. Il n'avait pas encore vingt-sept ans.

Louis XVIII régnait au milieu de toutes les menaces, de tous les périls, au milieu des ennemis implacables et des amis mécontents qui entourent et inquiètent tout gouvernement nouveau; de plus, toutes les puissances de l'Europe étaient réunies au congrès de Vienne, lorsqu'on apprit soudainement que Napoléon avait quitté l'île d'Elbe, qu'il avait débarqué le 1er mars au golfe Juan, et qu'il s'avançait sur Paris, rapidement et d'une marche presque triomphale, pour y rétablir l'empire.

Il y a nécessité de suspendre, pour un moment, l'exposé précis, sincère, du rôle important que joua M. Guizot pendant les premiers temps de la restauration. J'ai à consigner des faits encore peu connus et qui exercèrent sans doute une grande influence sur l'esprit de Napoléon rentrant en France avec une poignée de soldats pour reprendre son trône et sa couronne.

Il est aujourd'hui certain qu'au congrès de Vienne, les grandes puissances de l'Europe, l'Angleterre, l'Autriche, la France, la Prusse et la Russie, étaient loin d'être aussi d'accord qu'on devait le penser. M. de Metternich, qui, en 1814, avait été jusqu'au dernier moment plus favorable que contraire à l'empereur Napoléon, conservait une grande méfiance contre la Russie, dont il craignait déjà la prépondérance sur l'Europe continentale; M. de Metternich disait à un homme d'Etat, en parlant de l'empereur Napoléon : « C'était un esprit puissant, plus remarquable encore quand il traitait les grandes questions sociales que lorsqu'il parlait de guerre; quel malheur qu'il n'ait pas eu plus de confiance en moi ! nous nous serions entendus facilement ; il serait mort sur le trône, entouré de grandeurs, et moi, j'aurais eu quelques reflets de sa gloire. »

M. de Metternich n'avait pas de penchant pour le système d'alliance que l'empereur Alexandre voulait faire prévaloir. M. de Metternich admettait l'union de la Prusse avec la Russie ; mais il voulait qu'elle fût balancée, dans l'intérêt de l'équilibre européen, par une alliance intime de l'Angleterre, de l'Autriche et de la France.

M. de Metternich, après avoir conçu une grande entreprise de chancellerie, en poursuivait l'exécution avec persévérance. Ce nouveau système d'alliance européenne de M. de Metternich, M. de Talleyrand et lord Castlereagh l'avaient adopté personnellement, l'un pour la France, l'autre pour l'Angleterre ; mais il fallait qu'ils le fissent accepter par leurs gouvernements. Ces trois hommes d'Etat se promirent d'y employer leur sagacité, leur autorité et leur expérience.

Ce qu'il y a de piquant et de comique, c'est que cette grande affaire se tramait en présence des souverains de la Russie et de la Prusse ; ni ces souverains ni leurs représentants au congrès, ni ceux de leurs ministres qui y étaient présents, n'avaient pénétré le mystère profond dont s'entouraient les plénipotentiaires de l'Angleterre, de l'Autriche et de la France. Plus ces trois diplomates étaient près du but qu'ils voulaient atteindre, plus ils prodiguaient de témoignages de confiance, de fidélité, d'amitié sincère à la Prusse et à la Russie. Enfin, la triple alliance de l'Angleterre, de l'Autriche et de la France fut résolue. Le traité fut rédigé, signé et apporté par le comte Ricard à Paris, où les ratifications devaient être échangées. Ce traité a été déposé aux archives du ministère des affaires étrangères, en 1815.

Le lendemain du jour où ce traité avait été signé à

Vienne, un grand banquet réunit tous les souverains et tous les plénipotentiaires. On quittait à peine la table, lorsque éclata dans les salons, comme un coup de foudre, la nouvelle du débarquement de l'empereur.

A l'instant même, la politique européenne changea de face : on mit de côté tous les projets qui devaient rompre la coalition de l'Europe ; on fortifia même cette coalition et l'on se promit de repousser encore une fois l'ennemi commun, par l'effort unanime de toutes les puissances.

Napoléon connaissait-il les vues du prince de Metternich, et, lorsqu'il quitta l'île d'Elbe, pensa-t-il que la grande division de l'Europe était déjà un fait accompli ? Cela est possible, cela est même probable : il se trouvait au congrès de Vienne beaucoup d'anciens serviteurs de l'empereur, qui purent l'informer des nouvelles alliances européennes.

Arrivant en France, l'empereur Napoléon déclara que le congrès de Vienne était dissous. Si Napoléon eût débarqué à Fréjus seulement un mois plus tard, il aurait trouvé l'Europe coupée en deux, et il n'eût eu qu'à choisir entre ses alliés et ses ennemis. Ne peut-on pas dire avec Bolingbroke : « Qu'est-ce que le monde ? et comme la fortune se moque de nous ! »

La marche de l'empereur à travers la France fut, comme on le sait, rapide et triomphale. Il arriva le 20 mars à Paris. Dès la veille, le roi Louis XVIII avait pris la route de Gand. La marche du roi qui fuyait fut aussi rapide que celle de l'empereur qui arrivait. Un certain nombre d'amis fidèles et dévoués rejoignirent Louis XVIII à Gand : M. de Blacas, M. de Chateaubriand et ses amis, MM. les frères Bertin, fondateurs et propriétaires du *Journal des Débats*, dont on les déposséda sous l'empire.

M. l'abbé de Montesquiou, M. Royer-Collard, M. Guizot, étaient restés à Paris; M. de Talleyrand n'avait pas quitté Vienne.

M. Odilon Barrot fut un des témoins du départ du roi Louis XVIII du palais des Tuileries.

Dans la seconde édition d'un mémoire devenu très-rare, M. Odilon Barrot écrit en note le récit suivant :

« Dans le mois de mars 1815, lorsque le gouvernement fit un appel à la garde nationale de Paris, j'écrivis au capitaine de la compagnie de grenadiers du 1ᵉʳ bataillon de la 11ᵉ légion, pour me mettre, avec quelques amis, à sa disposition. Je montais la garde dans les appartements du roi, dans la nuit de son départ. Sa Majesté vit nos larmes et contint l'élan de notre enthousiasme. Je suis certain que cette scène touchante ne s'est pas effacée de sa mémoire; elle est à jamais gravée dans la mienne. »

A la rentrée si imprévue de l'empereur au palais des Tuileries, M. Guizot donna sa démission des fonctions de secrétaire général du ministère de l'intérieur; il conserva le titre de professeur à la Faculté des lettres.

M. Guizot avait un frère : ce frère s'appelait Jean-Jacques Guizot; il est mort à Paris plusieurs années après la révolution de juillet 1830. Jean-Jacques Guizot ne se crut pas obligé de se démettre de fonctions purement administratives. Il était chef de bureau au ministère de l'intérieur. Il y a plus : l'empereur Napoléon ayant proposé à l'acceptation du peuple français son acte additionnel aux constitutions de l'empire, et les fonctionnaires publics ayant été invités à exprimer par écrit leur adhésion à cet acte additionnel, Jean-Jacques Guizot apposa, comme tous ses collègues, sa signature sur le registre où s'inscrivaient les votes.

Lorsque M. Guizot connut cette démarche de son frère, il l'en blâma vivement, et le détermina à rétracter son vote, en rayant sa signature.

Jean-Jacques Guizot fut immédiatement révoqué par une décision spéciale du ministre de l'intérieur [1], Carnot, et cette décision fut publiée au *Moniteur*, dans une note que voici :

> Le ministre de l'intérieur vient de faire quelques changements dans ses bureaux. Des motifs politiques ont pu se réunir à d'autres causes de renvoi de plusieurs employés. Ces motifs ont pu être que des individus qui avaient passé une partie de l'année dernière à faire preuve des plus fortes garanties de leur dévouement à la dynastie des Bourbons, données par quelques-uns d'eux au temps même où ils étaient engagés, par leur serment, envers l'empereur Napoléon ; que ces individus, dis-je, ne paraissaient pas, en cela même, offrir assez de garanties à l'ordre social actuel qui a remplacé les Bourbons, et qui est en ce moment l'objet de leurs attaques directes et indirectes unies à celles de l'étranger ; mais il est si faux que le refus de voter pour l'acte constitutionnel ait influé en rien sur la décision du ministre, que des employés qui ont signé *oui* pour l'acte constitutionnel, notamment M. Guizot, n'en ont pas moins reçu leur démission ; tandis que d'autres employés à qui leur conscience n'a point dicté un vote aussi empressé que celui de M. Guizot, n'en sont pas moins conservés. Le caractère de tolérance aussi prononcé que celui d'indépendance personnelle que M. Carnot a porté dans tant de situations différentes établissait d'avance assez positivement le caractère du ministre de l'intérieur, pour qu'il fût difficile de s'attendre à le voir accuser de manquer à l'indépendance des autres.

1. *Moniteur* du 14 mai 1815.

Dans la *table du Moniteur*, on confond encore M. Guizot, secrétaire général du ministère de l'intérieur, avec M. Guizot, son frère, simple chef de bureau. Voici ce qu'on lit dans la *table du Moniteur* : « *Guizot, secrétaire général* du département de l'intérieur. — Son vote sur l'acte additionnel, 546. — Son remplacement au ministère de l'intérieur, *ibid.* »

Par suite de l'erreur du *Moniteur*, ou par confusion volontaire, on a souvent attribué à M. Guizot aîné la signature et l'adhésion à l'acte additionnel de Jean-Jacques Guizot, son frère. M. Guizot, le secrétaire général, fidèle à ses principes, ne prit aucune part aux votes qui acceptèrent l'acte additionnel.

M. Odilon Barrot, dans la note de la seconde édition du mémoire que j'ai déjà citée, se plaint aussi d'avoir été calomnié, et d'avoir été appelé chef des fédérés.

« A l'arrivée de l'usurpateur, dit-il, je me dépouillai de suite des titres d'avocat aux conseils et à la cour de cassation, que je tenais de la munificence du roi; je n'eus point à fausser mon serment. Je n'ai repris mes titres qu'au retour de Sa Majesté. Je votai contre l'usurpation sur le registre ouvert au greffe de la chambre de police correctionnelle. Et, enfin, je signai, dans la chambre des avocats, une pétition qui, près d'un mois avant le retour de Sa Majesté, demandait, au milieu même des cris des fédérés : *Le roi et la charte*.

» Tacite nous avait bien appris que, sous Tibère et Néron, vivait une race de délateurs impudente, absurde et atroce; mais ce qui était réservé à nos malheureux temps, c'était de voir cette race non-seulement se former sous le meilleur des rois, mais prendre un ascendant effrayant, et, se couvrant d'un nom sacré, le blasphémer ! »

Cependant le congrès de Vienne n'était point dissous ; ses résolutions de guerre générale contre Napoléon furent bientôt connues ; les armées de l'Europe étaient toutes prêtes à entrer en campagne. L'opinion publique s'inquiéta, s'alarma ; on comptait que l'issue de cette guerre ne pouvait manquer d'être fatale à Napoléon ; seul contre tous, pouvait-il résister à la coalition de l'Europe ?

Lorsque l'empereur Napoléon quitta Paris dans les premiers jours du mois de juin pour se mettre à la tête de son armée, croyait-il beaucoup même à sa fortune et à la victoire ?

Les royalistes constitutionnels, parmi lesquels figuraient en première ligne les amis de M. Guizot, désespérèrent de l'entreprise de Napoléon, qui ne pouvait réussir que si l'Europe eût été divisée.

Les royalistes constitutionnels formèrent un comité, dans lequel se discutaient toutes les chances de l'avenir, et lorsqu'il fut reconnu probable que le nouvel empire ne durerait point, et que la nouvelle restauration de la monarchie des Bourbons serait inévitable et peut-être prochaine, le comité se demanda s'il était prudent de laisser le roi Louis XVIII livré à l'influence de ses compagnons d'exil, qu'on pourrait supposer peu favorables au rétablissement d'une monarchie constitutionnelle.

Le comité décida qu'il était indispensable d'exposer au

roi Louis XVIII, avec la plus grande sincérité, la situation de la France, les tendances de l'opinion publique, et ce qui paraissait la meilleure conduite à tenir. Le comité rédigea donc un long mémoire, dans lequel il établit que la rentrée du roi Louis XVIII en France devait être précédée et accompagnée de ces trois mesures :

1° Le renvoi de M. de Blacas ;

2° Quelques modifications à introduire dans la charte constitutionnelle, afin d'en rendre la pratique plus efficace et plus sûre, sans affaiblir l'esprit libéral de la charte ;

3° Une proclamation ou une déclaration du roi à la nation française, pour rassurer les esprits sur le maintien de la monarchie constitutionnelle, et pour constater que le roi n'avait cessé d'être animé pour tous les Français, sans distinction, d'un esprit de paix et de concorde.

M. Royer-Collard, dont le nom fut si populaire en France dans les temps les plus critiques, exerçait une grande influence sur ce comité, et sa participation aux résolutions qui y furent prises témoigne hautement qu'elles furent inspirées par un sentiment patriotique et libéral : patriotique, parce qu'en cas de revers et de défaites de l'empereur Napoléon, le roi Louis XVIII était le défenseur le plus utile de la nationalité française ; libéral, parce qu'il s'agissait de sauver la monarchie constitutionnelle, que la charte avait fondée en France. M. Guizot prenait part aux délibérations de ce comité ; il en était le membre le plus jeune, et un des plus actifs. Il fallait porter au roi Louis XVIII le mémoire rédigé par M. Royer-Collard et par ses amis ; il fallait aussi que ce mémoire et ses conclusions fussent développés et appuyés à Gand. M. Guizot, désigné par son âge, fut chargé de cette importante et périlleuse mission ; fort au courant des intentions et des sentiments des royalistes constitutionnels, il était homme à tenir tête, par sa parole, aux royalistes ardents et passionnés qui entouraient le roi Louis XVIII.

M. Guizot partit vers la fin du mois de mai 1814 ; il se présenta chez le roi peu de jours avant le commencement des hostilités, qui devaient avoir pour dénoûment le désastre de Waterloo. Ce ne fut pas sans peine que M. Guizot put être admis auprès de Louis XVIII : les conseillers intimes de ce prince n'ignoraient point l'objet de la mission que venait remplir M. Guizot, et cette mission les inquiétait. L'envoyé du parti constitutionnel trouva, non chez le roi, mais auprès du roi, une résistance qu'il lui fallut vaincre. Il y parvint.

Le roi reçut le mémoire qui lui était adressé, et dans deux longues conférences, qui durèrent plusieurs heures, il en discuta les conclusions avec M. Guizot. Cette mission de M. Guizot eut un plein succès : les trois points demandés par le comité furent accordés. Lorsque Louis XVIII rentra en France, il tint fidèlement les promesses qu'il avait faites.

M. Guizot dut rester à Gand jusqu'à la chute de l'empereur. Il y trouva toutes les nuances du parti royaliste qui existaient en France avant le retour de l'île d'Elbe moins le parti royaliste constitutionnel, dont M. Royer-Collard était l'expression la plus élevée.

M. de Blacas y représentait le parti absolutiste, le parti de l'émigration, le parti de ces royalistes très-dévoués, très-fidèles, mais peu intelligents de la situation, qui, ne voulant tenir aucun compte des événements accomplis, non-seulement en France, mais dans toute l'Europe, demandaient le retour à l'ancien régime pur et simple, tel qu'il existait avant 89.

M. de Blacas avait la confiance du roi, et plus encore celle de M. le comte d'Artois; on attribuait à sa funeste influence tous les actes qui compromirent la monarchie avant le 20 mars 1815, et sa présence à la cour de Gand excitait surtout les alarmes des royalistes constitutionnels.

M. de Chateaubriand représentait le parti de ces royalistes qui adoptaient certains principes libéraux, mais qui à aucun prix ne voulaient pactiser avec les hommes qui avaient servi la France sous tous les régimes. Ce parti était l'ennemi déclaré des hommes de la révolution; il leur attribuait le renversement de la monarchie des Bourbons et la catastrophe du 20 mars; il les considérait comme des conspirateurs incorrigibles dont il fallait à tout prix repousser l'alliance. M. de Chateaubriand et ses amis avaient bien plus d'affinité avec M. de Blacas qu'avec M. Royer-Collard.

M. de Chateaubriand fonda, en société avec MM. Bertin, ses amis, un journal périodique qui se publiait sous ce titre : *le Moniteur de Gand.*

Tous ces partis, réunis à Gand, éprouvaient une égale répugnance pour la personne de M. Guizot et pour les idées qu'il avait mission de faire prévaloir. La lutte entre les divers partis, absolutiste, royaliste, constitutionnel, n'était pas nouvelle. Dès 1789, elle éclata au sein de l'Assemblée constituante; en 1814, dès les premiers jours de la restauration, elle éclata de nouveau; elle recommençait avec ardeur au sein de cette petite cour de Gand.

Telle était l'animosité de M. de Chateaubriand et de ses amis contre M. Guizot, que lorsque ce dernier voulut essayer de se mettre en relation avec le *Moniteur de Gand*, les rédacteurs de cette feuille lui firent savoir par voie indirecte qu'il ferait bien de ne pas se présenter chez eux, parce qu'ils ne le recevraient point. M. Guizot est resté complétement étranger à la publication du *Moniteur de Gand*; c'est un fait que j'affirme, par amour pour la vérité, parce que je le tiens personnellement, non-seulement de M. Guizot lui-même, mais aussi de M. de Chateaubriand et de ses amis.

La mission de M. Guizot était toute de prévoyance, et si, après la seconde restauration, le gouvernement du roi ne montra que des sentiments modérés et pacificateurs, ce fut surtout à l'action du comité des royalistes constitutionnels que la France en fut redevable.

A cette seconde restauration, le ministère de la justice fut confié à M. Barbé-Marbois; on lui adjoignit M. Guizot comme secrétaire général.

Jusque vers le milieu de l'année 1816, le ministère eut à soutenir une lutte persévérante et animée contre la réaction royaliste, d'où était sortie la Chambre des députés *introuvables*. Cette Chambre, entraînée par l'opinion qui l'avait élue, prétendait imposer au gouvernement de grandes mesures générales de violence et de persécution. Ces mesures furent presque toujours repoussées avec succès par le cabinet auquel M. Guizot avait apporté sa collaboration.

Vers le milieu de l'année 1816, M. Barbé-Marbois et M. Guizot quittèrent le ministère de la justice. M. Guizot fut nommé conseiller d'Etat, et attaché en cette qualité au comité de législation et du contentieux. M. Royer-Collard fut aussi nommé conseiller d'Etat et directeur général de la librairie et de l'imprimerie, sous M. d'Ambray, ministre de la justice.

Bientôt après la Chambre *introuvable* était dissoute, une Chambre nouvelle était élue. Le règne de M. Decazes commençait. La réaction ultra-royaliste était vaincue dans la majorité des colléges électoraux, et un ministère plus homogène put gouverner d'accord avec la majorité des deux Chambres. Ce fut pendant le cours de cette législature que furent présentées et votées toutes les lois libérales qui ont fondé dans ce pays les grandes institutions politiques et administratives :

La loi électorale du 5 février 1818, qui établit le suffrage direct;

La loi du recrutement de 1817, dont les principes régissent encore le pays;

Les lois sur la presse de 1819, qui organisèrent cette liberté si importante, et qui avaient réussi à concilier par les plus heureuses combinaisons les droits garantis par la charte et les mesures de sûreté et de répression nécessaires à sauvegarder l'ordre public et les personnes.

Bien d'autres lois non moins importantes furent proposées à cette époque, et notamment une grande loi sur l'administration communale et départementale qui devait être discutée en 1820, et qui fut reprise seulement en 1828, par le ministère Martignac.

Toutes ces lois furent en grande partie l'œuvre de M. Guizot ; elles furent préparées au conseil d'Etat, et il en avait été presque constamment le rapporteur dans les comités, jusqu'au moment où il fut appelé à la direction générale de l'administration communale et départementale au ministère de l'intérieur.

Je rapporterai ici diverses circonstances qui n'ont jamais été publiées, et qui prouvent la participation active et persévérante de M. Guizot à cette législation si constitutionnelle et si libérale, qui fut pendant plus de trente ans l'honneur de la France dans le monde civilisé.

La loi sur le recrutement devait être présentée par le maréchal Gouvion Saint-Cyr; il s'agissait de rédiger l'exposé des motifs de cette loi. Le gouvernement attachait une grande importance à son adoption. La conscription impériale ayant été supprimée, il fallait pourvoir à l'entretien de l'armée, tout en respectant les principes de la charte constitutionnelle : c'est ce que devait expliquer avec sincérité et faire comprendre aux deux Chambres, à force de dextérité de langage, cet exposé des motifs.

Le maréchal Gouvion Saint-Cyr, grand homme de guerre, et qui a écrit de beaux mémoires sur ses campagnes, était peu propre à cette œuvre d'exposition et d'habile dialectique. Son esprit avait cependant, plus que celui de ses collègues MM. les maréchaux de France, l'intelligence du côté philosophique et libéral des choses; néanmoins, le maréchal Gouvion Saint-Cyr aurait dit volontiers, comme le duc de Dantzik, le maréchal Lefèvre, qu'on pressait un jour de se rendre à la Chambre des pairs pour y prendre part au vote d'une des dispositions fondamentales des lois sur la presse, menacée par une majorité hostile : *Qui m'aurait dit que ça me ferait un jour quelque chose, à moi, la liberté de la presse?*

M. Guizot fut donc chargé de préparer cet exposé des motifs; le maréchal présenta ce projet de loi sur le recrutement à la Chambre des députés, dans le mois de novembre 1817; il lut d'un bout à l'autre le travail de M. Guizot, qui obtint le plus grand succès. Le maréchal reçut au pied de la tribune les compliments des hommes distingués de tous les partis, avec cette assurance imperturbable qu'il montra sur tant de champs de bataille, au milieu des boulets et des balles de l'ennemi.

Le maréchal ne faisait cependant point mystère de la collaboration de M. Guizot, et il se plaisait à lui reporter publiquement le mérite de son succès.

Le maréchal Gouvion Saint-Cyr conserva jusqu'à sa mort une estime profonde et une amitié vive pour M. Guizot. Toutes les fois qu'on parlait de M. Guizot devant lui : « J'aime cet enfant-là, disait-il, je l'aime comme s'il était à moi. » M. Guizot n'était âgé que de trente et un ans à l'époque dont nous parlons; le maréchal en avait cinquante-cinq.

M. Charles de Rémusat, dans son discours de réception à l'Académie française, résume avec éloquence l'œuvre politique de la restauration :

« J'aime à le dire devant votre tombeau, royautés dé-

» chues, exilées, pour qui peut-être l'oubli commence,
» dussé-je même vous déplaire par cette louange, vous
» n'avez pas éteint la France ! *Vos lois* lui ont permis
» de réagir contre *vos principes* ; vous avez souffert
» qu'elle grandît contre vous-même, et l'ayant reçue
» insultée par la victoire, humiliée par la fortune, vous
» l'avez laissée, en la perdant, toute pleine d'orgueil et
» d'espérance. »

Je reprendrai, dans le second volume de ces Mémoires, le récit des événements et l'appréciation impartiale des hommes politiques de la restauration.

FIN DU PREMIER VOLUME.

TABLE

CHAPITRE PREMIER
QUI JE SUIS.

Mon enfance. — J'étudie la médecine. — Les matinées dans les hôpitaux. — Cent cinquante nouveau-nés. — Deux cents nourrices. — MM. Andral et Bouillaud pour concurrents. — Neuf saignées. — Une portière sauvée. — Grandeur et décadence. — Une simple histoire autour d'un cercueil. 1

CHAPITRE II
LES MAISONS DE JEU DE PARIS.

Trois mois de folies en 1818. — La population des joueurs de profession. — Mes deux procédés pour l'étude de l'anatomie et de la pathologie. — Le café du Roi. — Un squelette vendu. — Un dîner d'amis. — Dînerons-nous ? ne dînerons-nous pas ? — La *Fille d'honneur*. — Les endettés du matin; les enrichis du soir. — Trois mois de bénéfice au jeu. — Une idée de joueur. — *Messieurs de la chambre.* — *Les chefs de parties.* — *Les bouts de tables.* — *Les tailleurs.* — Les mœurs des maisons de jeu. — Un conseiller d'Etat. — Perse et Juvénal. — Une paire de bas de soie noire. — L'argot des joueurs. — Le joueur qui gagne, le joueur qui perd. — Les célébrités des maisons de jeu. — Les coups de Jarnac. — Lord Byron. — L'avare et le joueur. — Mon camarade de jeu. — La ferme des jeux. — Perrin des jeux. — Le Cercle des Etrangers. — Bernard. — Boursault. — Bénazet. — Le cahier des charges de la ferme des jeux. — Les produits bruts de 1819 à 1837. — Les maisons de bouillotte. — Les commandants. — Ne rouvrez pas les maisons de jeu. 19

CHAPITRE III
LA MÉDECINE AU XIXe SIÈCLE.

DES MÉDECINS ET CHIRURGIENS. — Ordonnance du 23 février 1822. — Suppression de la Faculté de médecine de Paris. — M. de Sémonville. — Le clergé et les médecins. — Les médecins des temps passés.

— Jacquemont. — Hippolyte Royer-Collard. — Le vieux Portal. — Ses carnets de visite. — Les professeurs éliminés et les nouveaux professeurs. — Dubois. — Boyer. — Desgenettes et Larrey.— Récamier. — Le baron Dupuytren. — Lisfranc.

DE LA MÉDECINE AU DIX-NEUVIÈME SIÈCLE. — Des maladies et des malades. — Il faut écouter les malades. — Des causes morales. — L'ennui. — Les journaux de médecine. — Le talent de tribune réfugié à l'Académie impériale de médecine. — Les discours de MM. Odilon Barrot, Dufaure, Thiers, Billault, de Montalembert et Guizot. — Les discours de MM. Ricord, Bérard, Gerdy, Velpeau, Bousquet, Guérin, Bouvier, Dubois d'Amiens. — Les progrès de la médecine. — Lettre d'Orfila. — Maison de retraite pour les médecins vieux et infirmes.

DE L'HYGIÈNE DE L'OUVRIER ET DE L'HOMME RICHE. — Les logements salubres. — Les bains publics. — Des médecins pour les cités ouvrières. — Les grands dîners. — Le service à table. — Il faut dépenser son dîner.— Les légumes. — Les coquillages. — Les truffes. — Le cigare.

L'ART DE VIVRE LONGTEMPS. — Voltaire. — Les académiciens. — Les marchands de la rue Saint-Denis. — Le département du Loiret. — Les gens de bureau. — Rosman voyageur. — Un prince russe. — Le souper avec de la salade et du vin de Champagne. — De la peau humaine. — La pneumonie des vieillards. — Madame de Montespan. — Conclusion. 47

CHAPITRE IV

SOUVENIRS DE L'EMPIRE.

Révolution de l'esprit et de l'estomac français. — La danse sous l'empire. — Forioso et Ravel. — Dépenses de l'impératrice Joséphine pour modes et robes. — Les cafés et les restaurateurs. — Robert et M. de Chalandray. — Cambacérès et d'Aigrefeuille. — La table de l'empereur. — Un petit roman en correspondance. — Le baron Capelle et la grande-duchesse de Lucques et de Piombino. — Montrond. — Mademoiselle Bourgoin. — *Les chevaliers à la mode.* — Le tribunal de commerce. — Les *défenseurs* près ce tribunal. — La Bourse. — Les agents de change. — Mouvements de la Bourse pendant l'empire. — Les actions de la Banque. — La caisse Jabach. — Les banquiers. — Les lycées de Paris. — Les mystificateurs. — Le cabinet noir. — Le Palais-Royal. — Les fournisseurs de l'armée. — Paulée. — Ouvrard. — Séguin. — Ouvrard et Labédoyère. — Conclusion 117

TABLE

CHAPITRE V

LES SCIENCES, L'INDUSTRIE, L'AGRICULTURE, LES ARTS ET LES LETTRES SOUS L'EMPIRE.

Députation de l'Institut. — Rapport de Chénier. — Décret impérial instituant des prix décennaux. — Lauréats des prix décennaux. — Lettre de l'empereur sur Dufresne. — L'empereur et la Comédie-Française. — Molé; ses funérailles. — Liste des tragédies et comédies représentées devant l'empereur. — La comédie ou la tragédie à Sainte-Hélène. — Création du Conservatoire. — Mademoiselle Mars à une revue. — Mademoiselle Mars sifflée et outragée. — Portrait de mademoiselle Mars. — Les classiques et les romantiques chez mademoiselle Mars. — L'Opéra sous l'empire. — Le théâtre Feydeau. — Le théâtre du Vaudeville. — Le théâtre Montansier. — Le théâtre des Variétés. — Le *ci-devant jeune homme*. — Merle; son portrait. — Conclusion 155

CHAPITRE VI

SOUVENIRS DE LA RESTAURATION.

Les boulevards, la place de la Concorde et les Champs-Élysées. — Un convoi de blessés. — Un convoi de prisonniers. — Entrée des armées étrangères à Paris. — Mouvement royaliste. — Proclamation du prince de Schwartzenberg. — Déclaration de l'empereur Alexandre. — L'imprimerie Michaud. — L'empereur Alexandre loge chez le prince de Talleyrand. — Arrivée des princes en France. — Distribution d'honneurs, de places, d'argent. — L'abbé de Pradt, grand chancelier de la Légion d'honneur. — Compiègne. — Saint-Ouen. — Entrée de la famille royale à Paris. — La constitution du sénat. — La garde impériale. — Paris en délire. — Représentation royale au Théâtre-Français. — Mot de Louis XVIII à Talma. — Une parodie sur les boulevards. — *La Famille Glinet*. — Régner et gouverner. — Le parti bonapartiste. — Fragments historiques de S. M. Napoléon III. — Le duc de Berry à Rouen. — Premier ministère de Louis XVIII. 217

CHAPITRE VII

PREMIER MOUVEMENT LITTÉRAIRE DE LA RESTAURATION.
MŒURS NOUVELLES.

Fulton. — Joseph de Maistre. — De Bonald. — Chateaubriand. — Laharpe. — 1814. — Un dîner littéraire en 1815 avec MM. Abel Hugo, Eugène Hugo et Victor Hugo. — *Le Conservateur littéraire*. — La Société des Bonnes-Lettres. — M. Lacretelle jeune. — M. Michaud. —

La Quotidienne. — M. Audibert. — J. B. Soulié. — M. de Marcellus. — M. Malitourne. — Concours académiques. — MM. Saint-Marc Girardin, Magnin, Patin, de Sacy, Mérimée, Loëwe-Weimar, Cuvillier Fleury, Sainte-Beuve, Jules Janin, Delatouche, Rabbe, Léon Gozlan, J. Sandeau, Alphonse Karr. — LAMARTINE. — Les femmes frêles. — Un nouveau régime. — Les salons littéraires. — Madame Ancelot, son portrait par Malitourne. — Un tableau de madame Ancelot. — Parceval de Grandmaison, Soumet, Guiraud, le comte Alfred de Vigny. — Pichat, de La Ville, Campenon, Lemontey. — Madame Sophie Gay. — M. Victor Hugo, dictateur littéraire. — *La Muse française*. — Les mœurs nouvelles de la restauration. 237

CHAPITRE VIII

LA PEINTURE ET LA MUSIQUE SOUS LA RESTAURATION.

David. — L'école des peintres du dix-huitième siècle. — Gros. — Gérard. — *Mémoires* en quelques pages d'Eugène Delacroix. — Géricault. — Le salon de Gérard. — Cherubini. — Auber. — Halévy. — Meyerbeer. — M. Sosthène de La Rochefoucauld. — M. de Beauchêne. — M. Maréchal. — L'Opéra ouvert à Rossini. — Rossini à Paris et à Florence. — Une lettre de Rossini. 262

CHAPITRE IX

PREMIER MINISTÈRE DU ROI LOUIS XVIII. ÉTUDES SUR M. GUIZOT.

Le père de M. Guizot. — Mademoiselle Bonicel. — M. Bonicel, syndic du département du Gard, procureur général. — 89. — Les jacobins de Nîmes. — MM. Guizot père et Chabaud-Latour. — Leur fuite. — Deux gendarmes. — Le 9 avril 1794. — Madame Guizot mère. — Éducation de M. Guizot. — Des études refaites. — Le salon de M. Suard. — Le mathématicien Lagrange. — Royer-Collard. — M. de Fontanes. — Nouveau cours d'histoire moderne. — La *table de whist* de M. de Talleyrand. — Le gouvernement provisoire. — M. Guizot, secrétaire général. — Le catholique et le protestant. — Premier ministère du roi Louis XVIII. — L'abbé de Montesquiou et M. de Talleyrand. — Le congrès de Vienne. — Nouvelles alliances européennes. — M. de Metternich. — Départ de Napoléon de l'île d'Elbe. — Départ du roi Louis XVIII. — M. Odilon Barrot aux Tuileries dans la nuit de ce départ. — M. Guizot confondu avec son frère à propos de l'acte additionnel. — Le *Moniteur*. — La cour de Gand. — M. Guizot à Gand. — Le *Moniteur de Gand*. — Les lois de la restauration. . . 299

FIN DE LA TABLE DU PREMIER VOLUME.

UN FRANC LE VOLUME
BIBLIOTHÈQUE NOUVELLE

H. DE BALZAC (ŒUVRES COMPLÈTES)
Scènes de la Vie parisienne

La Cousine Bette (les Parents pauvres), 1 vol. de 452 pages........ 1 fr.
Le Cousin Pons (les Parents pauvres), 1 vol. de 384 pages.......... 1 fr.
Le Père Goriot, 1 vol. de 350 pages .... 1 fr.
Splendeurs et Misères des Courtisanes. — Esther heureuse. — A combien l'amour revient aux vieillards. — Où mènent les mauvais chemins, 1 vol. de 400 pages.. 1 fr.
La Dernière Incarnation de Vautrin. — Un Prince de la Bohême. — Un Homme d'affaires. — Gaudissart II. — Les Comédiens sans le savoir, 1 vol. de 380 pages.. 1 fr.
Histoire des Treize. — Ferragus. — La Duchesse de Langeais. — La Fille aux yeux d'or, 1 vol. de 420 pages........................... 1 fr.
La Maison Nucingen. — Les Secrets de la princesse de Cadignan. — Les Employés. — Sarrazine. — Facino Cane, 1 vol. de 500 pages. 1 fr.
César Birotteau, 1 vol. de 380 pages .... 1 fr.

Scènes de la Vie privée

La Maison du Chat-qui-pelote. — Le Bal de Sceaux. — La Bourse. — La Vendetta. — Madame Firmiani. — Une Double Famille, 1 vol. de 420 pages... 1 fr.
La Paix du Ménage. — La Fausse Maîtresse. — Etude de femme. — Autre Etude de femme. — La Grande Bretèche. — Albert Savarus, 1 vol. de 400 pages... 1 fr.
Mémoires de deux Jeunes Mariées. — Une fille d'Eve, 1 vol. de 416 pages. 1 fr.

A. DE LAMARTINE
Geneviève, Histoire d'une Servante, 1 vol. de 320 pages.......... 1 fr.

GEORGE SAND
Mont-Revêche, 1 vol. de 350 pages................................. 1 fr.

Mme E. DE GIRARDIN (ŒUVRES LITTÉRAIRES)
Nouvelles, 1 vol. de 384 pages.................................... 1 fr.
Marguerite, ou Deux Amours, 1 vol. de 320 pages.................. 1 fr.
Monsieur le Marquis de Pontanges, 1 vol. de 350 pages............ 1 fr.
Poésies (complètes), 1 vol. de 370 pages.......................... 1 fr.
Le Vicomte de Launay (Lettres parisiennes), 3 vol., avec portrait en taille-douce ; le vol.. 1 fr.

ALEXANDRE DUMAS (publié par)
Impressions de Voyage : *De Paris à Sébastopol*, du docteur F. Mayard, 1 vol. de 320 pages... 1 fr.

ALPHONSE KARR
Histoires normandes, 1 vol. de 330 pages.......................... 1 fr.

FRÉDÉRIC SOULIÉ
La Lionne, 1 vol. de 364 pages.................................... 1 fr.

JULES SANDEAU
Un Héritage, 1 vol. de 300 pages.................................. 1 fr.

LÉON GOZLAN
La Folle du Logis, 1 vol. de 320 pages............................ 1 fr.

LE DOCTEUR L. VÉRON
Mémoires d'un Bourgeois de Paris, 5 vol.; le vol.................. 1 fr.
Cinq cent mille francs de rente, 1 vol. de 384 pages.............. 1 fr.

STENDHAL (BEYLE)
La Chartreuse de Parme, 1 vol. de 500 pages.................... 1 fr.
Chroniques et Nouvelles, 1 vol. de 320 pages................... 1 fr.
PHILARÈTE CHASLES
Souvenirs d'un Médecin, 1 vol. de 320 pages .... 1 fr.
Mme ÉMILE DE GIRARDIN, T. GAUTIER, SANDEAU, MÉRY
La Croix de Berny, 1 vol. de 320 pages........................ 1 fr.
ALEXANDRE DUMAS FILS
Diane de Lys, 1 vol. de 320 pages............................. 1 fr.
Le Roman d'une femme, 1 vol. de 400 pages.................... 1 fr.
La Dame aux Perles, 1 vol. de 400 pages .... 1 fr.
Trois Hommes forts, 1 vol. de 320 pages....................... 1 fr.
Le Docteur Servans, 1 vol. de 300 pages....................... 1 fr.
Le Régent Mustel, 1 vol. de 350 pages......................... 1 fr.
CHAMPFLEURY
Les Bourgeois de Molinchart, 1 vol. de 320 pages.............. 1 fr.
AMÉDÉE ACHARD
La Robe de Nessus, 1 vol. de 320 pages .... 1 fr.
Belle-Rose, 1 vol. de 560 pages .... 1 fr.
JULES GÉRARD (LE TUEUR DE LIONS)
La Chasse au Lion, ornée de 12 magnifiques gravures par G. Doré,
1 vol. de 320 pages... 1 fr.
MÉRY
Une Nuit du Midi (Scènes de 1815), 1 vol. de 320 pages .... 1 fr.
Mme MANOEL DE GRANDFORT
L'Autre Monde, 1 vol. de 320 pages .... 1 fr.
LE COMTE DE RAOUSSET-BOULBON
Une Conversion, 1 vol. de 284 pages .... 1 fr.
LE DOCTEUR FÉLIX MAYNARD
Souvenirs d'un Zouave devant Sébastopol, 1 vol. de 300 pages....... 1 fr.
Mme LAFARGE (née MARIE CAPELLE)
Heures de Prison, 1 vol. de 320 pages......................... 1 fr.
FÉLIX MORNAND
La Vie de Paris, 1 vol. de 320 pages.......................... 1 fr.
ARNOULD FRÉMY
Les Maîtresses Parisiennes, 1 vol. de 320 pages............... 1 fr.
MISS EDGEWORTH
Demain, 1 vol... 1 fr.
EUGÈNE CHAPUS
Les Soirées de Chantilly, 1 vol. de 320 pages .... 1 fr.
Mme ROGER DE BEAUVOIR
Confidences de Mlle Mars, 1 vol de 320 pages .... 1 fr.
CH. MARCOTTE DE QUIVIÈRES
Deux Ans en Afrique, 1 vol. de 320 pages...................... 1 fr.
MAXIME DU CAMP
Mémoires d'un Suicidé, 1 vol. de 320 pages.................... 1 fr.
HIPPOLYTE CASTILLE
Histoires de Ménage, 1 vol. de 320 pages...................... 1 fr.
Mme MOLINOS-LAFITTE
L'Éducation du Foyer, 1 vol. de 300 pages..................... 1 fr.

MOLIÈRE (Œuvres complètes), nouvelle édition, par PHILARÈTE
CHASLES, 5 vol.; le vol.. 1 fr.

50 CENTIMES LE VOLUME

Format grand in-32 (édition diamant), papier de choix, impression de luxe.

OUVRAGES PUBLIÉS

H. DE BALZAC
Traité de la Vie élégante, 1 vol.................................. 50 c.
Code des Gens honnêtes, 1 vol................................. 50 c.

ÉMILE DE GIRARDIN
Emile, 1 vol.. 50 c.

FRÉDÉRIC SOULIÉ
Le Lion amoureux, 1 vol.. 50 c.

NESTOR ROQUEPLAN
Les Coulisses de l'Opéra, 1 vol................................. 50 c.

ALEXANDRE DUMAS
Marie Dorval, 1 vol.. 50 c.

ALEXANDRE DUMAS FILS
Un Cas de Rupture, 1 vol....................................... 50 c.

THÉOPHILE GAUTIER
Les Roués innocents, 1 vol..................................... 50 c.

Mme LOUISE COLET
Quatre Poëmes couronnés par l'Académie, 1 vol.................. 50 c.

LE VICOMTE DE MARENNES
Manuel de l'Homme et de la Femme comme il faut, 1 vol......... 50 c.

EDMOND TEXIER
Une Histoire d'hier, 1 vol...................................... 50 c.

HENRY DE LA MADELÈNE
Germain, 1 vol... 50 c.
Mlle de Fontanges, 1 vol............................... 50 c.

MÉRY
Les Amants du Vésuve, 1 vol.................................... 50 c.

LÉON PAILLET
Voleurs et Volés, 1 vol... 50 c.

MICHELET
Pologne et Russie, 1 vol.. 50 c.

MARQUIS DE VARENNES
Pris au piége, 1 vol.. 50 c.

PETIT-SENN
Bluettes et Boutades, 1 vol..................................... 50 c.

ÉDOUARD DELESSERT
Une Nuit dans la Cité de Londres, 1 vol........................ 50 c.

GUSTAVE CLAUDIN
Palsambleu, 1 vol.. 50 c.

OUVRAGES A PUBLIER

MAURICE SAND..... Deux jours dans le monde des papillons, avec une préface de Mme George Sand, 1 vol.

PAULIN LIMAYRAC. Les Surprises de la vie, 1 vol.

MÉRY................ Hommes et Bêtes, 1 vol.

Mlle TOURANGIN.... L'Opéra maudit, avec une introduction par George Sand, 1 vol.

DEUX FRANCS LE VOLUME

Format grand in-12, de 4 à 500 pages, imprimé avec caractères neufs sur beau papier satiné.

OUVRAGES PUBLIÉS

VICTOR COUSIN
Premiers Essais de Philosophie, 1 vol.................... 2 fr.
Philosophie sensualiste, 1 vol........................... 2 fr.

LÉOUZON LE DUC
L'Empereur Alexandre II, avec portrait................... 2 fr.

ÉMILE DE GIRARDIN
La Liberté dans le Mariage, 1 vol........................ 2 fr.

L'ABBÉ THÉOBALD MITRAUD
De la nature des Sociétés humaines, 1 vol................ 2 fr.

EDMOND TEXIER
La Grèce et ses insurrections, avec carte, 1 vol......... 2 fr.

YVAN ET CALLÉRY
L'Insurrection en Chine, avec portrait et carte, 1 vol... 2 fr.

LAURENCE OLIPHANT
Voyage pittoresque d'un Anglais en Russie et sur le littoral de la mer Noire et de la mer d'Azof, 1 vol........................ 2 fr.

MAXIME DU CAMP
Le Nil (Egypte et Nubie), avec carte, 1 vol. de 351 pages........... 2 fr.

PARMENTIER
Description topographique de la guerre turco-russe, 1 vol....... 2 fr.

STERNE
Œuvres posthumes avec portrait, 1 vol. (inédit).......... 2 fr.

NESTOR ROQUEPLAN
Regain, la Vie parisienne, 1 vol......................... 2 fr.

AMÉDÉE ACHARD
Les Petits-Fils de Lovelace, 1 vol....................... 2 fr.

ALPHONSE KARR
Devant les Tisons, 1 vol................................. 2 fr.

THÉOPHILE GAUTIER
Salmis de Nouvelles, 1 vol............................... 2 fr.

P. BERNARD
La Bourse et la Vie, 1 vol............................... 2 fr.

CRÉTINEAU-JOLY
Scènes d'Italie et de Vendée, 1 vol...................... 2 fr.

Mme BEECHER STOWE
La Case de l'Oncle Tom, 1 vol............................ 2 fr.

DE LONLAY
Le Grand Monde russe, 1 vol.............................. 2 fr.

Doctrine saint-simonienne, 1 vol......................... 2 fr.
Mémoires de Bilboquet, 3 vol.....................le vol. 2 fr.

OUVRAGES A PUBLIER

EUGÈNE PELLETAN.   Le Parti dévot, 1 vol.
CADOR . . . . . .   Subsistances et Populations, 1 vol.

TROIS FRANCS LE VOLUME

Format grand in-8, de 4 à 500 pages, papier et impression de luxe.

OUVRAGES PUBLIÉS

VICTOR COUSIN (de l'Académie)
Premiers Essais de Philosophie, 1 vol.................................. 3 fr.
Philosophie sensualiste, 1 vol.. 3 fr.

ALFRED DE VIGNY (de l'Académie)
Stello, 1 vol... 3 fr.
Grandeur et Servitude militaires, 1 vol............................. 3 fr.

ÉMILE DE GIRARDIN
L'Impôt, 1 vol. de 500 pages.. 3 fr.

MAXIME DU CAMP
Les Beaux-Arts à l'Exposition universelle de 1855, 1 vol. de 450 pages. 3 fr.

HISTOIRE
DU
CONGRÈS DE PARIS
PAR M. ÉDOUARD GOURDON
Chargé des Affaires étrangères à la division de la Presse.(Ministère de l'Intérieur)

UN VOLUME GRAND IN-8º, DE 500 PAGES, IMPRIMÉ AVEC LUXE

Prix : 5 francs

Ce volume comprend, dans sa première partie :
Le Traité de Paris et les protocoles des séances ;
Un historique de la question ;
Un précis des négociations diplomatiques jusqu'à l'acceptation de l'ultimatum transmis à la Russie par l'Autriche ;
Un récit des opérations militaires jusqu'à l'entrée des armées alliées dans Sébastopol ;
Et un tableau de la situation au moment où les plénipotentiaires se sont réunis à Paris.
Cette première partie, faite sur les documents officiels, renferme des détails du plus grand intérêt sur la conduite des négociations et sur les faits qui ont précédé l'entrée de M. le comte Walewski au ministère des affaires étrangères.
La seconde partie, consacrée exclusivement au Congrès de Paris, contient :
La biographie de tous les plénipotentiaires ;
Des particularités curieuses et inédites sur leurs travaux, leur séjour à Paris, leur présentation aux Tuileries et les fêtes qui leur ont été offertes ;
Un historique des délibérations du Congrès et des alternatives diverses, jusqu'ici complétement ignorées, auxquelles ces délibérations ont donné lieu ;
Et des détails tout à fait nouveaux sur la mémorable séance du 30 mars et sur celles qui ont suivi, jusqu'à l'échange des ratifications.
Ce livre restera comme l'histoire vraie et pour ainsi dire officielle du Congrès de Paris.

OUVRAGES DIVERS

A. DE LAMARTINE
Lectures pour tous, 1 vol. in-18.................................... 2 50

ÉMILE DE GIRARDIN
Solution de la question d'Orient, in-8°............................ 2 50
La Politique universelle, 1 vol. in-18............................. 1 »
L'Expropriation abolie par la dette foncière consolidée, 1 vol. in-8°... 2 »
Unité de rente et unité d'intérêt, 1 vol. in-8°.................... 2 »
Les Cinquante-deux, réunis en 11 vol. in-18........................ 6 »
L'Ornière des Révolutions, in-8°................................... 1 »

Mme LOUISE COLET
Ce qu'on rêve en aimant, poésies nouvelles, 1 vol. in-18........... 2 »

PAULIN LIMAYRAC
La Comédie en Espagne, 1 vol. in-18................................ 1 »

LE PRINCE DE LA MOSKOWA
Le Siége de Valenciennes, in-18, avec carte........................ 1 »

CHARLES EMMANUEL
Astronomie nouvelle, ou Erreurs des Astronomes, 2e édition, 1 vol. in-18.... 2 »

ÉDOUARD DELESSERT
Six semaines dans l'île de Sardaigne, avec 2 dessins, 1 vol. in-18.... 2 »

AURÉLIEN SCHOLL
Les Esprits malades, 1 vol. in-18.................................. 1 50

J. CRÉTINEAU-JOLY
Le pape Clément XIV, seconde et dernière lettre au père Theiner, 1 vol. in-8°.... 3 »

LE Dr FÉLIX ROUBAUD
La Danse des tables, phénomènes physiologiques démontrés, avec gravure explicative, 2e édition, 1 vol. in-18................. 1 »

F. DESSERTEAUX
La Jérusalem délivrée, du Tasse, traduite en vers, octave par octave, 1 vol. in-18.... 3 »

LE CAPITAINE MAYNE REID
Les Chasseurs de chevelures, in-4°, avec illustration.............. 1 »

A. PEYRAT
Un nouveau Dogme, histoire de l'immaculée Conception, 1 vol. in-18.... 1 »

A. MORIN
Comment l'esprit vient aux tables, 1 vol. in-18.................... 1 50

ROGER DE BEAUVOIR
Colombes et Couleuvres, poésies nouvelles, 1 vol. in-18............ 2 »

LE MAJOR WARNER
Schamyl, le Prophète du Caucase, 1 vol. in-18...................... » 50

UN ASTROLOGUE
La Comète et le Croissant, présages et prophéties sur la guerre d'Orient, 1 vol. in-32.... » 50

H. DE VILLEMESSANT
Les Cancans, nouvelles à la main, 1 vol. in-32..................... » 50

www.ingramcontent.com/pod-product-compliance
Lightning Source LLC
Chambersburg PA
CBHW060324170426
43202CB00014B/2654